Ame-se MAIS!

Por que temos o costume de sempre deixar para depois? Depois eu faço aquele corte de cabelo que tanto queria, depois eu começo a academia, depois eu uso aquela roupa que vai ficar linda em mim... Se você se identificou nessas cenas, saiba que o momento é agora! O amanhã é incerto, improvável. Então, permita-se a tirar um tempo somente seu para fazer aquilo que tanto deseja! Sabe de uma coisa que aprendi? Vaidade não é pecado. Claro que nada em excesso, tudo com equilíbrio flui melhor. Mas quando nos sentimos bonitas, ficamos confiantes, nosso humor fica melhor e os relacionamentos com as pessoas são mais valiosos e positivos.

Pensando nisso, elaboramos este *Guia de Moda Moldes* com 141 moldes para você copiar. São modelagens de vestidos, blusas, saias, blazers e muitas outras peças maravilhosas, todas para você se sentir ainda mais bonita!

Nas páginas a seguir, ainda apresentamos um capítulo sobre famosas – de diferentes biótipos e estilos – e, por fim, modelagens infantis. Uma mais graciosa do que a outra, pode acreditar!

Vá à luta, acredite mais em você, tire um tempo para chamar de seu e, então, vista aquela roupa que valoriza não somente o seu corpo, mas a sua autoestima! Um beijo,

Aline Ribeiro
www.revistaonline.com.br

Índice

VERSATILIDADE

- 06 ESPELHO MEU
- 10 DESAFIO
- 11 PEÇA-CHAVE
- 12 VESTIDOS LONGOS
- 16 ROSA
- 18 FESTA
- 22 TENDÊNCIA
- 24 ANIMAL PRINT
- 28 TIPOS DE SAIA
- 32 COR CLÁSSICA
- 34 COMBINANDINHO!
- 38 ALFAIATARIA
- 40 MILITAR
- 44 GESTANTE
- 46 PLUS SIZE

FAMOSAS

- 50 TICIANE PINHEIRO
- 54 PALOMA BERNARDI
- 58 ISABELLA FIORENTINO
- 62 SANDRA ANNENBERG
- 66 DANIELLE WINITS
- 70 ANDREIA HORTA
- 74 FABIANA KARLA
- 78 HELENA RINALDI
- 82 ELIANA
- 86 CISSA GUIMARÃES
- 90 GLENDA KOSLOWSKI
- 94 JULIANA PAES

GRAU DE DIFICULDADE DOS MOLDES

| INICIANTE | FÁCIL | REQUER PRÁTICA | REQUER MUITA PRÁTICA |

INFANTIL
96 DESTAQUE - MEL MAIA
100 RETRÔ
102 COMEMORE
104 MILITAR
106 CANDY COLOR
108 XADREZ
110 NAVY
112 CASUAL E ELEGANTE
114 DESENHOS
116 ANOS 1920
118 PASSEIO
122 ROCK KIDS

RECEITAS
124 COMO COPIAR OS MOLDES
125 MARCAÇÕES INTERNAS
126 DICAS DE COSTURA
128 RECEITAS DOS MOLDES

CIP-BRASIL. CATALOGAÇÃO NA PUBLICAÇÃO
SINDICATO NACIONAL DOS EDITORES DE LIVROS, RJ
G971

Guia moda moldes. - [5. ed.] - Barueri, SP : On Line, 2017.
 il.

 ISBN: 978-85-432-2092-5

1. Roupas - Confecção. 2. Roupas - Confecção - Moldes. I. Título.
17-42244
CDD: 646.4
CDU: 646.21

01/06/2017   02/06/2017

A calça de alfaiataria conquistou um espaço cativo no guarda-roupa feminino e tem muito a fazer em favor do seu corpo e por sua carreira

TEXTO: **LUCIANA ALBUQUERQUE** | FOTO: **ALEXANDRE ANDRADE** | PRODUÇÃO: **ALDELINE CARBONARI** | CONSULTORIA: **ANDRÉA MUNIZ** (PROFESSORA DA ESCOLA SIGBOL FASHION)

triângulo   *ampulheta*

Qual é seu BIÓTIPO?

oval
A calça de modelagem reta é ótima, pois não aumenta os quadris. A cintura média modela o corpo e esconde eventuais gordurinhas, assim como a camisa de tecido fluido.

triângulo invertido
A pantalona com pregas é ideal para acrescentar volume aos quadris e assim harmonizar as formas. Opte por blusas sequinhas a fim de manter a unidade visual.

retângulo
O cinto ajuda a marcar o corpo, que não possui curvas, destacando a cintura. Já a calça clara realça a parte inferior, chamando a atenção para essa região.

triângulo
Casacos e blazers são ótimos para estruturar os ombros estreitos. Combinados a uma calça de boca reta, suavizam a área mais proeminente.

ampulheta
Para valorizar a silhueta "violão", a blusa de amarrar marca a cintura, enquanto a calça de corte reto contribui para o equilíbrio das proporções.

CALÇA
MOLDE 020
TAM(S). 36/40/44/48
PÁGINA 134

Brincos: DONA DA BIJOUX. Casaco: HERING. Calça: SWEET LORETTA. Bolsa: FELLIPE KREIN. Scarpin: NATUREZZA.

Brincos: ROMMANEL. Regata e blusa: MENINA & MENINAS. Calça: SWEET LORETTA. Bolsa: LE POSTICHE. Peep toe: GREGORY.

Espelho meu

DUPLA *identidade*

ampulheta — oval — triângulo invertido

VESTIDO MOLDE 121 TAMANHO 38 PÁGINA 169

VESTIDO MOLDE 122 TAM(S). 38 A 48 PÁGINA 170

Bracelete: MÃOS DA TERRA. Vestido: FASHION CLINIC. Sandálias: BOTTERO.

Brincos: OLHA QUE LINDA. Vestido: ANGEL. Sandálias: VIZZANO.

Brincos: LE CHARM. Vestido: CHITA BRASIL. Scarpins: BEIRA RIO CONFORT.

Disseminada por Coco Chanel, a moda do preto & branco ganhou o mundo. Aqui, ensinamos a usar – e abusar – de estampas com essa dobradinha chique e elegante

TEXTO: **LUCIANA ALBUQUERQUE** | FOTO: **FERNANDA VENÂNCIO** | ASSISTENTE DE FOTOGRAFIA: **ANA SILVEIRA** | PRODUÇÃO: **LUCIANA PISSINATE** | ASSISTENTES DE PRODUÇÃO: **JÉSSICA AMORIM E THALYTA ROCHA** | ARTE: **DANIELA SOARES**

triângulo *retângulo*

VESTIDO LONGO
MOLDE 123
TAMANHO 40
PÁGINA 170

Anel: OLHA QUE LINDA. Vestido: FASHION CLINIC. Sandálias: BEIRA RIO CONFORT.

Brincos: ANGEL. Vestido: FASHION CLINIC. Sandálias: CRYSALIS.

Qual é seu BIÓTIPO?

ampulheta
Como você tem o corpo equilibrado, pode abusar de diversas estampas e modelagens. Então, que tal apostar na print de zebra? Unindo as tendências P&B e animal print em uma única produção, você ganha um estilo pra lá de fashion.

oval
As estampas pequenas são mais indicadas para não aumentarem visualmente as formas. Além disso, escolha tecidos soltinhos e que valorizem seu corpo, como este vestido com saia evasê de crepe.

triângulo invertido
Aqui, a ideia é usar estampas menores em cima e maiores embaixo, a fim de equilibrar a silhueta. Escolher a modelagem ideal para o seu corpo, como as saias godês ou com pregas, também ajuda a harmonizar as formas, já que elas criam volume nos quadris.

triângulo
Aposte na estampa P&B localizada na blusa para destacar a parte de cima, que é mais fina, enquanto a saia preta lisa disfarça o quadril largo. Caso queira usar um vestido ou uma saia estampada, prefira as pequenas, como os minipoás.

retângulo
As listras não saem de moda e podem ser usadas também como truques para valorizar sua silhueta. Como esse biótipo tem pouca cintura, uma listra na região é perfeita para defini-la. Se você for mais cheinha, prefira as finas. Caso contrário, pode usar as mais largas!

Desafio

Alongue
A SILHUETA

Confortável e, ao mesmo tempo, elegante, o vestido longo é perfeito para os looks de meia-estação. Há modelos para agradar a todos os gostos. Escolha o seu!

TEXTO: JENIFFER ZDROJEWSKI | FOTO: CAMILA LOPES E DIVULGAÇÃO | PRODUÇÃO: ALDELINE CARBONARI | ARTE: DANIELA SOARES

VESTIDO
MOLDE 107
TAMANHO 40
PÁGINA 165

Vestido Longo
Prático e versátil, é a peça ideal para diferentes ocasiões. Além disso, é capaz de alongar a silhueta feminina. Quer mais?

Maxibolsa
Se você é do tipo de mulher que adora levar tudo para todos os lugares, com certeza, adora esse modelo de bolsa. Funcional e com diversas cores e texturas, cai superbem nesta produção.

Rasteiras
Confortáveis e delicadas, são capazes de deixar o visual mais leve. Sejam com brilho ou metalizadas, fazem o casamento perfeito com os vestidos longos. Mas, atenção: use-as apenas em ocasiões mais informais, combinado?

Vestido: EMMA FIORIZI. **Bolsa:** OLOOK. **Rasteiras:** MY SHOES.

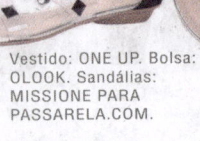

Vestido: ONE UP. **Bolsa:** OLOOK. **Sandálias:** MISSIONE PARA PASSARELA.COM.

Peça-chave

LITTLE BLACK *dress*

Sinônimo de sofisticação, o vestido preto é perfeito para diferentes ocasiões

SOPHIE CHARLOTTE
AGNEWS/ Leo Franco

20 ANOS

Nessa idade, o preto adapta-se facilmente à silhueta, mas o modelo de couro é mais indicado para mulheres magrinhas, assim como a atriz Sophie Charlotte. Para um look mais casual, vá de sapatilha, uma opção prática para quem não dispensa conforto.

Colar: LÁZARA DESIGN.
Bolsa: CRISTÓFOLI.
Sapatilhas: BIANTI.

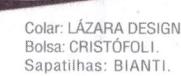

VESTIDO
MOLDE 108
TAMANHOS 36/40/44
PÁGINA 165

MARIANA XIMENES
AGNEWS/ Roberto Filho

a escolhida! VESTIDO, BLOOM.

30 ANOS

Ousada, a atriz Mariana Ximenes adotou um modelo de uma alça só, com um decote bem arrojado. Você pode criar esse efeito moderno apostando também na sintonia entre a bolsa de mão e o bracelete. Mesmo sem salto, o uso de tons neutros nos pés reforça a elegância da produção.

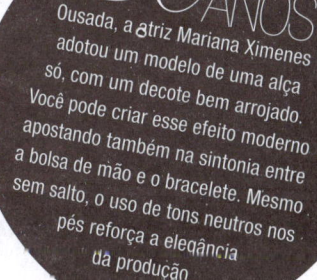

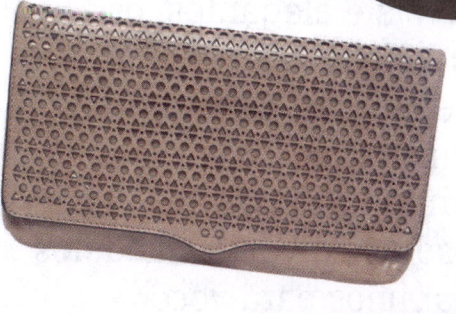

Bracelete: DONA DA BIJOUX. Carteira: SENSUALLE PARA PASSARELA.COM. Sapatilhas: CITY SHOES.

Vestidos longos

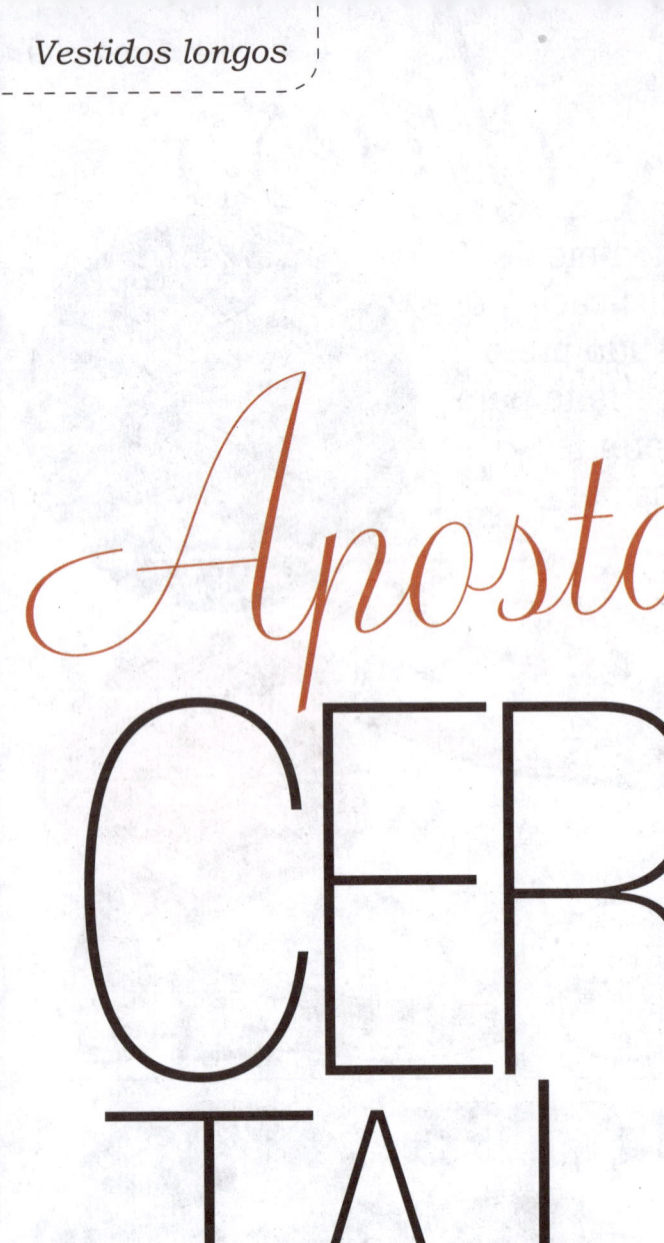

Aposta CERTA!

Confortáveis e elegantes, os vestidos longos valorizam as curvas femininas. Quer descobrir como transformá-lo na peça-curinga da estação? Inspire-se nos diversos modelos que separamos para você

TEXTO: **JENIFFER ZDROJEWSKI** | FOTO: **RODRIGO ESTRELA** | PRODUÇÃO: **ALDELINE CARBONARI E BETE CAMPOS (ASSISTENTE DE PRODUÇÃO)** | ARTE: **ANGELA C. HOUCK** | TRATAMENTO DE IMAGEM: **BÁRBARA MARTINS** | MODELO: **BÁRBARA ROCHA (MEGA)** | CABELO/MAKE: **CARLOS LIRA (ESPAÇO BE)** | CONSULTORIA: **THAÍS CORDEIRO (PERSONAL STYLIST)**

Na página ao lado, as pinceladas de diversos tons criam a opção certa para os dias quentes. Levemente marcado na cintura, o modelo valoriza todo tipo de corpo. Para finalizar, aposte no maxicolar.

Colar: S. Design. Pulseiras: Fiszpan. Vestido: Loja 18. Sandálias: Crysalis.

VESTIDO
MOLDE 112
TAMANHO 42
PÁGINA 166

A animal print e o floral aparecem juntos nessa temporada deixando os looks ainda mais estilosos. Neste modelo, o efeito blusê destaca a região do busto sem marcar a barriga.

Colar e pulseiras: Fiszpan. Vestido: Enfim. Peep toes: Vizzano.

VESTIDO
MOLDE 111
TAMANHO 38
PÁGINA 166

Se você deseja valorizar as curvas, o modelo desta página é perfeito. Prático, o longo abre espaço para abusar dos acessórios, como o maxi-colar e a pulseira, que combinaram com a estampa de correntes douradas do vestido.

Colar: Otavio Giora. Pulseira: Fiszpan. Vestido: One Up.

VESTIDO
MOLDE 113
TAMANHO 40
PÁGINA 166

Geométricas ou gráficas, as padronagens grandes estão em alta. A estampa étnica reproduz-se em formas, linhas e muita cor. O modelo da página ao lado é uma boa escolha se você deseja destacar a região dos ombros. Aposte nos acessórios com transparência para finalizar a produção.

Colar: Aramez. Pulseiras: Lázara Design. Vestido: Mamô. Sandálias: Crysalis.

VESTIDO
MOLDE 114
TAMANHO 44
PÁGINA 167

Rosa

BARBIE
Girls

A boneca mais famosa do mundo dita tendência nas passarelas e mostra que o cor-de-rosa está dominando as ruas

TEXTO: **LUCIANA ALBUQUERQUE** | FOTO: **MÔNICA ANTUNES** | PRODUÇÃO: **LUCIANA PISSINATE** | ASSISTENTES DE PRODUÇÃO: **JÉSSICA AMORIM E THALYTA ROCHA** | ARTE: **ANGELA C. HOUCK** TRATAMENTO DE IMAGEM: **BÁRBARA MARTINS** | BELEZA: **GUSTAVO ALMEIDA (ESPAÇO B)** | MODELO: **VANESSA PRASS L'EQUIPE**

O vestido de renda com detalhes de transparência é pura elegância e fica ainda mais chique com o maxicolar, que arremata a produção com muito estilo. O modelo evasê da saia é perfeito para disfarçar os quadris largos.

Colar: LÁZARA DESIGN. Vestido: NAMINE. Sandálias: VIZZANO.

VESTIDO
MOLDE 125
TAMANHO 40
PÁGINA 171

Festa

TEMPO DE
celebr

Pode ser a chegada do novo ano, o tão sonhado diploma, mais um ano de vida, o amor... Motivos para comemorar não faltam. Mas e o vestido ideal, você tem? Prepare a máquina e, nas páginas a seguir, escolha o seu!

Em uma mistura de referências, o vestido tubinho preto, todo rebordado em prata, tem um estilo que passeia pelo vintage e chega até ao rock'n'roll, é jovem e cheio de estilo, como uma produção festiva deve ser.

Brincos: LE CHARM. Anel: OLHA QUE LINDA!. Vestido: IZA D.

VESTIDO
MOLDE 133
TAMANHO 40
PÁGINA 175

O corpo quase sereia entra em contraste com a manga quase morcego para mostrar que a única certeza é a de total elegância. Em contraste, o cabelo preso em um coque simples e o colar longo, de franjas, destacam a casualidade da composição.

Brincos: OLHA QUE LINDA!. Colar: GIO BERNARDES. Vestido: AVANZZO.

VESTIDO
MOLDE 131
TAM(S). 38/42/46
PÁGINA 174

TEXTO: **EVELYN MORETO** | FOTOS: **FERNANDA VENÂNCIO** | PRODUÇÃO: **ELAINE SIMONI** | ASSISTENTE DE PRODUÇÃO: **BETE CAMPOS** | ARTE: **ANGELA C. HOUCK** | TRATAMENTO DE IMAGEM: **BÁRBARA MARTINS** | BELEZA: **FRANCESCO OLIVEIRA** (CABELO) E **JEFFERSON LIMA** (MAKE) | MODELO: **MARIANA ESPINEL** (L'EQUIPE AGENCE) | AGRADECIMENTOS: **ESPAÇO NOBRE**

Longo com frescor, tem a cara de um coquetel sofisticado na praia, ano-novo em um navio, casamentos rústicos e chiques... Deixe-se levar pela criatividade na hora de usá-lo e, assim, é possível adaptá-lo a qualquer ocasião de seu dia a dia. Experimente com sandálias rasteiras: fica a cara do verão.

Brincos: KORPUSNU. Vestido: DIVINA ROSA. Sandálias: DIVALESI.

VESTIDO
MOLDE 132
TAMANHO 42
PÁGINA 174

E se a festa para a qual foi convidada é informal, não pense duas vezes: seu vestido ideal deve ser longo, com flores, pássaros e cores vivas, capazes de transmitir toda a alegria da temporada de primavera-verão.

Brincos: MÃOS DA TERRA. Anel: OLHA QUE LINDA!. Vestido: RAQUEL MATTAR. Sandálias: CAPODARTE.

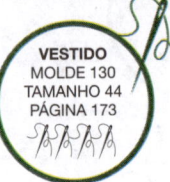

VESTIDO
MOLDE 130
TAMANHO 44
PÁGINA 173

Graças à transparência do tecido recortado sobreposto ao forro nude, o pretinho da vez não é nada básico e, acredite, mesmo com todo o peso de seus pigmentos, consegue deixar aflorar toda a leveza e o romantismo da estação.

Brincos: LÁZARA DESIGN. Anel: SILVIA DORING. Vestido: RAQUEL MATTAR. Sandálias: CRYSALIS.

VESTIDO
MOLDE 134
TAMANHO 38
PÁGINA 175

21

Tendência

MULHER DE
negócios

Quando os termômetros subirem, deixe o terninho de lado e use vestidos clássicos para sentir-se leve e linda no escritório

TEXTO: **EVELYN MORETO** | FOTOS: **FERNANDA VENÂNCIO** | PRODUÇÃO: **ELAINE SIMONI** ASSISTENTE DE PRODUÇÃO: **BETE CAMPOS** | MODELO: **GABRIELA SCHMAEDECKE (L'ÉQUIPE AGENCE)** | ARTE: **ANGELA C. HOUCK** TRATAMENTO DE IMAGEM: **BÁRBARA MARTINS**

VESTIDO
MOLDE 135
TAMANHOS 36 AO 46
PÁGINA 176

Levar a alegria do street style à sala de reuniões é uma das práticas mais bem-aceitas da moda no ambiente corporativo. Como no look da página ao lado, usar o bom senso para não destoar dos colegas e manter o porte profissional é fundamental.

Anel: SILVIA DORING. Vestido: CLEO. Sandálias: BOTTERO.

No maior estilo "me engana que eu gosto", o vestido une a praticidade de vestir uma peça única com o truque de styling da blusa com a saia de cintura alta. Além de alongar a silhueta, a proposta é pra lá de elegante!

Brincos e pulseira: ROMMANEL. Vestido: FASHION CLINIC. Peep toes: BOTTERO.

Um bom recurso para quem quer usar e abusar do tubinho, mas não quer a silhueta marcada, é o tecido sobreposto no busto. De frente, parece até cintura alta e cropped. Mas, na verdade, é só mais uma peça minimalista criada com estilo.

Brincos e colar: ROMMANEL. Vestido: CAJO. Sandálias: CRYSALIS.

Animal print

TRIBO
Chic

Etnias de todo o mundo servem como inspiração para a moda. Aproveite a diversidade cultural e adote cores, estampas e elementos artesanais em suas produções

TEXTO: EVELYN MORETO | FOTO: MANOEL CARVALHO | PRODUÇÃO: CÍNTIA MACHADO | TRATAMENTO DE IMAGENS: WG |
CABELO E MAQUIAGEM: EDUARDO SACCHIEIRO | MODELO: KARINA FRANZESE (ELITE MODEL) | AGRADECIMENTO: VIA ROSA MÓVEIS EM VIME

A amarração cache-coeur do macacão define a cintura e cria um decote em V que alonga a silhueta. Destaque para a elegante carteira de franjas e spikes.

Colar dourado e sandálias: Jorge Alex. Colar marrom: S&B Acessórios. Anéis: Arte Design. Bolsa-carteira: Kalu Joias. Macacão: Loja 18.

MACACÃO
MOLDE 001
TAMANHO 38
PÁGINA 128

O vestido com manguinhas estruturadas e corte clássico é atualizado pelas estampas da temporada. A maxicarteira vem na onda dos acessórios grandes e confere personalidade.

Brincos e pulseiras: Elbaraka. Vestido: Seiki. Cinto: Anubis. Maxicarteira: Arte Design. Peep toes: Tanara.

VESTIDO
MOLDE 003
TAMANHO 44
PÁGINA 128

A proposta monocromática ressalta o poder dos acessórios. Os metalizados dão um toque de modernidade, e o turbante, emprestado da cultura africana, demonstra atitude. Se achar muito ousado, use a echarpe solta sob a gola da blusa.

Echarpe usada como turbante: LOFTY STYLE. Brincos: ROSA VALVERDE. Pulseira de oncinha e pulseiras douradas: ELBARAKA. Colete e calça: SWEET LORETTA. Cinto: MARÍLIA CAPISANI. Peep toes: DUMOND.

COLETE
MOLDE 004
TAMANHO 40
PÁGINA 128

CALÇA
MOLDE 005
TAMANHO 40
PÁGINA 129

O corte minimalista da blusa ganha outra forma com os cintos. Atenção: a legging de couro marrom marca bem o corpo. Se preferir algo mais discreto, troque-a por uma calça flare, releitura da boca de sino.

Brincos: Elbaraka Anéis: ARTE DESIGN. Blusa: FLOR DE CHOCOLATE. Legging: C2. Cinto caramelo: SIMONE GUIMARÃES. Cinto marrom: ANTES DE PARIS.

BLUSA
MOLDE 002
TAMANHO 42
PÁGINA 128

Tipos de saia

Saia com

Mullet, peplum, plissada, rendada, lápis ou com transparência. Guarde esses nomes, pois são eles que irão reinar nas suas composições

MULLET

O modelo surgiu nos anos 1960, ganhou as ruas em 80 e, agora, em pleno século XXI, caiu nas graças das fashionistas. O caimento solto cria linhas suaves por toda a silhueta e coloca as pernas em evidência.

Brincos, anéis e pulseira: SIMON JÓIAS. *Regata:* TRIÂNGULO MODA. *Camisa:* MARISA. *Saia:* POEMA HIT. *Sandálias:* AREZZO.

SAIA
MOLDE 017
TAMANHO 40
PÁGINA 133

LÁPIS

O *shape* feminino e comportado da saia-lápis faz dela a queridinha da mulher de negócios. Com a possibilidade de mil e uma composições, ela passeia por diversos estilos.

Anel, bracelete e brincos: SIMON JÓIAS. *Colar:* MARRÉ INFINITO *Regata:* OMA TEES. *Saia:* Seiki. *Cinto dourado:* ROSANA MATTUA. *Cinto bege:* TRIÂNGULO MODA. *Sandálias:* CRAVO & CANELA.

SAIA
MOLDE 014
TAMANHOS 38/42/46
PÁGINA 132

TEXTO: **EVELYN MORETO** | FOTO: **VIVI PELISSARI** | PRODUÇÃO: **RICK CARVALHO** | ILUSTRAÇÃO: **SHUTTERSTOCK** | TRATAMENTO DE IMAGEM: **WG** | CONSULTORIA: **SIMONE SANTOS (PROFESSORA DE ESTILO DA SIGBOL FASHION)**

PLISSADA

Leve, feita de seda ou crepe, a saia plissada carrega consigo um ar de diva hollywoodiana. Se esse é seu objetivo, aposte nela, que ainda possui mais um trunfo: o poder de alongar a silhueta.

Brincos: MARRÉ INFINITO. Anel: SIMON JÓIAS. Saia: SEIKI. Regata: EQUUS. Sapatilhas: RENNER.

SAIA
MOLDE 015
TAMANHO 36
PÁGINA 132

TRANSPARENTE

O jogo de vela e revela aparece nas saias longas. Mas nada de vulgaridade. As peças translúcidas conquistaram seu espaço em produções urbanas, para usar dia e noite.

Brincos: PIENZZO ACESSÓRIOS. Anel: ESTELA GEROMINI. Pulseira: DUZA. Camiseta: OH, BOY!. Saia: MISS ZAIDE. Sandálias: TANARA BRASIL.

SAIA
MOLDE 016
TAMANHOS
36/40/44
PÁGINA 133

Cor clássica

BANDEIRA
branca

O mercado apostou alto no white power, e grifes trouxeram às passarelas toda a sutileza da cor que tem tudo para ganhar seu lugar ao sol

Brincos: LE PRIVILÈGE Acessórios. VESTIDO: ARTMAIA.

TEXTO: EVELYN MORETO | FOTO: MONICA ANTUNES | PRODUÇÃO: ALDELINE CARBONARI | ASSISTENTE DE PRODUÇÃO: BETE CAMPOS | TRATAMENTO DE IMAGEM: WG | CABELO E MAQUIAGEM: CRISTIANO SILVA | MODELO: KARLA MANDRA E TATIELE SILVEIRA (BRM MODELS) | CONSULTORIA: ANA PASTERNARK (CONSULTORA DE MODA)

VESTIDO
MOLDE 009
TAMANHO 38
PÁGINA 130

Produções monocromáticas têm o poder de alongar qualquer silhueta. O macacão tem esse poder duplicado, já que é uma peça única. Vira e mexe ele dá as caras, e desta, vez, não foi diferente.

Anel, brincos e pulseira: LE PRIVILÈGE ACESSÓRIOS. Macacão: BLOOM. Sandálias: CAVAGE.

MACACÃO
MOLDE 010
TAMANHO 38
PÁGINA 131

Outros elementos fortíssimos da temporada deixam ainda mais evidentes a delicadeza da cor. Em contraste, o peso na medida certa do maxicolar deixa a composição mais ousada e chama a atenção para o colo.

Anel: LE PRIVILÈGE ACESSÓRIOS. Maxicolar: CLÁUDIA MARISGUIA BIJOUX. Camisa: ARTMAIA. Calça: NAMINE. Peep toes: LARA COSTA PARA PASSARELA.COM.

CAMISA
MOLDE 011
TAMANHO 44
PÁGINA 131

CALÇA
MOLDE 012
TAMANHOS 36/40/44
PÁGINA 131

Combinandinho!

Dupla
INFALÍVEL

Sucesso das décadas de 1980 e 1990, os conjuntinhos roubam a cena, combinando blazer com calça, saia ou short

TEXTO: **LUCIANA ALBUQUERQUE** | FOTO: **MÔNICA ANTUNES** | PRODUÇÃO: **ALDELINE CARBONARI** | ASSISTENTES DE PRODUÇÃO: **BETE CAMPOS E CAROLINE PALUMBO (ESTAGIÁRIA)** | ARTE: **ANGELA C. HOUCK** | TRATAMENTO DE IMAGEM: **BÁRBARA MARTINS** | CABELO E MAQUIAGEM: **JAIRA FERREIRA** | MODELO: **CAROL GARDIM (BRM MODELS)** | CONSULTORIA: **ANA PASTERNAK** | AGRADECIMENTO: **RAÍZES DESIGN**

SAIA
MOLDE 024
TAMANHOS
36/38/40/42
PÁGINA 135

A saia e a jaqueta resinadas lembram o couro e estão em alta, assim como as animal prints. Nos pés, os sapatos de nobuck reaparecem, trazendo conforto. Varie a proposta com meias texturizadas e outras estampas na blusa.

Brincos: MY GLOSS. Pulseira: MARRÉ INFINITO. Blusa: FLORSS. Jaqueta: GUP'S. Saia: BLOOM. Sapatos: CRYSALIS.

CASAQUETO
MOLDE 025
TAMANHOS
36/40/44/48
PÁGINA 136

A dupla blazer e calça de alfaiataria é fundamental no guarda-roupa de trabalho de qualquer mulher. Usada com a cacharrel branca, imprime uma imagem mais tradicional. Sua variação com casaco de lã xadrez é criativa e ideal para dias mais frios.

Anel: ROMMANEL. Brincos: L'INFINITÁ. Cacharrel: SWEET LORETTA. Casaqueto xadrez: KOMPLEMENTO. Casaqueto preto e calça: ANTES DE PARIS. Cinto: ANÚBIS. Scarpins: MUNDIAL CALÇADOS.

SHORT
MOLDE 026
TAMANHO 38
PÁGINA 136

Se o tempo der uma trégua, aposte no conforto do conjunto de blazer e short de veludo cotelê, usado com botas de montaria. Os termômetros caíram? Aí é só combinar a parte de cima com uma calça de corte reto nos mesmos tons da composição. Superfashion!

Anel: DONA DA BIJOUX. Brincos: L'INFINITÁ. Colar: RENNER. Regata: KNT. Blazer e bermuda de veludo cotelê caramelo: GUP'S. Calça: ARTMAIA. Botas: MIX URBANO. Scarpins: NATUREZZA.

Alfaiataria

CAMISA
MOLDE 007
TAMANHO 44
PÁGINA 130

A tradicional camisa de botões aparece repaginada com a gola laço. Charmosa, ela pode ser usada apenas com um nó frouxo e as pontas soltas ou, amarrada, arrematando o duo com a calça de alfaiataria.

Brincos: KALU JÓIAS. Camisa: FLOR DE CHOCOLATE. Calça: LASCIVITÉ. Bolsa-carteira: SPOT SHOES. Scarpins: RENNE.

SINÔNIMO DE *elegância*

A alfaiataria garante um ar de formalidade às composições, que passam a ter passe livre nos mais diversos ambientes, do trabalho ao happy hour

TEXTO: EVELYN MORETO | FOTO: MANOEL CARVALHO | PRODUÇÃO: CÍNTIA MACHADO | ARTE: ANGELA C. HOUCK | TRATAMENTO DE IMAGEM: WG | CABELO E MAQUIAGEM: RAPAHEL HENRY | MODELO: MARINA NEVES (BRM MODELS) | CONSULTORIA: VÂNIA SCHWERTNER (CONSULTORA DE IMAGEM E COORDENADORA DO CURSO DE DESIGN DE MODA DO CENTRO EUROPEU)

VESTIDO
MOLDE 006
TAMANHO 40
PÁGINA 129

Os recortes estratégicos nos ombros e na cintura tiram o look da obviedade e funcionam como um recurso para quem tem curvas acentuadas. Eles contribuem para uma silhueta mais esguia, pois fazem o olhar "deslizar" pelo corpo.

Anel: MORANA. Brincos: JORGE ALEX. Vestido: FLOR DE CHOCOLATE. Cinto: SMARTBAG. Peep toes: DONNA DORFF.

BLAZER
MOLDE 008
TAMANHO 00
PÁGINA 130

A modelagem diferenciada do blazer traz um "quê" de casualidade, descaracterizando a imagem séria que ele transmite. Aliado ao cinto com pedras, a proposta ganha mais jovialidade.

Maxianel e anel: ROSA VALVERDE. Brincos: Kalu Jóias. Blazer: ARTMAIA. Blusa: FLOR DE CHOCOLATE. Calça: LASCIVITÉ. Cinto: MARCIA ROCHA Sapatos: JORGE ALEX.

Militar

SENTIDO

Aliste-se em uma das tendências mais fortes da estação e adicione ao seu visual peças utilitárias que parecem ter saído dos quartéis

TEXTO: **PRISCILA D'AMORA** | FOTO: **MANOEL CARVALHO** | ASSISTENTE DE FOTOGRAFIA: **DIANA FREIXO** | PRODUÇÃO: **MARCELO ULTRA** | ASSISTENTE DE PRODUÇÃO: **CIDA PASTORELLI** | ARTE: **ANGELA C. HOUCK** | TRATAMENTO DE IMAGEM: **BÁRBARA MARTINS** | CABELO E MAQUIAGEM: **CARLA BARBOSA** | MODELOS: **ROBERTA BASTOS E BIANCA PAES (AMBAS DA ELITE MODELS)** | CONSULTORIA: **ANDREA MUNIZ (ESCOLA DE MODA SIGBOL FASHION)**

A bermuda skinny chega com força total para fazer dupla com a boa e velha meia-calça. Para ficar mais fashion, opte por botas de cano longo ou até over the knee, se for mais ousada. Abra guarda também para as jaquetas cropped, que delineiam a cintura e trazem a presença do militar.

Blazer: OSBORNE. Regata: PLANET GIRLS. Bermuda: BEBESH. Cinto: US ARMY Meia-calça: DANTELLE. Botas: CLÁUDIA MOURÃO.

Blazers e casacos de corte clássico são ótimos para tirar do óbvio o militarismo. Pins, broches com brasões, calças utilitárias ou com aviamentos aparentes fazem uma ótima composição, sem ficar caricato ou pesado demais.

CALÇA
MOLDE 023
TAMANHO 40
PÁGINA 135

Cap e colar: US ARMY. Casaco: ARTMAIA. Calça: BLOOM. Botas: JORGE ALEX.

Colar: US ARMY. Casaco: SPEZZATO. Camiseta: AR. Calça: TRIPULO. Botas: RAMARIM.

Jaquetas de abotoamento duplo e ombros estruturados conferem imponência e força ao visual. Se a intenção é criar uma atmosfera cool, recortes diferenciados e arrojados são fundamentais.

Colar: US ARMY. Jaqueta: BEBESH. Meia-calça: DANTELLE. Bermuda: BLOOM. Botas: FABIOLA SPEZZI.

JAQUETA
MOLDE 021
TAMANHO 38
PÁGINA 134

Colar: US ARMY. Casaco: C&A. Calça: AP. Botas: CLAUDIA MOURÃO.

Levar os bolsos utilitários para os vestidos é uma maneira criativa de ressaltar o ar funcional dessa moda. Combina muito com as mulheres antenadas adeptas do conforto. Apenas uma ressalva: o volume de tecido na região do quadril deve ser usado com cuidado, pois dá a sensação de engordar.

VESTIDO
MOLDE 022
TAMANHO 44
PÁGINA 135

Colar: US Army. Pulseiras: Pienzzo. Vestido: Artmaia. Meia-calça: Dantelle. Botas: Jorge Alex.

Cap, cinto e pins: US ARMY. Vestido: AR. Open boots: JORGE ALEX.

Gestante

Se puder eleger um tipo de decote para usar durante esta fase, escolha o império. Nesta produção, por exemplo, o modelo valoriza a região e ainda faz com que o tecido caia livre, leve e solto sobre a barriga, sem causar nenhum incômodo.

Brincos e colares: OLHA QUE LINDA!. Vestido: ZAZOU. Sandálias: ROBERTO OSHIRO.

**VESTIDO
MOLDE 129
TAMANHO 40
PÁGINA 173**

VIDA *nova*

Como em toda ocasião especial, durante a gravidez, a mulher também merece sentir-se linda e confortável

TEXTO: **EVELYN MORETO E LUCIANA ALBUQUERQUE** | FOTOS: **FERNANDA VENÂNCIO E CARLA PARAÍZO** | PRODUÇÃO: **ELAINE SIMONI** | ASSISTENTES DE PRODUÇÃO: **BETE CAMPOS E NAYDA RODRIGUES/ JÉSSICA AMORIM E THALYTA ROCHA (ESTAGIÁRIAS)** | BELEZA: **REGIS MARCILIANO (BLESSED HAIR) E LINDSAY SOUZA (ESPAÇO K)** | MODELO: **TRINNY DA FONTE MENDES E MÁRCIA SAAD** | AGRADECIMENTO: **LOJA PURO AMOR** | ARTE: **ANGELA C. HOUCK** | TRATAMENTO DE IMAGEM: **BÁRBARA MARTINS**

Por ser extremamente confortável e elegante, o vestido longo é perfeito para as gestantes. Os modelos que têm decote império – aquele com um corte abaixo do busto – valorizam as curvas da mamãe, deixando o visual ainda mais sofisticado.

Brincos e pulseira: PALHAS DA TERRA. Vestido: ZAZOU. Tamancos: BOTTERO.

VESTIDO
MOLDE 128
TAMANHO 40
PÁGINA 172

Durante a gestação, a nova mamãe quer explorar os looks que evidenciam o contorno da barriga tão esperada. Nesse contexto, o vestidinho de renda é uma das melhores apostas. Levinho e com caimento impecável, ele revela um ar romântico, ideal para celebrar o amor com a chegada de uma nova vida.

Brincos: SOL DESIGN. Maxicolar: LE CHARM. Vestido: ZAZOU. Peep toes: USAFLEX.

VESTIDO
MOLDE 127
TAMANHO 42
PÁGINA 172

Plus size

Paixão por VESTIDOS

TEXTO: **LUCIANA ALBUQUERQUE E EVELYN MORETO** | FOTO: **FERNANDA VENÂNCIO E VIVI PELISSARI** | PRODUTORA: **ELAINE SIMONI** | ASSISTENTE DE PRODUÇÃO: **JÉSSICA AMORIM, BETE CAMPOS E NAYDA RODRIGUES** | ARTE: **ANGELA C. HOUCK** | TRATAMENTO DE IMAGEM: **BÁRBARA MARTINS** | MODELO: **DENISE GIMENEZ E TALITA KOBAL** | BELEZA: **KELI CRISTINA CHERUTI E BRUNO GALDINO (CABELO) E ELAINE PRADO (MAQUIAGEM), DO BACKSTAGE**

Eles levam você do trabalho à festa com charme, feminilidade e, claro, aquela elegância que toda mulher quer esbanjar. Saiba como escolher o modelo ideal para cada ocasião e arrase por onde passar

O tubinho preto é aquela peça que não tem erro, já que a deixa sempre bem-vestida. Na hora da balada, brilhos ou pedrarias estão mais do que liberados. Quanto à modelagem, prefira decotes e comprimentos que não sejam nem muito caretas, nem mostrem demais, deixando-a à vontade para dançar e se divertir.

Anel: JULIANA GALVÃO. Brincos: RING LOVERS. Vestido: KAUÊ. Sandálias: VIZZANO.

VESTIDO
MOLDE 120
TAMANHO 48
PÁGINA 169

A estamparia chegou ao modelos mais básicos não só para dar personalidade à peça, mas principalmente para valorizar o corpo. Colocados em lugares estratégicos, os motivos florais destacam o colo e afinam a cintura!

Brincos: LÁZARA DESIGN. Anel: CLÁUDIA MARISGUIA. Vestido: PROGRAM.

VESTIDO
MOLDE 115
TAMANHO 48
PÁGINA 167

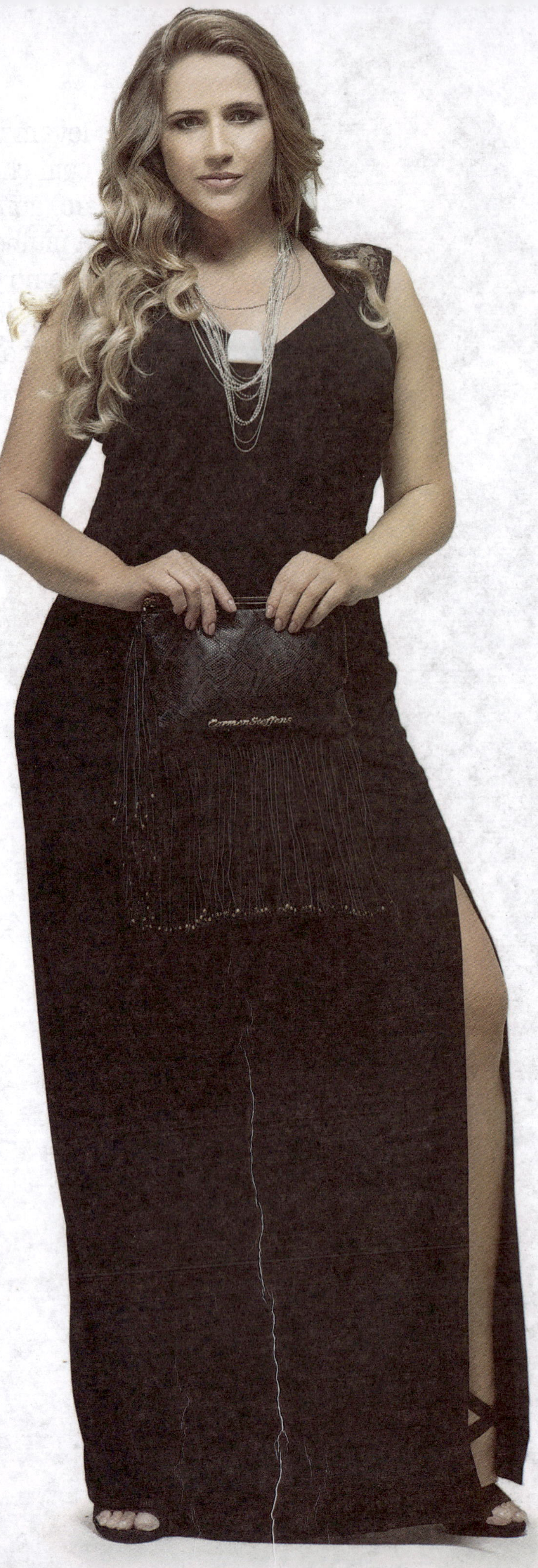
Carmen Steffens

Uma fenda poderosa, corpo bem estruturado, acessórios de peso dos pés à cabeça e muita atitude são capazes de transformar o entediante longo preto em uma produção impecável para noites de festa.

Brincos: LE CHARM. Colar: MÃOS DA TERRA. Carteira: CARMEN STEFFENS. Vestido: PROGRAM. Sandálias: VIZZANO.

VESTIDO
MOLDE 116
TAMANHO 54
PÁGINA 168

Para uma formatura ou um baile de gala que exija um toque de glamour, aposte em vestidos com brilhos ou bordados. Aqui, o modelo brinca com o truque das faixas opacas nas laterais para afinar o corpo. E, claro, traz o bom e velho preto, que, além de ser chique, também dá aquela emagrecida visualmente, sendo uma ótima pedida.

Brincos e bracelete: JULIANA GALVÃO. Vestido: PALANK. Peep toes: DIVALESI.

VESTIDO
MOLDE 118
TAMANHO 50
PÁGINA 168

Ticiane Pinheiro

Gosto DE ousar

Noiva do jornalista César Tralli, Ticiane Pinheiro adora mesclar cores, tendências e produções básicas e glamourosas. Neste ensaio, conheça um pouco mais sobre a trajetória da apresentadora que, a cada dia, tem mais evidência na mídia nacional

TEXTO: **ALINE RIBEIRO** | FOTO: **LUIS CRISPINO** | PRODUÇÃO: **ROBERTA GASPARINI** | ARTE E TRATAMENTO DE IMAGEM: **ANGELA C. HOUCK** | BELEZA: **JUNIOR MENDES**

"PARA IR EM UM CASAMENTO, GOSTO DE USAR COR FORTE. MAS EM UM JANTAR, UM PRETINHO BÁSICO É MAIS CERTEIRO."

VESTIDO
MOLDE 028
TAMANHO 42
PÁGINA 137

Brincos: LULU SOUTO. Anel: LAZARA Design. Bracelete: TURPIN. Vestido em cetim de seda: PATCHOULLE.

"FAMÍLIA É A BASE DE TUDO. É NELA QUE BUSCO EQUILÍBRIO. E ESPIRITUALMENTE, CONFIO MUITO EM DEUS."

TOP
MOLDE 029
TAMANHO 40
PÁGINA 137

SAIA
MOLDE 013
TAMANHOS 42/44/46
PÁGINA 132

Anel: Papagalla. Colar: LAZARA DESIGN. Bracelete: ARAMEZ. Conjunto de saia com top cropped: SISAL. Sapatos: ESDRA.

Sonhos à vista

Para desfilar com os figurinos de parar o trânsito, a silhueta tem que estar em dia. Para tanto, Ticiane faz musculação três vezes por semana. "Tenho um personal que vai em casa para facilitar. E duas vezes por semana, faço drenagem." Filha da eterna garota de Ipanema, Helô Pinheiro, ela ainda revela que não gosta muito de comer doces. "Tenho a genética boa e, além disso, não fui educada para comer guloseimas. Quando criança, o máximo de doce era comer abacate com açúcar. Em casa, as frutas sempre foram preferência. Brigadeiro? Só na época da TPM mesmo e um só basta para saciar a vontade de chocolate".

VESTIDO
MOLDE027
TAMANHO 42
PÁGINA 136

Anel e brincos: KORPUSNU. Vestido: SISAL.

Paloma Bernardi

Força
FOCO
e Fé

Destaque de muitas novelas e sinônimo de determinação, a atriz Paloma Bernardi apresenta a suavidade dos tons de azul em looks surpreendentes

TEXTO: LUCIANA ALBUQUERQUE | FOTO: PRISCILA PRADE
PRODUÇÃO DE MODA: THIDY ALVIS E CARMEM Z (ASSISTENTE) | ARTE: ANGELA C. HOUCK | TRATAMENTO DE IMAGEM: PRISCILA PRADE | BELEZA: WILSON ELIODORIO E DANILO GOTARDO (ASSISTENTE)

VESTIDO
MOLDE 069
TAMANHO 42
PÁGINA 151

Na página ao lado, o modelo bandage exige que você esteja em boa forma, mas, ao mesmo tempo, por ser encorpado e justo, modela a silhueta.

Brincos: MON CHER. Vestido: SKAZI. Sapatos: MY SHOES.

VESTIDO
MOLDE 070
TAMANHO 40
PÁGINA 151

Já o modelo de corte "A" desta página tem estilo sessentinha. A pele bronzeada da atriz destacou ainda mais a cor do vestido, deixando-o com a cara do verão.

Anel: KORPUSNU. Brincos: SD ACESSÓRIOS. Vestido: MARY ZAIDE.

"MODA É O QUE FICA BEM NO MEU CORPO, E NÃO O QUE TODO MUNDO USA"

VESTIDO
MOLDE 071
TAMANHO 38
PÁGINA 151

A última tendência no mundo da moda são os vestidos com recortes estratégicos, como os vazados na cintura que ajudam a afiná-la visualmente. A aplicação de renda deixa o modelo ainda mais requintado.

Anel: MARIA DOLORES. Brincos: GIO BERNARDES. Vestido: SKAZI.

Bate-bola

PEÇA-CHAVE: calça jeans.
CORES: neutras, mas adoro verde.
NÃO USA: tenho um pouco de receio de usar estampa. Prefiro peças lisas. Tenho de experimentar as estampadas para ver se gosto.
SAPATO: uso muita rasteirinha no dia a dia, mas adoro um salto na hora de sair.
MANIA: tomo banho no escuro, é maravilhoso, relaxa.
AMOR: é inexplicável, não tem palavras, a gente sente.
DANÇA: é o equilíbrio do corpo com a alma. Você exercita seu corpo e sua alma fica feliz.
TEATRO: é sagrado, é palco, é de onde eu não quero sair nunca.
SONHO DE CONSUMO: uma viagem para o Havaí ou para a Grécia, mas acompanhada. Nunca viajo sozinha.
O QUE A TIRA DO SÉRIO: falsidade, gente medíocre, esnobe, que tem tudo e quer ficar gritando que tem tudo. Não combina comigo, pois não sou falsa, não sou esnobe, mas minha vida não vai mudar por causa disso, eu me afasto de gente assim.

VESTIDO
MOLDE 072
TAMANHO 44
PÁGINA 151

A cor firmou-se como queridinha do mundo fashion por ser fácil de combinar, tanto em looks modernos como em clássicos, como este vestido com aplicação de renda.

Anel: KORPUSNU. Brincos: GIO BERNARDES. Vestido: SHOP 126.

Isabella Fiorentino

Naturalmente
BELA

A apresentadora do Esquadrão da Moda, no SBT, dá um show de pura elegância neste editorial exclusivo para a *Moda Moldes*

TEXTO LUCIANA ALBUQUERQUE | FOTO DANILO BORGES | PRODUÇÃO LUCIANA PISSINATE | ARTE E TRATAMENTO DE IMAGEM ANGELA C HOUCK | CABELO E MAQUIAGEM ELIEZER LOPES E PATRICIA MARTINELLI (SÃO ROQUE MGT) COM PRODUTOS ARTDECO E NEUTROGENA

VESTIDO
MOLDE 074
TAMANHO 42
PÁGINA 152

Brincos: Pick N Mix. Anel: The Madam. Vestido: Sisal Store. Sandálias: My Shoes.

BLUSA
MOLDE 075
TAMANHO 44
PÁGINA 152

SAIA
MOLDE 076
TAMANHOS 38/40/42/44
PÁGINA 153

Brincos: Papagalla.
Blusa e saia: Sisal Store.

"A MODA ESTÁ MUITO DEMOCRÁTICA. ATÉ COMBINAR SAPATO E BOLSA QUE ERA CARETA, AGORA PODE!"

VESTIDO
MOLDE 073
TAMANHO 40
PÁGINA 152

Anel e brincos: The Madam.
Vestido: Divina Pele.

> "O MAIOR ERRO NA HORA DE SE VESTIR É NÃO PRIORIZAR UM BOM TECIDO."

Bate-bola

MARCAS PREFERIDAS: "Reinaldo Lourenço, Glória Coelho, NK Store, Balenciaga, Celine e Carolina Herrera."

TRUQUES DE MODA: "Sempre usar uma terceira peça, porque ela dá uma alongada no corpo. Por exemplo, se estou de calça e blusa, ou coloco um blazer, uma jaqueta, um lenço ou um colete."

TECIDO: "O ideal é usar fibra de seda ou algodão, e pouquíssima fibra sintética."

SAPATOS: "Baixos, sou viciada em sapatilhas."

PEÇA-CHAVE: "Blazer."

VESTIDOS: "Amo, sempre na altura do joelho."

CINTO: "Adoro usar com calça ou short, acho que dá um acabamento bonito."

JOIAS: "Gosto de brincos e colares, estou em uma fase de usar colares mais longos, de metais. Porém, no dia a dia não uso nada, só minha aliança, por causa dos meninos."

VESTIDO
MOLDE 077
TAMANHO 42
PÁGINA 153

Brincos e anel: Andrea Ramos. Vestido com cinto: Regina Salomão.

Sandra Annenberg

Sucesso
MERECIDO

Tradução de carisma e de credibilidade como âncora do *Jornal Hoje*, a jornalista destaca vestidos diferenciados para você copiar e arrasar por onde passar

TEXTO: **LUCIANA ALBUQUERQUE** | FOTO: **VIVI PELISSARI** | PRODUÇÃO: **LUCIANA PISSINATE E RAÍSSA RIBEIRO (ASSISTENTE)** | ARTE: **ANGELA C.HOUCK** | TRATAMENTO DE IMAGEM: **BÁRBARA MARTINS** | CABELO E MAQUIAGEM: **MUKA**

"EU NÃO ME IMPORTO DE REPETIR ROUPA, ACHO QUE É CHIQUE. AFINAL, NINGUÉM TEM DINHEIRO PARA FICAR GASTANDO À TOA"

Brincando com a moda das estampas geométricas, o vestido longuete da página ao lado é jovem e atual. De malha, ele tem saia com leve evasê e uma faixinha delimitando a cintura, capaz de deixar o look mais feminino.

Brincos ANTONIO BERNARDO. Vestido: LINHA PURA. Sandálias: SARAH CHOFAKIAN.

VESTIDO
MOLDE 080
TAMANHOS
38/42/46
PÁGINA 154

O tubinho com saia de tweed e busto em crepe estampado traz a tendência da transparência com o colo em tule, formando alças de sustentação para o decote tomara que caia.

Anel e brincos: ANTONIO BERNARDO. Vestido: REGINA SALOMÃO.

VESTIDO
MOLDE 079
TAMANHO 38
PÁGINA 154

> "O CONFORTO ESTÁ ACIMA DE TUDO. SE VOCÊ ESTÁ CONFORTÁVEL, VOCÊ ESTÁ BEM. E SE ESTÁ BEM, ESTÁ BONITA".

Bate-bola

VESTIDOS: "Adoro, mas sempre abaixo do joelho, de corte evasê, mais soltinho".

CONSUMISMO: "Compro peças que não saem de moda, que vou usar hoje e sempre. Não sou escrava do consumismo".

ROUPA PREDILETA: "Tenho um conjunto de calça e blazer de veludo preto que adoro. Já estou com ele há muitos invernos".

TRUQUE DE MODA: "Tenho uns casaquinhos de malha que jogo em cima de uma camiseta branca básica. Eles garantem um toque mais divertido ao visual".

PEÇAS-CHAVE: "Uma bela camisa branca, uma calça jeans ou preta que tenha um bom caimento e um salto confortável".

JOIAS: "Não sou muito de pulseira e colar, prefiro brincos e anéis. Ouso um pouco mais com brincos, até por conta do cabelo curto".

SAPATOS: "Uso desde os baixos até os altos, mas gosto de saltos confortáveis, que não me deixem cansada. Prefiro os saltos quadrados e grossos".

CORTE E COSTURA: "Sei fazer uma barra, pregar um botão, mas não sei costurar. Adoraria aprender, desde que eu tivesse um molde para seguir, porque da minha cabeça eu não ia saber me aventurar (risos)".

Gracioso, o vestido de cetim floral da página ao lado agrada as mais românticas por conta dos babados nas mangas e na saia. Com corte evasê, o modelo ainda valoriza o corpo com um leve decote e uma faixa marcando a cintura.

Brincos: ANTONIO BERNARDO.
Vestido: BEBESH.

VESTIDO
MOLDE 078
TAMANHO 42
PÁGINA 153

Todo em crepe, o vestido de corte reto é clean e sofisticado. Para quem tem pouco quadril, a saia envelope com recortes cria volume na região, harmonizando a silhueta.

Anel e brincos: ANTONIO BERNARDO. Vestido: BEBESH.

VESTIDO
MOLDE 081
TAMANHO 40
PÁGINA 155

Danielle Winits

VESTIDO
MOLDE 083
TAMANHO 38
PÁGINA 156

Vestido: LUCIDEZ.
Cinto: CORPOREUM.

TUDO *azul*

Linda e com o corpo sempre em forma, a atriz já é consagrada na televisão, principalmente com a sua veia cômica. Aqui, ela mostra um ensaio com moldes irresistíveis

TEXTO: **ANA IOSELLI** | FOTO: **NANA MORAES** | PRODUÇÃO E STYLING: **PAULO ZELENKA** | ARTE: **ANGELA C.HOUCK** | TRATAMENTO DE IMAGEM: **BÁRBARA MARTINS** | CABELO E MAQUIAGEM: **KAKÁ MORAES**

SHORT
MOLDE 085
TAMANHO 38
PÁGINA 156

Brincos e anel: H.STERN.
Camisa: LUCIDEZ.
Short: CAVENDISH.

Bate-bola

ESTILO: "Gosto de uma roupa mais casual, mas também de misturar o casual com o sofisticado de vez em quando. Normalmente, gosto de sentir-me confortável, só que com um toque rock and roll".
COR: "Branca".
MODA: "Na moda não existe certo ou errado. Certo é o que dá certo para você. Gosto tanto de um vestido bacana, com uma fenda, quanto eu gosto de vestir um bom terno. Gosto de brincar com isso".
O QUE NÃO PODE FALTAR NO SEU GUARDA-ROUPA: "Jaqueta de couro. Adoro!".
TECIDOS: "Os mais fluidos e confortáveis".
ACESSÓRIO PREDILETO: "Sapato. Amo!".
JOIA: "Não gosto de nada extravagante. Prefiro ouro branco e peças com estilo moderno".
PERFUME: "Burberry Brit".
BRECHÓ: "Já frequentei muito brechó e pincei muita peça legal ao longo do tempo. Hoje, tenho o meu brechó, o La Luna Mia, que abri com duas amigas pensando no conceito moderno da moda reciclável".
Objeto de desejo: "Qualquer sapato bonito".
RASTEIRINHA OU SALTO ALTO: "Salto alto".
COSTURA: "Não tenho nenhuma costureira na família, mas minha mãe, Nadja Winits, teve confecção a vida inteira. Não costuro, mas tive uma fase artesanal, quando eu fazia brincos de arame, com uma amiga, a Rafaela, na época do colégio. Mas não deu muito certo, porque o arame machucava a orelha das meninas. E também ninguém pagava!".

VESTIDO
MOLDE 084
TAMANHO 40
PÁGINA 156

Brincos e anel: H.STERN.
Vestido: WASABI.

SAIA
MOLDE 082
TAMANHO 44
PÁGINA 155

Brincos e anel: H.STERN.
Top e saia: LUCIDEZ.

Andreia Horta

Brilho próprio

Ela fez seu estrelato na novela *Império* e, agora, está pronta para mostrar seus múltiplos talentos. Para nós, ela desfila figurinos de causar inveja. Copie já!

TEXTO: **ANA IOSELLI** | FOTOS: **RODRIGO LOPES** | PRODUÇÃO: **ANDERSON VESCAH** | ARTE: **ANGELA C. HOUCK** |
TRATAMENTO DE IMAGEM: **BÁRBARA MARTINS** | CABELO E MAQUIAGEM: **ÉRICA MONTEIRO**

VESTIDO
MOLDE 092
TAMANHO 42
PÁGINA 159

Anel: Fiszpan. Vestido: Fato Básico.

"GOSTO DE FAZER UMA MISTURA ENTRE O CLÁSSICO E O MODERNO"

BLUSA
MOLDE 090
TAMANHO 42
PÁGINA 158

SAIA
MOLDE 091
TAM(S). 38/40/42
PÁGINA 159

Anel: Fiszpan. Blusa: Kimika. Saia: Riachuelo.

Bate-bola

COR: "Amarelo".
MODA: "Comportamento".
UMA PEÇA INDISPENSÁVEL: "Calça preta".
RASTEIRINHA OU SALTO ALTO: "Um saltinho, sempre. Porque sou uma moça pequena, então me faz bem".
SAIA OU CALÇA: "Calça".
ACESSÓRIOS: "Gosto muito de anéis, desde os maiores até os mais delicados. Cordões também, de diversos tipos. Não gosto muito de brincos grandes. Ainda mais agora, com o cabelo curto, dou preferência aos menores".
ÓCULOS: "Pode ser um Ray-Ban® ou óculos de brechó. Gosto de formatos e cores diferentes. Tenho óculos amarelos, pretos...".
BOLSA: "Ator é a profissão da sacola. A gente leva muita coisa. Desde a escova do dente, passando pelo livro que você está lendo, um agasalho, um hidratante e uma água termal. Então, quando estou trabalhando, uso bolsas maiores. Já para sair, prefiro as pequenas".
PEÇA QUE NUNCA USARIA: "Várias, como aquelas muito curtas, indiscretas e chamativas".
TECIDO: "Seda".
PRIMAVERA: "Acho a primavera um nascimento por si só. As flores estão nascendo, tudo está nascendo. Tenho uma sensação de leveza com a estação. A temperatura é mais amena, os tecidos são mais leves, os vestidos soltinhos".
ESTAMPA FLORAL: "Gosto. Mas depende do floral. Tem florais lindos e outros nem tanto".
GRIFES OU ESTILISTAS PREDILETOS: "Não tenho. Tem coleções admiráveis e outras coleções que não agradam tanto a mim. Então escolho pela peça em si".
SONHO DE CONSUMO: "Ainda não tenho uma jaqueta de couro preta. É um sonho de consumo. Tenho de resolver isso logo".

MACACÃO
MOLDE 093
TAMANHO 44
PÁGINA 159

Bracelete: Fiszpan. Macacão: Karamello. Sandálias: Ferni.

Fabiana Karla

DONA DO *riso*

A atriz esbanja felicidade, alegria, diversão e, claro, seu lado vaidoso. Aqui, com muito estilo, ela encara um ensaio sobre o novo navy e mostra como as listras podem, sim, valorizar a silhueta plus size

TEXTO: **LUCIANA ALBUQUERQUE** | FOTO: **PINO GOMES** | PRODUÇÃO: **ROSANE AMORA E BIANCA NASCIMENTO (ASSISTENTE)** | ARTE E TRATAMENTO DE IMAGEM: **ANGELA C. HOUCK** | BELEZA: **DÉBORA QUEIROS**

BLAZER
MOLDE 096
TAMANHO 52
PÁGINA 160

CALÇA
MOLDE 097
TAMANHOS
46/50/54
PÁGINA 161

Anel e brincos: 18K. Camiseta e calça: CITWAR. Blazer: C&A. Sapatos: LE CHIC.

"GOSTO DE CRIAR! AGORA MESMO, ESTOU COM UMA BOLSA CHEIA DE TECIDOS PARA APRESENTAR À MINHA COSTUREIRA. IREMOS CRIAR MODELOS JUNTAS!"

Bate-bola

UMA COR: azul.
JOIAS OU BIJUS: uso de tudo. Tenho um anelzinho no dedo do pé, quer mais o quê? (risos)
PEÇA-CHAVE: vestido preto.
ROUPA PREFERIDA: vestido cachê-coeur.
TRUQUE DE MODA: não usar nada muito colado e fazer as devidas compensações: tapa aqui e descobre ali (risos)... elegância, sempre!
O QUE NÃO PODE FALTAR NO SEU GUARDA-ROUPA: um belo vestido, que sempre deixa a mulher elegante e feminina.
UM SAPATO: scarpin.
FAMÍLIA: tudo pra mim.
QUALIDADE: lealdade.
DEFEITO: ser autocrítica.

VESTIDO
MOLDE 098
TAMANHOS
48/52/56
PÁGINA 161

Colar e pulseiras: FISZPAN.
Vestido: CHAPEAUX.

> "HOJE, TENHO ENCONTRADO COM MAIS FACILIDADE MODELOS E TAMANHOS QUE ME ATENDEM. ENTÃO, EU MANDO FAZER MENOS ROUPAS E MAIS AJUSTES."

CASACO
MOLDE 094
TAMANHO 54
PÁGINA 160

Brincos e pulseira: METALLY. *Blusa:* CHIFON. *Casaco e calça:* CHAPEAUX. *Clutch:* 18K. *Sapatos:* LE CHIC.

VESTIDO
MOLDE 095
TAMANHO 48
PÁGINA 160

Anel e brincos: 18K.
Pulseira: CLÁUDIA ARBEX.
Vestido: CITWAR.

Helena Rinaldi

Elegância

Alta, magra, de voz suave e figurino sob medida. A bela Helena Ranaldi é ícone de estilo e, especialmente para a *Moda Moldes*, sugere looks sensacionais

TEXTO: ANA IOSELLI | FOTOS: NANA MORAES | ASSISTENTES DE FOTOGRAFIA: JULIO CARLOS DOS SANTOS E ANA MARIA RODRIGUES | PRODUÇÃO: ALEXANDRE SCHNABL | ARTE: ANGELA C. HOUCK | TRATAMENTO DE IMAGEM: BÁRBARA MARTINS | CABELO E MAQUIAGEM: WILSON ELIODÓRIO | ASSISTENTE: DANILO GOTARDO

VESTIDO
MOLDE 086
TAMANHO 38
PÁGINA 157

Vestido: ANDRÉ LIMA PARA ALBERTA.

SAIA
MOLDE 087
TAMANHO 42
PÁGINA 157

Chemise de seda: ALBERTA.
Saia-lápis: SHOP 126.
Peep toes: AREZZO.

"ADORO TECIDOS MAIS FLUIDOS, COMO A SEDA"

BLUSA
MOLDE 088
TAMANHO 44
PÁGINA 157

Cinto de croco, blusa de gazar preto e saia de couro: ANNE FONTAINE.

Bate-bola

MODA: "Quando compro uma roupa, busco o conforto e a beleza".
ESTILO: "É clean. Não gosto de roupas chamativas".
DIA A DIA: "Para trabalhar, gosto de usar uma rasteirinha e um vestido o mais leve possível. Para sair, uso uma saia longa, gosto de peças compridas".
UMA COR: "Vermelha".
PEÇA INDISPENSÁVEL: "Jeans. Não tem como não ter um jeans no armário".
RASTEIRINHA OU SALTO ALTO: "Rasteirinha. Odeio salto. Acho salto superbonito, elegante, mas sofro muito com ele".
ACESSÓRIOS: "Já fui mais discreta. Antes, eu só gostava de peças pequenininhas. Agora, já acho bonito um brinco grande. Mas foco sempre em uma peça".
BIJUTERIA OU JOIA: "É uma pena, porque eu tenho problema de alergia com bijuteria. Tem bijuterias lindas, mas muita coisa eu não posso usar. Então, prefiro joia. Uso muito ouro branco e prata, ouro amarelo uso menos".
BOLSA: "Bolsa é um acessório super-importante. Às vezes, você está com uma roupa superbásica, mas coloca uma bolsa interessante. A bolsa faz a roupa. Mas, claro, ela tem que ser bonita e funcional".
SONHO DE CONSUMO: "Sou pouco consumista".

VESTIDO
MOLDE 089
TAMANHO 42
PÁGINA 158

Brincos: ALBERTA.
Vestido longo devorê de zebra: ALPHORRIA.

Eliana

Eliana
e os tecidos da estação

A apresentadora mostra modelos perfeitos para protagonizar os melhores dias de sua vida

TEXTO: **DANIELLE CERATI** | FOTO: **DANILO BORGES** | PRODUÇÃO E STYLING: **HIGOR VAZ** | ARTE: **ANGELA C. HOUCK** | TRATAMENTO DE IMAGEM: **JUJUBA DIGITAL** | CABELO E MAQUIAGEM: **ANDRÉ SARTORI** | ASSISTENTE DE CABELO E MAQUIAGEM: **CARLOS GRECO** | CAMAREIRA: **BETE CAMPOS** | MANICURE: **DIRCEMARA GOMES SOUZA (EQUIPE CABELEIREIROS)**

SEDA

Sua leveza e sua fluidez fazem com que ela figure nas composições dos dias quentes. Confortável, charmosa e elegante, não precisa de muitos complementos para criar um visual poderoso, já que normalmente é apresentada em looks sob a forma estampada.

Anel: CARLOS RODEIRO. Vestido: SPEZZATO.

VESTIDO
MOLDE 103
TAMANHO 44
PÁGINA 163

LINHO

O modelo peplum é perfeito para você ficar em dia com as tendências. Por possuir uma "anquinha" localizada na cintura, é ideal para quem tem o corpo em formato triângulo invertido, ou seja, ombros largos e quadris estreitos, já que faz o equilíbrio das proporções.

Brincos: BEE VEE. Vestido: BEBESH. Cinto e sapatos: Stella MCCARTNEY.

VESTIDO
MOLDE 104
TAMANHO 42
PÁGINA 163

RENDA

Ela é aposta certa para mulheres românticas. Em pontos estratégicos, como no colo, faz com que a feminilidade fique em evidência em um instigante jogo de mostra-esconde. Com ela você irá certamente protagonizar uma das melhores produções de verão.

Brincos: acervo. Anel: Bee Vee. Vestido: Patchoulee. Sapatos: Valentino para Mares

VESTIDO
MOLDE 105
TAMANHO 40
PÁGINA 164

NEOPRENE

O scuba dress é o vestido do momento. O nome vem do universo subaquático (scuba: cilindro de mergulho/ dress: vestido) e o tecido que o compõe faz jus à designação. Por delinear o corpo, é preciso está em plena forma física para usá-lo.

Aneis: Bee Vee e Letage. Vestido: Bebesh.

VESTIDO
MOLDE 106
TAMANHO 38
PÁGINA 164

Bate-bola

SER MÃE É... "A melhor parte de mim."
SONHO DE CONSUMO... "Poder viajar muito pelo mundo com meus filhos."
SAPATOS, ROUPAS OU ACESSÓRIOS? "Roupas."
GRIFES PREFERIDAS... "Phillip Lim, Balmain e Chanel."
CLÁSSICO OU MODERNO? "Clássico."
CONFORTO OU ELEGÂNCIA? "Não abro mão dos dois."
VESTIDO, SAIA OU CALÇA? "Calça."
TECIDOS: linho, malha, cetim, renda? "Renda."
SCARPIN, TÊNIS OU SANDÁLIA? "Scarpin."
DICA DE BELEZA: "Se amar. Isso fará bem para a beleza exterior."
COM O AMADURECIMENTO EU FIQUEI MAIS... "Segura."

"GOSTO DO BÁSICO E FEMININO. ATUALMENTE ESTOU APAIXONADA POR SAIA-LÁPIS. SINTO-ME ELEGANTE E ACHO UMA PEÇA BEM CONFORTÁVEL."

Cissa Guimarães

Vivendo a
MATURIDADE

Mais bela do que nunca, a atriz Cissa Guimarães revela uma moda casual repleta de elegância

TEXTO: **EVELYN MORETO** | FOTO: **MARCELO FAUSTINI** |
PRODUÇÃO: **ELAINE SIMONI** | ARTE: **ANGELA C. HOUCK** |
TRATAMENTO DE IMAGEM: **WG** | BELEZA: **RITA FISCHER**

O brilho do lurex dá passe livre à peça para a noite. O macacão é uma peça poderosa quando se quer alongar a silhueta. Se tem detalhes na vertical, o efeito é duplicado.

Anel: Estela Geromini. Brincos: Romanel. Macacão: Regina Salomão. Sandálias: Roberto Oshiro.

MACACÃO
MOLDE 102
TAMANHO 40
PÁGINA 162

Quando o assunto é estampa, aposte naquelas de tons semelhantes e arremate o visual com acessórios de peso. Os maxicolares continuam em alta e são indispensáveis em suas produções.

Anel: Romanel. Brincos: Pienzzo. Colar: Morena Rosa. Vestido: AR Store.

VESTIDO
MOLDE 100
TAMANHO 38
PÁGINA 162

"NUNCA VOU DEIXAR DE ANDAR CONFORTÁVEL PARA ESTAR NA MODA. A ROUPA É UM ADEREÇO BACANA, MAS PARA MIM É SECUNDÁRIO"

Bate-bola

MODA: "O gostoso é você estar bonita, sentindo-se bem e confortável"
ACESSÓRIOS: "Gosto muito de joias contemporâneas. Estou sempre com um ponto de luz"
COSTURA: "Minha mãe usava muita roupa de costureira. Acho incrível o dom de transformar um pedaço de tecido bruto em peças lindíssimas. Quem sabe um dia eu não aprendo?"
TENDÊNCIAS: "Não sou muito ligada"
BELEZA: "Gosto de me cuidar muito! Hidrato bem a pele, uso cremes, faço tratamentos..."

Frescor e sofisticação em uma única peça têm o poder de conferir elegância ao verão. A contemporaneidade também se faz presente: o clássico tweed se mistura ao artsy, uma opção perfeita para aquelas noites quentes.

Anel e brincos: ROMANEL. Braceletes: PIENZZO. Vestido: REGINA SALOMÃO. Peep toes: Roberto Oshiro.

VESTIDO
MOLDE 101
TAMANHO 42
PÁGINA 162

Além de todo o charme do modelo de um ombro só, o cinto merece destaque. Além de delinear o corpo, a pedraria alegra o visual, entrando em harmonia com o conjunto de pulseiras, outro hit da estação.

Anel e brincos: ROMANEL. Pulseiras: PIENZZO. Vestido: REGINA SALOMÃO. Sandálias: ROBERTO OSHIRO.

VESTIDO
MOLDE 099
TAMANHO 44
PÁGINA 161

Glenda Koslowski

Uma linda mulher

A maturidade veio como um presente para Glenda Kozlowski, apresentadora do *Esporte Espetacular*, da TV Globo. Linda, ela descobriu que ser vaidosa não é pecado e agora usa e abusa de vestidos, saltos altos e acessórios para evidenciar sua feminilidade

TEXTO: **ANA IOSELLI** | FOTOS: **RODRIGO LOPES** | PRODUÇÃO DE MODA: **ANDERSON ALVES** | CABELO E MAQUIAGEM **EDSON MORALES** | ARTE: **ANGELA C. HOUCK**

VESTIDO
MOLDE 138
TAMANHO 48
PÁGINA 177

Vestido longo de listras: Manotroppo. Brincos e colar: Estela Gerominni. Sandálias: Cecconello.

LINHAS & PONTOS

Glenda Kozlowski admite não ter habilidade para costura, no máximo, sabe pregar um botão, mas admira muito quem entende do riscado. "Ser costureira é incrível. Eu tenho a Sandra, que conserta minhas roupas e já fez um vestido e um saião que eu adoro. Quando você faz uma roupa com a costureira, o caimento no seu corpo é outro, é perfeito. Fazer uma camisa no alfaiate é espetacular, é a cosia mais linda que tem, eu adoro. Espero que essa profissão não acabe nunca, nunca", torce.

Quem a ensinou a pregar botão foi a avó Elisabeth, de quem fala com muita admiração, carinho e saudade. A avó tinha uma máquina de costura num quartinho e sempre chamava a costureira para ir lá fazer vários trabalhos de consertos e criação de peças novas para a família, especialmente para a mãe de Glenda, que era filha única.

"Minha avó era uma figura. Ela era tão vaidosa, tão vaidosa, mas tão vaidosa, que dormia com calçolas porque dizia que modelava a cintura. E usava corpetes para levantar o peito. Só tirava para tomar banho. E, realmente, o corpo dela era lindo. Ela acordava cedinho para se arrumar e se maquiar. E sempre me dizia para que nunca deixasse o meu marido me ver desarrumada. Em casa, não andava de chinelo, só de salto alto. E toda semana ia ao cabeleireiro para arrumar o cabelo, limpar a sobrancelha e a cutícula das unhas", conta saudosa.

Hoje, quando Glenda vê essa nova mulher linda e elegante na qual se transformou, lembra-se das dicas da avó e da mãe e sorri ao perceber que elas tinham toda razão.

VESTIDO
MOLDE 139
TAMANHO 42
PÁGINA 177

Vestido e cinto: Karamello.
Brincos: Ricawevsky.
Anel: Fiszpan.
Sapatos: Cecconello.

BATE-BOLA

Moda: É o que a gente vê nas lojas

Estilo: Quando a pessoa aproveita o que tem no armário, mistura algumas peças e se veste do jeito que gosta, não copia ninguém. Quem tem estilo fica muito legal, fica muito bacana. O meu é comum, básico. Gostaria de ser mais ousada

Personal stylist: Não tenho. Mas tenho umas amigas ligadas em moda que, quando tenho dúvida, mando a foto do meu look para elas e pergunto se está legal ou não. Tenho acertado

Uma cor: Azul

Estampa: Não uso. Prefiro peças lisas.

Peça coringa: Meu casaco jeans, que vai com tudo, e macacão. Tenho vários, adoro.

Rasteirinha ou salto alto: Salto alto. Eu usava tênis. Saí to tênis para o salto alto. A sandália rasteirinha nunca me pegou.

Joia ou Bijuteria: Joia. Adoro pedra, principalmente a esmeralda. E isso eu herdei da minha avó. Ela comprava muita joia e também desenhava e mandava fazer peças únicas.

Saia ou calça: Hoje em dia sou da saia.

Vestidos: Amo vestido. Gosto do modelo longo, solto. Não gosto de vestido curto porque, até hoje, não aprendi a sentar como uma menininha.

Uma roupa inesquecível: O primeiro uniforme que eu recebi da TV Globo para cobrir uma Olimpíada. Fiquei muito feliz. Era uma calça azul-marinho, uma camisa verde e um casaco bege. Foi para a Olimpíada de Sidney, em 2000. Como eu era atleta, sempre acompanhei os Jogos Olímpicos pela televisão. Eu queria muito ir como atleta, mas meu esporte (bodyboarding) não era olímpico. Quando cobri a primeira Olimpíada, chorava muito, achava tudo tão fantástico, me marcou muito.

Peça que nunca usaria: Baloné e calça saruel. Aquela manguinha princesa, bufante também não. Vestidinho em A, de jeito nenhum.

Tecido predileto: Adoro seda e algodão

Clássica ou moderna: Clássica

Brechó: Não gosto muito, porque acho que roupa carrega a nossa energia. Pode ser balela, mas acredito nisso. Então fico um pouco receosa. Mas eu venho mudando isso e já fui em alguns, dei uma olhadinha.

Dica de moda: Ter sempre uma camisa branca de alfaiataria. É um supercoringa. Fica bom com calça preta, jeans, com saia... Eu tenho duas, que mandei fazer. São bonitas e têm caimento perfeito

VESTIDO
MOLDE 141
TAMANHO 44
PÁGINA 178

Pulseira: Estela Geromnni
Anel e brincos: Herrera.
Vestido preto longo e cinto: Karamello.
Sandálias: Arezzo

VESTIDO
MOLDE 140
TAMANHO 46
PÁGINA 177

Brincos e pulseira: Estela Gerominni.
Anel: Fiszpan.
Vestido com estampa gráfica: Skunk.
Sapatos: Schutz.

Juliana Paes

SEMPRE
cool

Elegância e bom gosto são as palavras-chave para definir o estilo dela. Copie os looks usados pela atriz e faça sucesso!

TEXTO: **PRISCILA MORAES** | FOTOS: **FERNANDA VENÂNCIO** | PRODUÇÃO: **ELAINE SIMONI** | ASSISTENTES DE PRODUÇÃO: **JÉSSICA AMORIM E NAYDA RODRIGUES**
ARTE: **ANGELA C. HOUCK**

VESTIDO
MOLDE 109
TAMANHO 44
PÁGINA 165

A atriz possui uma beleza exótica que atrai olhares por onde passa e milhares de seguidores. Sim, Juliana Paes foi refinando seu visual e gosto por moda ao longo dos anos. Atualmente, seu *dress code* faz sucesso entre as mulheres e todas querem copiar seus looks!
As peças que Juliana utiliza, na maioria das vezes, são favorecidas por seu corpo esbelto. Básicos, sofisticados, despojados ou aqueles que seguem as tendências de moda: todos os estilos têm espaço no closet da Ju, que os escolhe com muito bom gosto de acordo com a ocasião. Sem dúvida, um dos looks mais utilizados pela atriz, atualmente, é o combo: vestido + salto alto + acessórios. Versátil, é ideal para diversos momentos.

Brincos: BALONÊ. Anel: OLHA QUE LINDA!. Vestido: NAMINE. Sandálias: BEBECÊ.

VESTIDO
MOLDE 110
TAMANHO 40
PÁGINA 166

Brincos: ROMMANEL. Anel: JULIANA GALVÃO. Vestido: ALEXANDRE HERCHCOVITCH. Sandálias: BOTTERO.

Brincos: SILVIA DORING. Anel: Rommanel. Vestido: NAMINE. Sandálias: LILLY'S CLOSET.

95

Destaque

Mel Maia
MENINA DE OURO

A pequena estrela aproveita o descanso televisivo para fazer o que mais gosta: se divertir. Foi assim, em clima de pura animação, que posou para este ensaio exclusivo para a *Moda Moldes*

TEXTO: **ANA IOSELLI** | FOTOS: **RODRIGO LOPES** | STYLIST: **CRISTINA FRANÇA** | PRODUÇÃO: **JULIANA FRANÇA** | BELEZA: **INEZ BARREIRO** | ARTE E TRATAMENTO DE IMAGEM: **ANGELA C. HOUCK**

MACAQUINHO
MOLDE 005
TAM(S): 4 A 8 ANOS
PÁGINA 149

Colar: Manô (Juliana Manzini). Pulseira: Pili's Secret. Macaquinho sarouel: Fábula. Espadrilhes: Pé de Dragão.

VESTIDO
MOLDE 064
TAM(S): 8 E 10 ANOS
PÁGINA 149

Brincos: Antonio Bernardo.
Vestido de festa: Petit Cherie.

Colar: Nana (Juliana Manzini). Pulseiras: Pili's Secret. Macaquinho de cetim: Kara-palida. Espadrilhes jeans: Via Mia.

MACAQUINHO
MOLDE 066
TAMANHO 6 ANOS
PÁGINA 150

Como é a sua relação com os fãs?
É muito boa. Adoro receber o carinho em todos os lugares. Converso sim, dou autógrafos e tiro muitas fotos. Adoro retribuir o carinho que recebo. Eu me sinto muito feliz!

O que gosta de fazer nas horas de folga?
Brincar e brincar. Eu curto muito a minha vida sempre.

Qual a importância da família para você?
Tudo! Minha família é o meu coração. Amo minha mãe e não tenho vergonha de dizer que ainda peço para dormir abraçada com ela.

Seus pais dão força para você ser atriz?
Não sei dizer se dão força, mas estão sempre ao meu lado me ajudando.

Você curte moda?
Gosto de me sentir bonita. Então, acho que gosto.

Gosta de ver desfiles?
Adoro!

Que roupa gosta de usar no dia a dia?
Gosto de jeans, camiseta e vestido. Mas a roupa tem de ser bem confortável.

Em casa, que roupa prefere?
Short e camiseta. Às vezes, pijama.

E em ocasiões especiais?
Um vestido bem bonito.

Quando está com um trabalho em andamento, gosta de conversar com as figurinistas sobre as roupas da personagem? Dá opiniões?
Quando a roupa é do personagem, não dou opinião. Porque a figurinista entende o porquê daquela roupa, sei que tem uma história. Mas quando é para eu (Mel Maia) usar, aí sim dou palpite. Digo se gostei e se não gostei também.

Que tipo de personagem gostaria de fazer em seu retorno à TV?
Gostaria muito de fazer uma vilã, mas ainda estou me preparando. Falta um pouco ainda.

Bate-bola

Moda: "Eu só tenho 10 anos. Então, não me preocupo muito com moda. Gosto de me vestir bem, de me olhar no espelho e me sentir bonita".

Estilo: "O meu estilo é usar tudo o que acho bonito. Se eu não gostar, não uso".

Cor: "Amarela".

O que não pode faltar no guarda-roupa: "Short jeans".

Peça-chave: "Vestido".

Coleção: "Colecionava até bem pouco tempo bonecas *Barbie* e *Monster High*".

Acessórios: "Adoro óculos escuro e também chapéus".

Joia ou bijuteria: "Os dois".

Saia ou calça: "No calor, saia".

Branco ou preto: "Branco".

Estampa preferida: "Flores".

Sonho de consumo: "Ir a *Tomorow Land*. Amo música eletrônica".

SAIA MOLDE 068 TAM(S). 6 A 10 ANOS PÁGINA 150

BLUSA MOLDE 067 TAM(S). 6 A 10 ANOS PÁGINA 150

Bijus: Pili's Secret. Blusa: Karapalida. Minissaia: Ou Fashion.

Retrô

Do fundo do baú

Assim que a temperatura cair, busque refúgio no guarda-roupa da vovó para vestir a criançada

CALÇA
MOLDE 041
TAMANHO 8 ANOS
PÁGINA 141

Os babados do vestido transmitem um ar de romantismo, que é ressaltado pelo tom nude dos tecidos. Caso queira alegrar o look monocromático, escolha um par de sapatilhas douradas e faça sua pequena brilhar.

Vestido: KIDS COMPANY. **Cardigã:** D. TONETTI. **Sapatilhas:** FÁBRICA DE IDÉIAS.

Mais uma vez o charme retrô e as últimas tendências da moda se encontram. O resultado é uma composição alegre, funcional e cheia de atitude. A calça saruel é o ponto alto da produção, dando um ar alternativo ao pimpolho.

Camiseta: CRIANÇA URBANA. **Colete:** BOY FOREVER. **Calça:** KALAMBOLA. **Sapatênis:** PASSARELA.COM.

Para quebrar a seriedade do blazer, componha um visual divertido: troque a camisa lisa por uma xadrez colorida, a calça por uma bermuda confortável e os sapatos por galochas.

Camisa: CRIANÇA URBANA. Bermuda e blazer: BOY FOREVER. Galochas: SANTA PACIÊNCIA.

Além de ser a cara dos dias mais frios, o xadrez possibilita mil e uma combinações. Se um vento bater, lance mão de um cardigã. A cor? Qualquer uma que siga a cartela da sapatilha.

Short e camisa: CRIANÇA URBANA. Sapatilhas: FÁBRICA DE IDÉIAS.

CAMISA
MOLDE 040
TAMANHO 8 ANOS
PÁGINA 141

BERMUDA
MOLDE 039
TAMANHO 6 ANOS
PÁGINA 140

Comemore

Dia de festa

Bolo, guaraná, muitos doces, amigos reunidos e estilo de sobra para duplicar a alegria da criançada

Menina

A modelagem soltinha do conjunto de couro da página ao lado possibilita mil e um movimentos durante as brincadeiras. E sujar a roupa não será uma desculpa para deixar de rolar pelo salão,
já que o tecido é fácil de limpar.

Brincos: WE LOVE. Tiara: KIDS SHOP. Camiseta, jaqueta e short: PETISTIL. Sapatilhas: ROBERTO OSHIRO.

SHORT
MOLDE 044
TAMANHO 10 ANOS
PÁGINA 142

JAQUETA
MOLDE 045
TAMANHO 10 ANOS
PÁGINA 142

Menino

Para as mamães que se derretem pelo vintage, o colete que parece ter saído do guarda-roupa do vovô é perfeito. Além de charmoso, promete esquentar nos dias mais frios.

Blusa, colete e calça: CHICLETARIA. Tênis: ALL STAR.

Menina

O veludo molhado é uma ótima opção para cantar "o parabéns", principalmente se a festinha for à noite. Linda, a aniversariante brilhará ainda mais.

Colar: VERITHÁ JÓIAS. Vestido: KALAMBOLA KIDS. Sapatilhas: ROBERTO OSHIRO.

Menino

Mais despojados, os meninos preferem a casualidade na hora da comemoração. Aposte em um xadrez elaborado e um tênis para garantir o conforto.

Camiseta: BOY FOREVER. Jaqueta: KALAMBOLA KIDS. Calça: CHICLETARIA. Tênis: ALL STAR.

Militar

Marcha soldado

BOLERO
MOLDE 036
TAM(S). 6, 8
E 10 ANOS
PÁGINA 139

VESTIDO
MOLDE 037
TAMANHO
10 ANOS
PÁGINA 140

Dos campos de guerra às passarelas. E de lá direto para o guarda-roupa das crianças! Siga os caminhos da moda militar e garanta um outono/inverno mais quentinho e cheio de estilo

Menino
Por mais séria que seja, a tendência permite um visual mais descolado. Para eles, bermudas são muito bem-vindas, ainda mais quando combinadas à camisa: descontração na medida certa.

Camisa: Brandili. Bermuda: Bikbok. Relógio: Condor. Tênis: All Star.

Menina
Estampa para lá de feminina somada a tons neutros resulta em um visual perfeito para as meninas mais antenadas. Ah, e um pouco de brilho nunca é demais!

Vestido e bolero: Petistil. Botas: Renner.

CALÇA
MOLDE 038
TAMANHO 6 ANOS
PÁGINA 140

Menino
As peças de tons neutros, verdes e terrosos deixam os pequenos bem alinhados para qualquer ocasião.

Camiseta: Shop Kids. Casaco: Que Te Encante. Calça: Boy Forever. Tênis: Renner.

Menina
Muito usado nas trincheiras durante a Primeira Guerra Mundial, o trench coat é uma peça indispensável quando se pensa em moda militar.

Boina: Acervo. Cachecol: Shop Kids. Trench coat, meia-calça e botas: Renner.

Candy color

Gostoso de vestir

Mamães, atenção! Adicionem uma pitada de açúcar ao guarda-roupa da criançada e deliciem-se com toda a doçura das candy colors

CAMISA
MOLDE 030
TAMANHO 8 ANOS
PÁGINA 138

CALÇA
MOLDE 031
TAMANHO 8 ANOS
PÁGINA 138

SHORT
MOLDE 046
TAMANHO 8 ANOS
PÁGINA 142

Os tons de azul estão sempre presentes nos visuais masculinos. Mas, para não cair na mesmice, aposte em diferentes tons e estampas irreverentes que combinam com o clima dos dias de frescor.

Óculos e relógio: CHILLI BEANS. Camisa: PETIT BATEAU. Calça: OS QUINDINS. Tênis: ALL STAR.

As pequenas fashionistas devem usar e abusar dos acessórios. Afinal, eles protegem do sol e, de quebra, divertem o visual.

Chapéu: UV LINE. Óculos: CHILLI BEANS. Regata: MINERAL. Short: D. TONETTI. Pulseira: KALAMBOLA. Bolsa e meias: PAMPILI. Sneakers: MOLEKINHA.

MACACÃO
MOLDE 032
TAMANHO 6 ANOS
PÁGINA 138

Azul para as meninas e rosa para os meninos? Que nada! Eles também podem (e devem!) usar e abusar da cor, que os deixa ainda mais charmosos.

Camiseta: BOY FOREVER. Bermuda: ARAMIS. Tênis: ALL STAR.

Sorvete, algodão-doce e marshmallow. Todas as delícias adoradas pela meninada estão colorindo peças pra lá de adocicadas!

Tiara: THE PRINCESS LUXURY. Macacão: CAMU CAMU. Pulseira: OS QUINDINS. Bolsa e sapatos: PAMPILI.

Xadrez

Tabuleiro fashion

O xadrez tem estampado os figurinos há décadas! E a garotada também pode se esbaldar nesse clássico sem medo de ser feliz

Menina

Mesmo se as temperaturas subirem, cores sóbrias e estampas mais pesadas como o xadrez têm passe livre na temporada de outono-inverno. Caso bata um ventinho, substitua o bolero por uma jaqueta ou uma blusa de mangas compridas.

Tiara e regata: KIDS COMPANY. Bolero: PETISIL. Saia: MINIVIDA. Sapatilhas: MOLEQUINHA.

Menino

Nada óbvio, o colete xadrez buffalo parece estar grudado à camisa, mas não está. Ainda bem, já que assim, possibilita muitas outras combinações, sendo um item indispensável para o inverno dos garotos antenados.

Camisa, colete e calça: BOY FOREVER. Tênis: METROPOLITAN KIDS PARA PASSARELA.COM.

COLETE
MOLDE 055
TAM(S): 6 A 12 ANOS
PÁGINA 145

SAIA
MOLDE 056
TAMANHO 6 ANOS
PÁGINA 146

Menina

A camisa vichy é ideal para um piquenique no parque. A delicadeza do visual ganhou um toque boyish com os descolados slippers, que continuam em alta nesta estação. Aposte alto!

Tiara: PAMPILI. Camisa, colete e calça: KIDS COMPANY. Slippers: CONTRAMÃO.

Menino

Parece até que a blusa saiu do guarda-roupa do papai. Aproveite o capuz para usá-la em dias de garoa ou ventos fortes. Deixe a calça clara apenas para eventos mais formais, em que os pequenos se comportarão – já imaginou se ela fica preta de sujeira?

Blusa e calça: BOY FOREVER. Tênis: KEA.

CAMISA
MOLDE 057
TAMANHO 6 ANOS
PÁGINA 146

Navy

Terra à vista

CAMISA
MOLDE 033
TAMANHO 6 ANOS
PÁGINA 139

COLETE
MOLDE 034
TAM(S). 4 A 8 ANOS
PÁGINA 139

Para ancorar o estilo, misture elementos despojados a outros mais sérios, como a combinação entre a camisa social e a bermuda.

Papagaio de pelúcia: FÁBRICA. Camisa: ARCOBALENO. Camiseta: ARAMIS. Bermuda: CAMU CAMU. Sapatênis: KIDY.

Azul, branco e vermelho: a cartela de cores reforça a atmosfera náutica. Mesclam elementos delicados, a tendência navy certamente ganhará as ruas.

Bolsa e tiara: PAÇOCA. Pulseira: OZA BOZA. Camisa: KALAMBOLA KIDS. Colete: KIDS COMPANY. Calça: BB BÁSICO. Sapatilhas: KLIN.

O passaporte para embarcar na tendência navy é um mix de elementos, como listras, texturas e cores

BLUSA
MOLDE 035
TAM(S). 4 A 8 ANOS
PÁGINA 139

Todos a bordo, capitão! O balanço das ondas fica muito mais divertido com um short para refrescar e sapatos confortáveis para brincar.

Tiara: SILMARA. Colares: ATELIÊ COLORIR. Bolsa: FÁBRICA. Blusa e short: CAMU CAMU. Sapatilhas: OZA BOZA.

Com pinta de pirata, o pequeno marinheiro mostra que é bem cauteloso: tem uma capa de chuva a seu alcance para se proteger das grandes tempestades.

Capa de chuva: BB BÁSICO. Camiseta: PAÇOCA. Bermuda com cinto: CAMU CAMU. Tênis: KLIN.

TEXTO: EVELYN MORETO | FOTO: MONICA ANTUNES | PRODUÇÃO: SHEILA RODRIGUES | ARTE: JÉSSICA BENZI | TRATAMENTO DE IMAGEM: WG | CABELO E MAQUIAGEM: LUANA MORAES | MODELOS: ANA CLARA MOLINARI E THIAGO SCHMIT (DIOR KIDS) | AGRADECIMENTO: PRIMEIRO QUARTO (ADESIVOS) E HITS (ALMOFADAS E PUFF)

111

Casual e elegante

Estilo na hora da

Algumas vezes, as crianças deixam os uniformes para usar looks próprios no ambiente escolar

Se o dia vai ser de descontração, nada melhor do que apostar no moletom e no velho e bom jeans.

Jaqueta: BOY FOREVER. Camiseta e bermuda: MARISOL. Tênis: ALL STAR.

VESTIDO
MOLDE 047
TAMANHO 8 ANOS
PÁGINA 143

A padronagem xadrez do vestido e o cardigã sobre os ombros conferem um ar colegial ao look da menina.

Jaqueta: RENNER. Vestido com cinto: MARISOL. Tênis: ALL STAR.

escola

VESTIDO
MOLDE 048
TAMANHO 6 ANOS
PÁGINA 143

O modelo do vestido é super comportado. E a sianinha que acompanha a gola, a barra e a cintura ajuda para destacar e modelar as regiões.

Tiara: RENNER. Vestido: OLIVA.
Sapatilhas: MOLECA.

CALÇA
MOLDE 049
TAMANHO 6 ANOS
PÁGINA 143

A polo estilosa entra em sintonia com a calça utilitária, cheia de bolsos para carregar itens escolares, como lápis, borracha e régua.

Camiseta: BOY FOREVER.
Calça: Oliva. Tênis: KLIN.

TEXTO: EVELYN MORETO | FOTO: DIANA FFEIXO | PRODUÇÃO: ELAINE SIMONI | ARTE: ANGELA C. HOUCK | TRATAMENTO DE IMAGEM: WG

Desenhos

The Walt Disney fashion

WOODY

O cowboy tem um estilo bem peculiar, quase não aplicável ao dia a dia da cidade. Jeans e xadrez cumprem a missão de dar ao visual um toque da vida de fazendeiro. E para incrementar, o lenço no pescoço é a escolha ideal.

Lenço: ACERVO. Camisa e tênis: RENNER. Calça: BOYS FOREVER. Tênis: RENNER.

CALÇA
MOLDE 058
TAMANHO 6 ANOS
PÁGINA 146

Jessie

Talvez Jessie nem saiba disso, mas o seu estilo nunca esteve tão em alta. Meio hippie, porém bem chique, a cowgirl sempre veste jeans e botas. Se quiser um chapéu, ele também tem passagem livre nesta combinação, ok?

Tiara: PUKET. Vestido: KIDS COMPANY. Cardigã: HERING KIDS. Botas: PASSARELA.COM.

Inspire-se nos personagens mais queridos do mundo da fantasia para vestir o pimpolho e viver uma aventura à parte

DONALD

O pato mais famoso do mundo também anda sempre bem arrumado. As camisas são indispensáveis e, se o dia estiver mais frio, vale trocar a bermuda por uma calça. Pode ser branca ou de cor clara, mas uma coisa é certa: o complemento jamais será um tênis.

Camisa: CARINHOSOS. Bermuda: BOYS FOREVER. Botas: RENNER.

BERMUDA
MOLDE 059
TAMANHO 10 ANOS
PÁGINA 147

MARGARIDA

Se existe uma personagem estilosa nos estúdios da Disney, é a Margarida. Sempre muito bem arrumada, usa até salto alto. Todo o charme de seu guarda-roupa pode ser exibido em peças bem femininas, de preferência cor-de-rosa.

Vestido: PETISTIL. Laço e cardigã: KIDS SHOP. Sapatilhas: PASSARELA.COM.

VESTIDO
MOLDE 060
TAMANHO 8 ANOS
PÁGINA 147

TEXTO: EVELYN MORETO | FOTO: RODRIGO ESTRELLA | PRODUÇÃO: LUCIANA PISSINATE | ARTE: ANGELA C. HOUCK | TRATAMENTO DE IMAGEM: BÁRBARA MARTINS | BELEZA: SIMONE | MODELOS: ETTORE MARTINUCCI E SABRINA SANTOS

Anos 1920

Charme vintage

Os pimpolhos embarcam no túnel do tempo e mostram que, em matéria de estilo, tamanho não é documento

Menino

O chambray, tecido da camisa, confunde-se com o jeans, mas é muito mais confortável, perfeito para embalar as brincadeiras dos pequenos.

Boné: acervo. Camisa: BOY FOREVER. Calça: BOY FOREVER. Tênis: ALL STAR.

CAMISA
MOLDE 061
TAMANHO 6 ANOS
PÁGINA 148

Menina

A batinha descolada possibilita inúmeras combinações. Para um look mais despojado, troque a calça por um jeans, e a sapatilha pelo tênis.

Bata: KIDS COMPANY. Calça: PETISTIL. Sapatilhas: KLIN.

BATA
MOLDE 062
TAMANHO 6 ANOS
PÁGINA 148

Menino

A calça xadrez com suspensório vem direto do guarda-roupa do vovô e deixa a criança muito bem arrumada: uma ótima pedida para um evento mais formal.

Camisa: PETISTIL. Suspensório: acervo. Calça: PETISTIL. Tênis: ALL STAR.

Menina

O macaquinho invade também o guarda-roupa infantil. As botas com poás coloridos conferem uma carinha divertida à composição, perfeita para dias de frio e chuva.

Blusa: PETISTIL. Macaquinho: PETISTIL. Meia-calça: LOBINHA. Galochas: acervo.

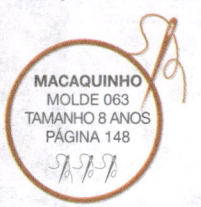

MACAQUINHO
MOLDE 063
TAMANHO 8 ANOS
PÁGINA 148

117

Passeio

Tarde de domingo

É hora de tirar as crianças do sofá e levá-las ao parque. Para que a diversão seja completa, não se esqueça de vesti-las com roupas bem confortáveis

Menino
Além das bermudas, que são peças obrigatórias no verão, os meninos podem (e devem!) calçar sandálias. Superestilosas e confortáveis, elas são perfeitas para as tardes de verão.

*Camiseta e bermuda: PAUL FRANK.
Sandálias: KEA.*

Menina
As fashionistas mirim vão enlouquecer com a calça tie-dye. Para não exagerar, combine-a com uma blusa lisa e discreta.

Bata: ANGEL. Calça: PETISTIL. Sandálias: MOLEKINHA.

BATA
MOLDE 042
TAMANHO 8 ANOS
PÁGINA 141

BERMUDA
MOLDE 043
TAMANHO 10 ANOS
PÁGINA 141

Diversão

Hora de brincar!

Celebre a alegria vestindo seus pimpolhos com roupas confortáveis. A dica é deixá-los livres para qualquer travessura sem perder o estilo

Menino
Estar na moda não significa andar combinandinho, e o color block é a maior prova disso. Aposte nos blocos de cor nas peças mais básicas do guarda-roupa e garanta um visual despojado na medida.

Camiseta e bermuda: HERING. Sapatos: KEA.

Menina
Para a alegria das pequenas fashionistas, o mix de estampas está liberado. As florais e listradas, que são hit neste verão, são também as mais harmoniosas.

Vestido: KID'S COMPANY. Sapatilhas: LARINHA.

VESTIDO
MOLDE 050
TAM(S). 4 A 8 ANOS
PÁGINA 144

BERMUDA
MOLDE 051
TAMANHO 6 ANOS
PÁGINA 144

Menino

Mais uma opção de cores claras para a criançada com o refrescante toque do verde-menta na bermuda, que cai bem até em situações mais formais.

Camiseta e tênis: PUC. Bermuda: KID'S COMPANY.

Menina

Os vestidos de modelagem solta são os mais indicados para os dias quentes e, nas cores mais solares da paleta, o visual iluminado está garantido.

Vestido: BUGBEE.
Sapatilhas: MOLEKINHA.

Menino

Mamães, atenção: as cores clarinhas são refrescantes e estão liberadas, até mesmo se os pimpolhos forem rolar pelo chão.

Camiseta e bermuda: BOY FOREVER.
Tênis: TROLLER KIDS.

Menina

A formiguinha subiu pelo... vestido? Sim! As estampas divertidas são a cara do verão e, assim, a hora de se vestir se tornará uma grande brincadeira.

Vestido: KID'S COMPANY. Sapatilhas: MARISOL GIRLS.

VESTIDO
MOLDE 052
TAMANHO 8 ANOS
PÁGINA 144

Rock kids

My baby rocks

ROCK

As pequenas vão adorar o conforto proporcionado pelo estilo rock'n'roll, perfeito para curtir as brincadeiras. A caveirinha rosa confere feminilidade ao visual despojado das meninas adeptas à moda.

Pulseira: LA SPINA. Camiseta e tênis: OS QUINDINS. Short: KIDS COMPANY. Meia-calça: PAÇOCA.

Para transformar o seu pimpolho em um rockstar, aposte em um look total black e turbine a produção com um boné surradinho. Certamente ele arrancará gritinhos histéricos das fãs!

Boné e camiseta: KALAMBOLA KIDS. Bermuda: BOY FOREVER. Chaveiro: OS QUINDINS. Tênis: BB BÁSICO.

BERMUDA
MOLDE 053
TAMANHO 8 ANOS
PÁGINA 145

Irreverentes, os pequenos mostram toda a sua atitude e energia em meio a frenéticos solos de guitarra

SAIA
MOLDE 054
TAM(S): 4 A 10 ANOS
PÁGINA 145

Hoje é dia de festa, bebê! Abusar de sobreposições nada óbvias também é uma opção para entrar na dança e garantir um visual digno de uma celebrity.

Tiara: OZA BOZA. Pulseiras: LA SPINA. Camiseta e colete, KIDS COMPANY. Calça e bolsa: OS QUINDINS. Saia: CHICLETARIA. Botas: OZA BOZA.

TEXTO: EVELYN MORETO | FOTO: MONICA ANTUNES | PRODUÇÃO: SMEILA RODRIGUES | ARTE E TRATAMENTO DE IMAGEM: ANGELA C. HOUCK | CABELO E MAQUIAGEM: LUANA MORAES | MODELOS: IRIS ADÃO E MATHEUS GUERRA (DIOR KIDS) | AGRADECIMENTO: PRIMEIRO QUARTO, MULTISTICK E HITS

Onde Encontrar

AVAZZO – Tel.: (61) 3468-3368; www.avanzzo.com.br

AZALÉIA – www.azaleia.com.br

BALONÉ ACESSÓRIOS – Tel.: (11) 2643-4456; www.balone.net

BEBECÊ – Tel.: (51) 3546-8000; www.bebece.com.br

BACKSTAGE ESPAÇO DA BELEZA – Tel.: (11) 3225-9683

BEIRA RIO – www.beirarioconforto.com.br

BOTTERO – www.bottero.net

CONY GREEN – Tel.: (11) 3225-9683; @conygreen

CRYSALIS – www.crysalis.com.br

ELAINE PRADO – (11) 9 7764-009

FANE'S JOIAS – Tel.: (54) 3712-1220; www.fanes.com.br

FASHION CLINIC – Tel.: (11) 3333-4971; www.fclinic.com.br

FLECHE D'OR – Tel.: (11) 3311-2844; www.flechedor.com.br

JOSEFINA ROSACOR – Tel.: (19) 3727-9011; www.josefinarosacor.com

KAUÊ – Tel: (11) 3224-8650; www.kaueplussize.com.br

LÁZARA DESIGN – Tel.: (31) 3488-8441; www.lazaradesign.com.br

LE CHARM – Tel.: (11) 3228-2555; www.lecharmbijoux.com.br

MAISON SPA – Tel.: (11) 2738-6189; www.maisonspa.com.br

MAISON ZANK – Tel.: (11) 3083-3885; www.maisonzank.com.br

MARISA – www.marisa.com.br

MAMÔ – Tel.: (11) 3045-5202; www.mamobrasil.com.br

NAMINE – Tel.: (11) 3337-3550; www.namine.com.br

OLHA QUE LINDA – www.olhaquelinda.com.br

PALANK – (11) 2979-7332; www.palank.com.br

PATCHOULEE – (11) 3045-2215, (31) 3377 5121; www.patchoulee.com.br

PLANET GRIL'S – www.planetgrilsstore.com.br

PROGRAM – Tel.: (11) 2364-6521; www.programmoda.com.br

PRS JEANS & CO – Tel.: (11) 3312-9475; www.prsjeans.com.br

RAMARIM – www.ramarim.com.br

SABRINA JOIAS – www.sabrinajoias.com.br

SILVIA DORING – Tel.: (41) 3324-0808; www.silviadoring.com.br

SISAL STORE – www.sisalstore.com.br

TALENTO MODA – Tel.: (11) 3228-2427; 3224-8111; www.talentomoda.com.br

VALENTINA – www.valentina.ind.br

WELL CARVALHO - Tel.: (11) 9 5447-2501

Como copiar os moldes

Para tirar o molde de uma das roupas da folha, é fundamental saber que ele é composto por peças distintas (frente, costas, mangas) e que cada uma delas tem um número próprio, indicado no texto explicativo referente ao modelo escolhido. Para facilitar a localização na folha, o conjunto de peças que formam cada modelo tem uma cor e um tracejado diferenciado.

O exemplo abaixo vai ajudá-la a entender melhor a folha de moldes:

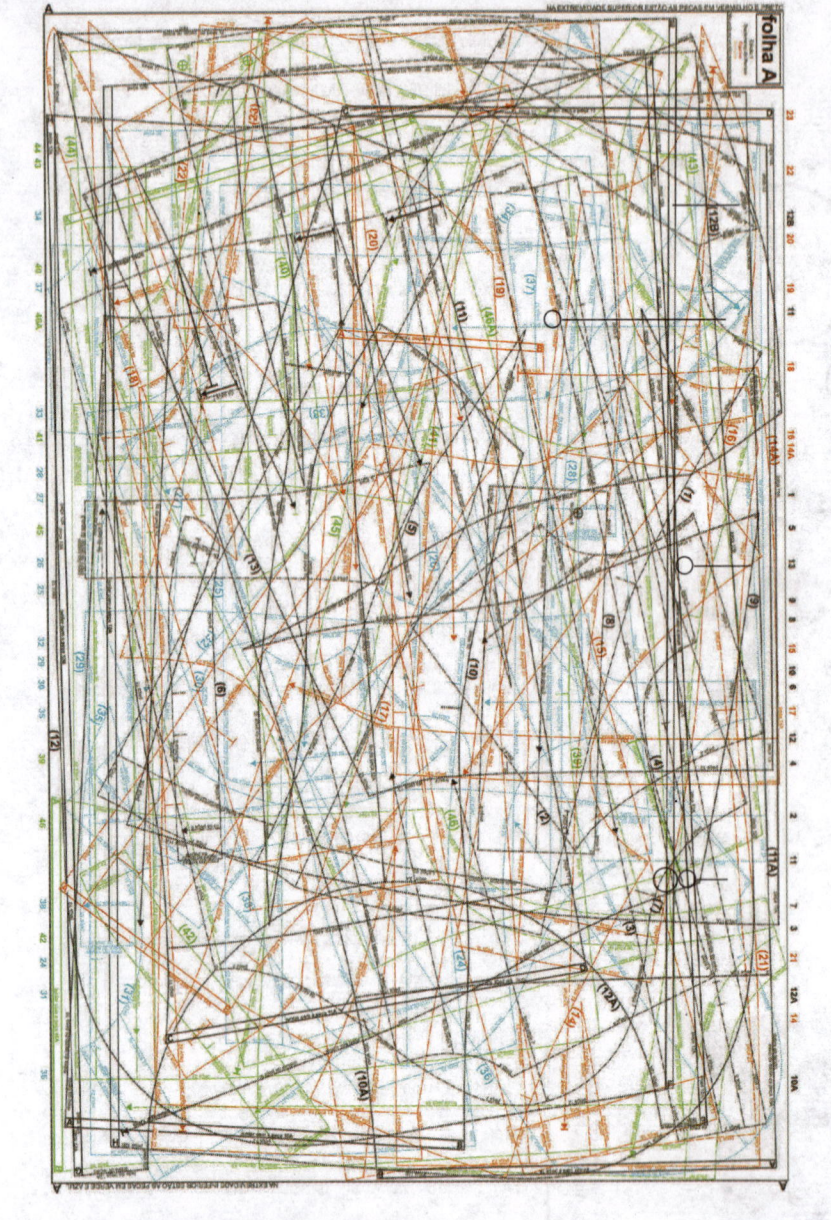

A folha de moldes é identificada por uma letra.

Confira o tracejado e a cor das peças que formam o molde. Copie as peças em folhas separadas, usando papel-manteiga ou carbono. Assinale também as marcações internas.

Na borda superior da folha, você encontrará números pretos e vermelhos e, na parte inferior, números verdes e azuis. Eles se referem ao número das peças que formam cada molde.

Circule os números das peças que formam o molde escolhido. Coloque uma régua em posição vertical sobre a folha, na direção do número assinalado. Percorra com o dedo até encontrar o mesmo número dentro da folha de moldes.

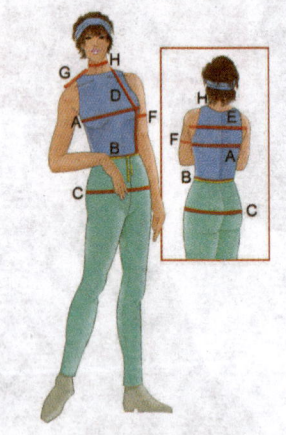

CADERNO EXPLICATIVO

A escolha do modelo
Antes da escolha do modelo, identifique o seu tamanho na tabela, tomando como base as próprias medidas. Importante: nunca compare suas medidas com as do molde, pois elas já estão com as folgas do próprio figurino. Caso tenha alguma dúvida, faça uma prova antes de cortar o molde no tecido definitivo.

Veja qual é o seu manequim
As medidas devem ser tiradas justas, sem apertar, e com a fita métrica na posição horizontal (a fita não deve ficar torta). As medidas do busto, do quadril e do braço devem ser tiradas na parte mais larga. Já a cintura, na mais estreita, logo acima do umbigo. Cuidado com a barriguinha: quando houver, tire a medida dos quadris deixando uma folga na fita métrica, que deverá ter a mesma proporção da barriga.

A – Busto, passando sobre os mamilos
B – Cintura
C – Quadril
D – Altura do corpo, do ombro, ao lado do pescoço, passando pelo mamilo, até a linha da cintura
E – Costado: com os braços cruzados na frente, meça a distância entre as axilas, nas costas
F – Braço, na parte mais larga que fica logo abaixo do músculo do ombro
G – Ombro, do final do pescoço até o início do braço
H – Pescoço, na parte mais larga

Marcações Internas

São marcações feitas dentro das peças e servem para facilitar a montagem. Marque as indicações internas no tecido com piques, alinhavos ou carretilha sobre carbono.

1. Peças com números e letras
Quando a peça é dividida em uma ou mais partes. Cada parte cortada aparece na folha de moldes com o número da peça original e com uma letra ao lado deste número. As linhas onde será feita a união das peças têm pequenas letras nas extremidades. As peças deverão ser unidas, sempre coincidindo as letras dos cantos (A com A, B com B etc.). Para que o molde não fique torto, procure colocar uma linha sobre a outra com exatidão.

2. Prolongamento do molde
As medidas do prolongamento estão marcadas nas linhas laterais do molde. Prolongue estas linhas, a partir do traço que fica na ponta da seta (a), até chegar à medida desejada. Para completar o molde, una os finais das linhas prolongadas (b).
Para garantir um prolongamento correto, use uma régua apoiada na linha a ser prolongada.

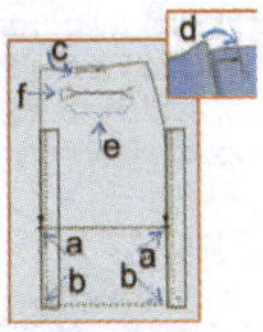

Prega
Duas linhas paralelas marcam a profundidade da prega (c). A prega deve ser vincada na direção da seta, colocando uma linha sobre a outra (d).

Abertura para bolsos
O comprimento do bolso (e) termina nos finais dos piques enviesados. Tenha todo o cuidado com a largura da abertura (f).

3. Modelo com mais de um tamanho
As marcações internas, no geral, são as mesmas para todos os tamanhos. Cada tamanho é riscado na folha de moldes com um traçado diferente. As peças são riscadas uma dentro da outra. Algumas vezes, o mesmo risco de um dos tamanhos serve para a borda dos outros tamanhos (a). Junto ao traçado da peça estão as indicações referentes a cada tamanho.

4. Farpas de união
São pequenos traços marcados nas linhas dos moldes. Servem para auxiliar a união das peças (a). As farpas devem coincidir durante a montagem. Às vezes, estas farpas são acompanhadas de números de montagem (b), indicam uma abertura (c), o final da abertura para a montagem de um zíper ou o início da costura de união das peças (d).

5. Casas para o abotoamento
A marcação da abertura da casa é interrompida por linhas menores. A casa pode ser horizontal (a), ou vertical (b).
Pences (c)
Como fechar - Costure as pences, unindo as linhas marcadas. Termine a costura nas pontas das pences suavemente dando alguns pontos bem rentes à borda do tecido.

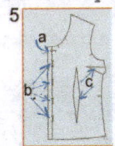

6. Botões, pressões ou ilhoses.
Um círculo com uma cruz (a) indica onde será preso o botão, pressão ou ilhós. Bolsos (b), acabamentos (c), aplicações etc. devem ser copiados. Depois de cortados no tecido, deverão ser montados sobre o lugar em que estão desenhadas na peça.

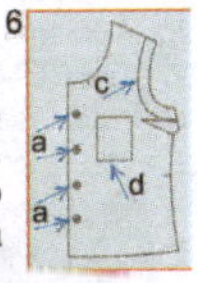

7. Embeber.
É a diminuição suave de um determinado trecho do tecido.
A marcação é indicada por pequenos traços (a).
Embeber entre os traços – Significa que o trecho para embeber será apenas aquele entre um traço e outro.
Como embeber – Alinhave ou costure com pontos grandes o trecho que deverá ser embebido, alguns milímetros acima e abaixo da linha de costura. Prenda o início do alinhavo com um nó. Vá puxando as pontas soltas do alinhavo, distribuindo com os dedos as pregas que surgirem. Puxe até o trecho chegar à medida desejada, sem deixar pregas ou rugas.

Franzir
A marcação é apresentada por uma linha ondulada (b). Franzir significa reduzir consideravelmente um trecho até alcançar uma medida determinada, causando pregas. O procedimento para franzir é o mesmo que se faz para embeber.

Esticar
É indicada com uma linha em zigue-zague (c). Como esticar – Trechos em viés e tecidos com tramas mais abertas poderão ser esticados com as mãos, durante a costura. Em tecidos com trama mais fechada, é necessário umedecê-los e esticar com o ferro de passar. Faça uma prova em um retalho do próprio tecido. Cuidado: caso estique demais, será necessário embeber o tecido.

Fio do tecido
A marcação do fio é representada por uma linha com uma seta na ponta (d) ou por uma linha reta qualquer da peça (e). O fio deve ficar paralelo à ourela do tecido.

Abertura a partir da borda do molde
Começa na borda do molde (f) e termina com piques enviesados (g).

8. Dobra do tecido
A linha da dobra do tecido é representada por uma linha contínua traçada na linha do centro da peça (a). Indica que a peça deverá ser revirada sobre a mesma linha (b) ou colocada sobre a dobra do tecido (c), ou seja, não haverá costura unindo os dois lados. Desta maneira, tudo que estiver marcado num dos lados deverá ser marcado no outro lado, de acordo com o modelo.

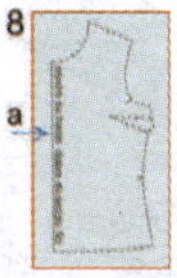

9. O que é linha e o que é folga de costura
Linha de costura é o contorno do molde (a), ou seja, onde será feita a costura, e folga de costura ou bainha é tudo que for riscado para fora do contorno do molde (b). Para marcar as folgas no molde ou no tecido o procedimento é o mesmo. Marque a folga medindo a largura a partir da linha de costura. Prolongue as farpas até a borda da folga (c), com a ajuda de uma régua. Nas pences, a régua deverá ficar apoiada sobre as marcações das linhas, desde o bico (d) até a borda do molde (e). Corte a peça na linha da folga (f).

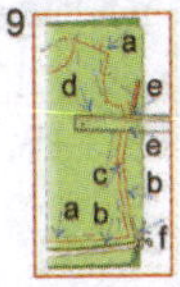

10. Número de junção
São marcados nos cantos das peças ou junto à uma farpa. Para a união das peças, os números devem coincidir. Por exemplo: um nº 1 deve coincidir com outro canto ou com uma farpa onde esteja um outro nº 1. Marque estes números em pequenas etiquetas coladas no avesso do tecido.

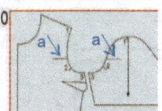

Linha guia
São linhas traçadas a partir da borda do molde (a). Servem para coincidir os desenhos das listras de um tecido listrado, xadrez ou estampas com listras. Devem ficar sempre sobre o mesmo tipo de listra ou na mesma proporção do desenho.

Não se esqueça das folgas de costura e bainhas
Geralmente, os moldes das revistas especializadas não possuem folga e elas devem ser marcadas diretamente no tecido. Deixe de 1 a 2 cm de folga nas laterais. No restante, convém deixar 1 cm. Para as bainhas, deixe a folga de acordo com o modelo.

Cuidados ao cortar no tecido
Planeje o corte observando a planilha de corte, seguindo o texto explicativo do modelo. Para riscar a peça, prenda o molde sobre o avesso do tecido. Use giz de alfaiate. Em tecidos claros, use o giz na cor mais próxima à cor do tecido e faça as marcações suavemente, para que o traço não apareça pelo direito. Distribua as peças, uma a uma, marcando somente os cantos (não esqueça de deixar espaço para as folgas e bainhas). Em cada canto, marque o número correspondente à peça. Confira o risco, para ver se todas as peças estão distribuídas de acordo com a planilha de corte e com o mesmo número de vezes recomendado no texto. Tudo certo? Finalize o risco, fazendo as marcações suavemente.

GRAU DE DIFICULDADE
INICIANTE	FÁCIL	REQUER PRÁTICA	REQUER MUITA PRÁTICA

TABELA DE MEDIDAS FEMININAS
TAMANHOS	PP		P		M		G		GG		EG		EGG	
MANEQUINS	36	38	40	42	44	46	48	50	52	54	56	58	60	62
A. BUSTO	82	86	90	94	98	102	106	110	114	118	122	126	130	134
B. CINTURA	66	70	74	78	82	86	90	94	98	102	106	110	114	118
C. QUADRIS	88	92	96	100	104	108	112	116	120	124	128	132	136	140
D. COMPR. BLUSA	40	41	42	43	44	45	46	47	48	49	50	51	52	53
E. LARG. COSTAS	34	35	36	37	38	39	39	40	41	42	43	44	45	
F. LARG. BRAÇO	26	26	27	28	30	32	34	36	38	39	40	41	42	43
G. OMBRO	11.5	11.5	12	12.5	13	13.5	14	14.5	15	15.5	16	16.5	17	17.5

TABELA DE MEDIDAS INFANTIS (m = meses, a = anos)
TAMANHOS	3m	6m	9m	1a	2a	3a	4a	5a	6a	7a	8a	9a	10a	12a	14a	16a
A. BUSTO	46	48	50	52	54	56	58	60	62	64	67	70	73	76	78	82	86
B. CINTURA	47	48	49	50	51	52	53	54	55	56	57	58	59	60	62	66
C. QUADRIS	49	51	53	55	57	59	61	64	67	70	73	76	82	88	92
D. COMPR. BLUSA	20	21	23	25	27	28	30	31	32	33	35	36	37	38	40	41
E. LARG. COSTAS	15	16	17	18	20	21	22	24	25	26	27	28	30	34	35
F. LARG. BRAÇO	15	16	17	19	19.5	20	20.5	21	21.5	22	22.5	23	23.5	25	25	26
G. OMBRO	8	8	8.5	8.5	9	9.5	9.5	10	10	10.5	10.5	11	11	11.5	11.5

Moldes por Roberto Marques
www.moldesrobertomarques.com.br

Dicas de costura

Colarinho simples

Observação: caso não tenha prática, treine antes em um retalho, de preferência do próprio tecido. Costure sempre unindo direito com direito do tecido, seguindo os números de junção dos moldes e os "tracinhos". Passe as costuras a ferro logo após unir as peças.

Entretele uma das peças do colarinho e um dos pés do colarinho.

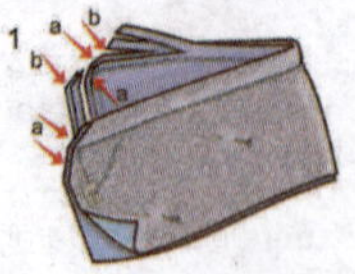

1. Una as peças do colarinho com uma costura pelas bordas externas. Apare as pontas (a) e as sobras de tecido até bem próximo às costuras (b). Vire a colarinho para o direito. Desponte rente às costuras ou conforme o modelo escolhido.

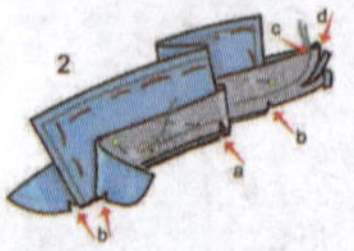

2. Junte as peças do pé do colarinho e, entre elas, a gola, de tal forma que as peças entreteladas fiquem juntas. Observe que a borda do decote do pé do colarinho ficará para cima. Coincida o centro das costas (a) e os números de junções (b). Inicie e finalize a costura rente ao decote (c). Corte as sobras quase rentes à costura(d).

3. Costure o pé de colarinho não entretelado no decote, a partir da ponta da peça (a).

4. Corte a folga de tecido da montagem rente à costura (a). Bata as folgas de tecido da montagem com o ferro de passar sobre o avesso do pé de colarinho. Embainhe o pé de colarinho entretelado sobre o avesso da montagem (b). Pesponte rente à bainha (c). Torne a pespontar o pé de colarinho rente ao primeiro pesponto, prendendo a folga de tecido internamente (d). Pesponte rente à borda externa (e), de acordo com o modelo.

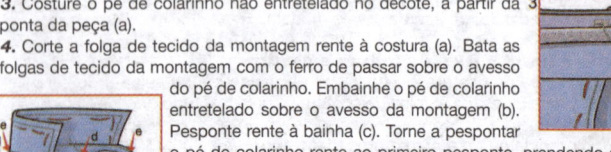

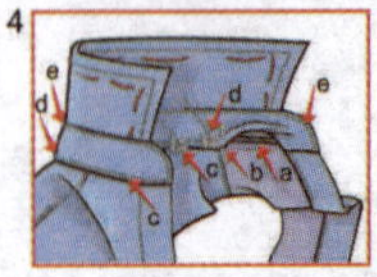

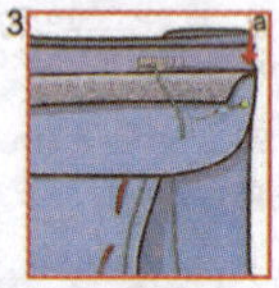

Arremate de viés em rolo

Atenção: caso não tenha prática, antes do trabalho definitivo, treine um pouco num retalho, de preferência, do próprio tecido do modelo.

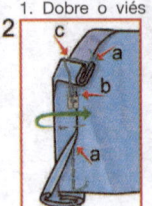

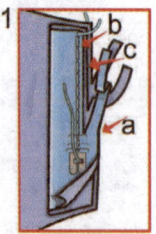

1. Dobre o viés ao meio, avesso com avesso, coincidindo as bordas maiores (a). Costure as bordas do viés no avesso do lugar de montagem (b). Corte o excesso de tecido junto à costura (c). Caso prefira um rolo mais redondo, não é necessário aparar o excesso do tecido.

2. Revire a tira para o direito sobre a costura inicial (a) e prenda com pespontos junto à borda dobrada (b). Pelo avesso, esta costura deve passar junto à montagem da tira (c).

Montagem do punho

Há vários tipos de punho. Os mais comuns são: com bordas retas (A), vincados ou não; os de bordas chanfradas (B) e os de bordas curvas (C). Basicamente a montagem é a mesma, para todos os tipos. Os gráficos abaixo, a partir da fig. 1, mostram um punho de bordas retas.

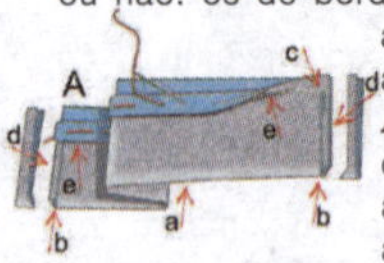

A – Borda reta – Dobre a peça sobre a linha marcada (a), direito sobre direito. Costure as bordas laterais, começando a costura na borda inferior (b), indo até a linha de costura da borda superior (c). Retire o excesso de tecido junto à costura (d) e elimine bem o excesso dos cantos. Embainhe uma das bordas superiores vincando sobre a linha de costura (e).

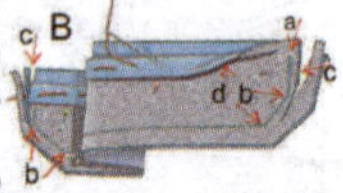

B – Borda chanfrada – Junte as peças do punho, direito com direito. Costure as bordas laterais e inferior, iniciando e terminando na linha de costura da borda superior (a). Nos cantos, (b) pare a costura com a agulha enfiada, levante a sapatilha e posicione a peça para prosseguir com a costura. Abaixe a sapatilha e prossiga. Corte o excesso de tecido próximo à costura, (c) cortando bem rente aos cantos. Embainhe uma das bordas superiores vincando a peça sobre a linha de costura (d).

C – Borda curva – Junte as peças do punho, direito com direito, e una as bordas laterais e inferior com uma costura (a). Embainhe uma das bordas superiores sobre a linha de costura (b). Corte o excesso, eliminando o tecido até bem próximo à costura (c).

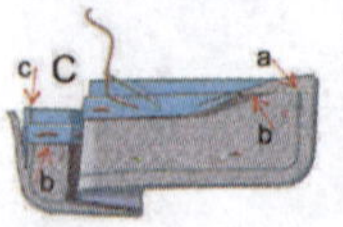

1. Revire o punho (a). Alinhave as bordas laterais (b) e a borda inferior (c).

2. Prenda a borda não embainhada do punho no avesso da boca da manga, coincidindo os números de junção dos punhos e da abertura da manga (a).

3. Vire o punho para baixo. Bata as folgas de tecido da costura de montagem sobre o avesso do punho (a). Coloque a borda embainhada do punho no direito da manga, sobre a costura de montagem (b). Prenda a borda com uma costura rente à bainha e com pespontos a 0,5 cm, aproximadamente (c).

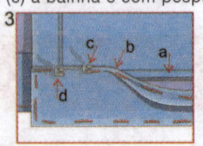

4. Abra a casa na borda do punho presa sobre a carcela, de acordo com a marcação (a). No outro lado, pregue o botão (b). Faça outros pespontos, quando houver.

Arremate de uma fenda com uma tira

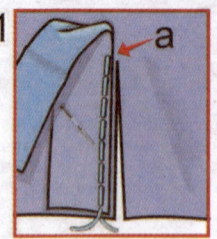

1. Depois de cortar a fenda, costure o direito da tira do arremate sobre o avesso da borda da fenda, indo com a costura o mais próximo possível do final do corte (a).

2. Prossiga com a costura até a outra borda da fenda (a). Embainhe a folga de costura da outra borda do arremate (b).

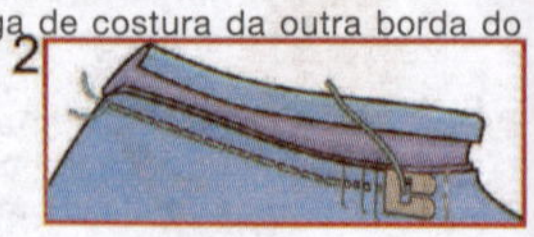

3. Coloque a borda embainhada sobre a primeira costura (a). Pesponte rente.

4. Una as bordas da tira, pelo avesso, com uma costura enviesada (a).

5. Caso a fenda seja na manga, faça um traspasse interno com o arremate no lado mais próximo da borda lateral da peça (a) e dobre o outro lado para o avesso (b).

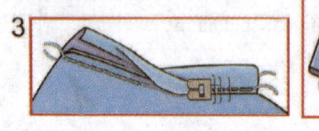

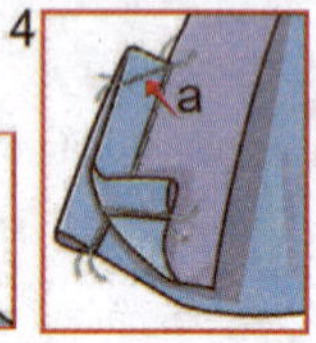

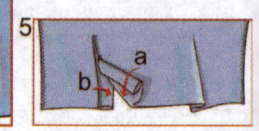

Cós curvo

Observação: caso não tenha prática, treine antes num retalho, de preferência do próprio tecido. Costure sempre colocando o tecido direito com direito, seguindo os números de junção dos moldes e os "tracinhos". Passe as costuras a ferro logo após unir as peças.

1. Cole a entretela no avesso das peças que servirão de parte externa do cós. Faça um pique para marcar a linha do centro da frente do lado esquerdo (a). Quando o cós tiver costura no centro das costas, junte as peças, duas a duas, e faça a costura central.

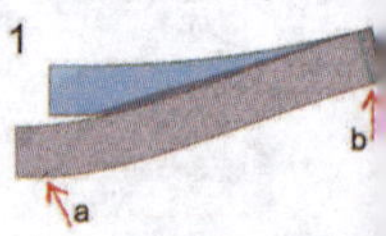

2. Junte as peças do cós, direito com direito. Costure a borda superior. Quando houver costura no meio das costas, abra as folgas antes da costura de união das peças (a).

3. Bata as folgas de tecido sobre as peças não entreteladas. Prenda as folgas com pespontos junto à costura de união das peças (a).

4. Coloque o direito da tira não entretelada do cós no avesso da peça. Note que o pique (a), de acordo com o número de junção, deve coincidir com o meio da frente (b) e que haverá uma sobra de tecido de pelo menos 1 cm, após o traspasse (observe a fig. 5, seta a). Costure (c).

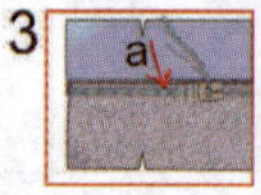

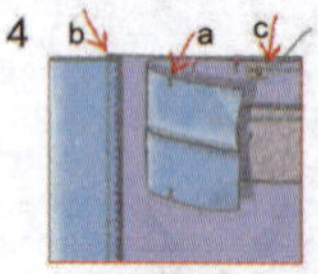

5. Abra a costura de montagem do cós com o ferro de passar (b).

6. Dobre a peça entretelada do cós sobre o direito da peça não entretelada (a). Prenda as bordas laterais do cós com uma costura paralela. Inicie a costura na borda superior (b) e termine na borda inferior da peça não entretelada (c). Corte o excesso de costura, observe na fig. 7 as setas "d", "e", "f".

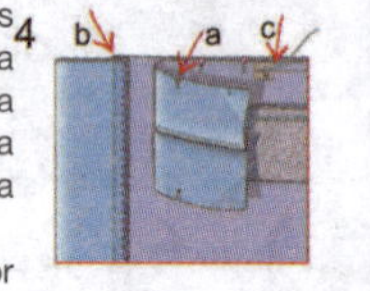

7. CÓS COM TRASPASSE – Comece a costura na borda superior do traspasse (a), desça até o canto inferior e pare a costura (c) com a agulha enfiada. Neste ponto, levante o calcador. Gire a peça para prosseguir com a costura reta. Abaixe o calcador e prossiga com a costura até o início do traspasse (b). Corte o excesso de tecido, próximo à costura (d) fazendo um pique enviesado na borda superior (e) e outro no final da costura (f).

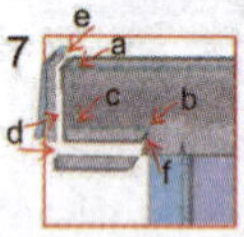

8. Rebata o cós para o direito do modelo. A costura superior do cós ficará alguns milímetros para dentro (a). Bata a folga de tecido da costura de montagem sobre o avesso do cós (b). Quando o modelo tiver passadores, prenda os passadores nos lugares indicados (c). Embainhe a borda do cós sobre a costura de montagem (d). Arremate o cós com alinhavos, prendendo a bainha inferior (e).

9. Prenda a bainha inferior com pespontos (a) rentes à costura feita pelo direito. Faça outros pespontos, quando houver. O pesponto superior poderá prender o passador (b), caso haja passador. Se preferir, prenda o passador com "moscas" na borda superior e inferior (c). O passador também poderá ser preso com pontos à mão na borda superior.

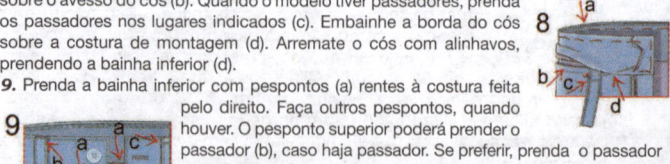

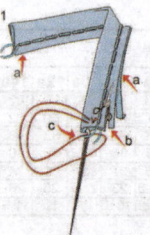

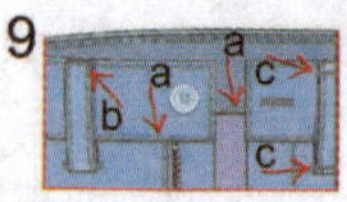

Alça de rolo

1. Vinque a tira ao meio no comprimento, direito com direito, coincidindo as bordas maiores (a). Costure pela linha de costura.. Corte rente à costura(b). Prenda uma agulha com linha na borda da alça e introduza a agulha pela abertura da alça(c).

2. Vá introduzindo por dentro da alça até que ela saia do outro lado (a), vá puxando-a até ela sair por completo.

Bolso americano (faca ou navalha)

Esta montagem é para bolso com abertura curva (bolso americano) ou reta (faca ou navalha). Caso você não tenha experiência, treine antes da montagem, utilizando retalho do mesmo tecido.

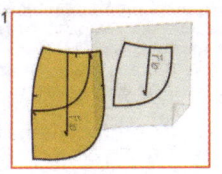

Com bolso de níquel - Quando houver bolsinho, prepare-o antes da montagem. Faça a bainha da abertura e pesponte-a, se houver pespontos. Embainhe a borda lateral que ficará mais próxima a lateral do modelo. Pesponte a borda da abertura, quando houver pespontos.

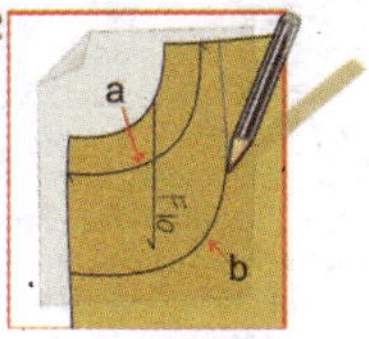

1. Espelho - Quando houver espelho marcado no fundo maior do bolso, copie-o com ajuda de um papel fino. Não esqueça de copiar o fio.

2. Fundo menor do bolso– Vem marcado na peça. Copie o arremate (a), caso haja arremate na borda da abertura, e o fundo menor do bolso (b), sem esquecer de copiar o fio da peça original.

3. Passe os moldes copiados no papel fino para o papel e corte-o no tecido.

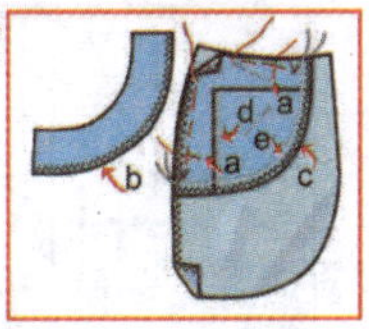

4. Chuleie a borda externa do arremate (a). Monte o avesso do bolso níquel no direito do espelho do bolso do lado direito. Costure rente à borda lateral (b).Chuleie a borda externa do espelho (c), prendendo o bolsinho. Prenda o avesso do espelho sobre o direito do fundo do bolso externo, com alinhavos pelas bordas superior e lateral e com uma costura junto à borda externa (d). Marque com alinhavos (e), os números de junção que irão auxiliar na montagem.

5. Coloque o direito do arremate (quando houver) sobre o direito da abertura. Logo em seguida, coloque o direito do fundo menor do bolso sobre o arremate. Una as peças com uma costura, prendendo o arremate e fundo do bolso.

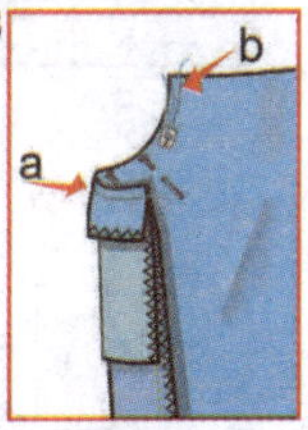

6. Vire o arremate e o fundo menor para o avesso. Quando não houver pespontos, prenda, pelo avesso, as folgas da costura da abertura no avesso do arremate (a). Quando a abertura for pespontada pelo direito (b), não é necessário esta costura.

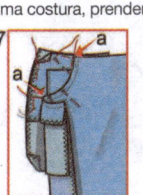

7. Monte o fundo maior do bolso (já preparado) sobre a abertura, coincidindo os números de junção marcados com alinhavos (a).

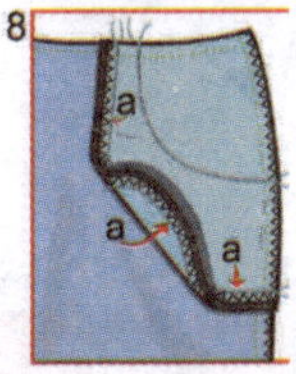

8. Una as bordas dos fundos do bolso com uma costura (a). Chuleie as bordas, unindo-as.

9. Quando o fundo do bolso vai até o centro da frente – Monte o bolso normalmente, conforme as explicações acima. O trecho do fundo que vai até o meio da frente (a), num dos lados será preso simultaneamente com a montagem da braguilha e, no outro lado, com a montagem do zíper, ficando por debaixo da folga do meio da frente. Alinhave o fundo maior sobre o menor (b) e prenda com uma costura (c).

Chuleando – Chuleie as bordas unindo os fundos dos bolsos.

Finalizando - Finalize a montagem do bolso terminando a calça.

Carcela reta ou com ponta

Observação: Caso não tenha prática, treine antes num retalho, de preferência do próprio tecido. Costure sempre colocando o tecido direito contra direito. Passe a ferro as costuras logo após unir as peças.

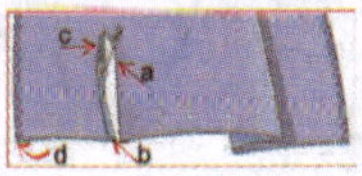

A carcela pode ter a sua borda superior em ponta ou reta à escolha e sua, a montagem e a mesma.

Cuidado ao costurar os cantos: Para com a costura bem no canto, com a agulha enfiada no tecido,para continuar a costura, suspenda a sapatilha e posicione a peça . Baixe a sapatilha e prossiga com a costura.

1. Corte a abertura pela linha indicada (a). Embainhe, com uma bainha fina, dupla (b, c) presa com uma costura à máquina, na borda da abertura mais próxima a lateral da manga (c).

2. Carcela de borda reta –Dobre a tira ao meio (a), direito contra direito. Costure a borda superior e a lateral com uma costura de 3cm (b). Corte a folga de tecido rente à costura.

3. Carcela de borda em ponta –Dobre a tira ao meio, direito contra direito (a). Costure a borda superior formando um bico de 1cm (b) e a borda lateral com uma costura de 2cm(c). Corte o folga de tecido rente à costura.

4. Vire a carcela para o direito. Passe a ferro. Há modelos e que a carcela será pespontada rente a borda vincada e, às vezes até; com um outro pesponto paralelo. Faça esses pespontos ser for necessário. Costure a carcela sobre o direito da lateral não embainhada da abertura.(a) Costure até o final da abertura.

5. Embainhe a outra borda da carcela sobre a costura de montagem.

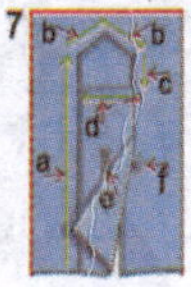

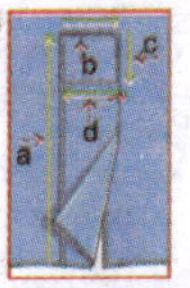

6. Pesponte começando na borda inferior e seguindo as setas amarelas: a borda lateral (a) prendendo a bainha por dentro. Pesponte também a borda superior (b) e a lateral com 3cm(c) e faça um pesponto horizontal(d), para finalizar.

7. Proceda da mesma forma com a carcela em ponta.

Quando houver abotoamento na carcela, Abra a casa (e) e pregue o botão (f) no meio da carcela.

Montagem do zíper invisível

Use a sapatilha própria para montagem de zíper invisível. Caso você não tenha experiência, treine antes da montagem, utilizando retalho do mesmo tecido.

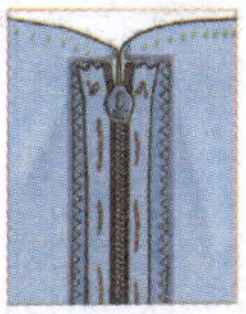

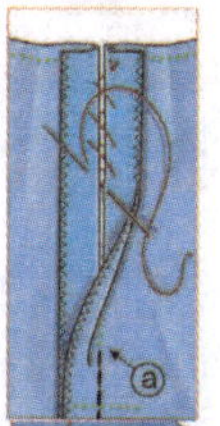

1. Faça a costura de união das peças onde será montado o zíper (tecido e forro, se o modelo tiver forro), direito com direito. Costure até 2 cm acima da marcação da abertura (a). Abra as folgas com o ferro, vincando-as exatamente sobre a linha de costura. Una as bordas vincadas com alinhavos.

2. Alinhave o zíper fechado sobre as folgas, tendo o cuidado de colocar os dentes do zíper sobre as bordas vincadas da abertura. O cursor do puxador deve ficar na direção da linha de costura da borda superior e o puxador virado para fora.

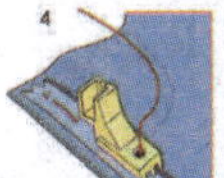

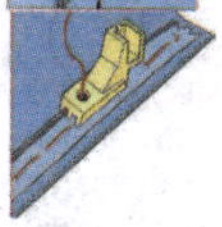

3. Abra totalmente o zíper. Inicie a montagem prendendo o zíper em uma das laterais da abertura, da seguinte forma: coloque os "dentes" do zíper no túnel esquerdo da sapatilha e costure a partir da borda superior até chegar ao cursor do zíper.

4. Prenda o zíper na outra lateral, colocando os "dentes", desta vez, no túnel do lado direito da sapatilha.

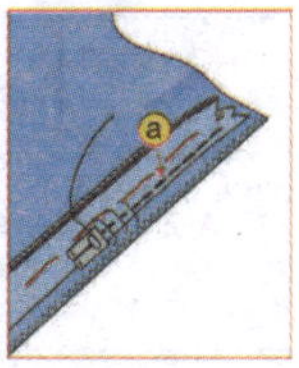

5. Para reforçar a montagem, troque a sapatilha especial pela comum e prenda as bordas laterais com uma costura sobre a folga de tecido(a).

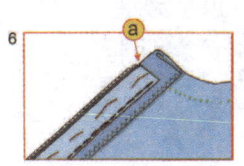

6. Quando a borda superior da abertura for arrematada por uma limpeza do próprio tecido ou por um forro (por exemplo, saias ou calças sem cós; vestidos sem gola etc.), apare a borda superior rente à linha de costura de montagem (a).

Zíper com braguilha

O texto abaixo foi feito para montagem de roupa feminina. Para a roupa masculina, inverta os seguintes termos: onde se lê lado direito, leia esquerdo, e onde se lê esquerdo, troque para direito.

Deixe 1 cm de folga de tecido no trecho da abertura e na costura de união das peças. Marque as linhas do centro das peças com alinhavos. Durante a montagem, use sapatilha especial para zíper.

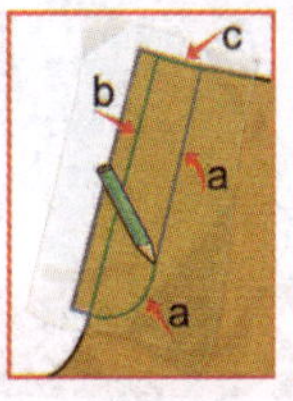

Caso não tenha prática, antes de trabalho definitivo, treine um pouco num retalho, de preferência do próprio tecido do modelo.

1. Faça uma peça-guia (bitola), para facilitar a marcação dos pespontos da braguilha no tecido. Observe que, nos modelos com mais de um tamanho, os pespontos estão marcados na peça do tamanho menor. Para fazer a bitola: copie a linha dos pespontos (a), a linha do centro (b) e a borda superior (c). Transfira as marcações do papel para uma cartolina. Corte a cartolina, contornando as linhas marcadas.

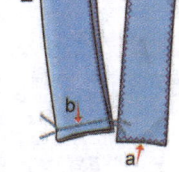

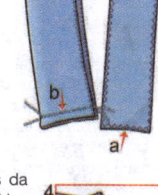

2. Chuleie as bordas laterais da tira da braguilha e do arremate; no arremate, chuleie também a borda inferior (a). Dobre a braguilha ao meio, direito com direito, e costure as bordas inferiores (b). Revire a braguilha para o direito e bata a ferro.

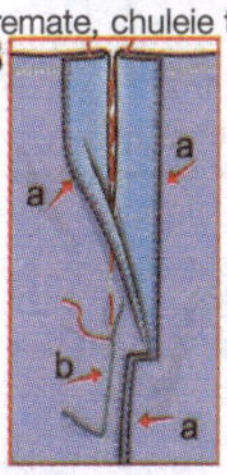

3. Chuleie as bordas externas (a). Faça uma costura unindo um pequeno trecho das peças da frente, a partir da marcação do final da abertura (b).

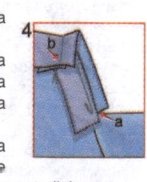

4. Costure o arremate sobre a marcação da linha central da peça do lado direito. Inicie a costura na borda inferior da abertura (a) e termine na borda superior (b).

5. Prenda as folgas no avesso do arremate com uma costura, rente à montagem (a). Vinque o arremate para o avesso, passe a ferro e prenda com alfinetes ou alinhavos.

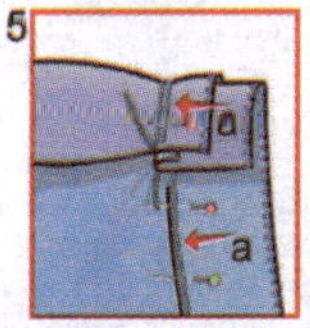

6. Dobre a folga da peça do lado esquerdo em vinco e bata a ferro. Prenda o zíper com alfinetes na folga de costura da peça do lado esquerdo do modelo. Note que o carrinho do zíper deve ficar na altura da linha de costura da borda superior da peça (a) e quase rente à linha de centro (b) da peça. Nota: nos modelos sem cós, quando o acabamento da borda superior é feito com um arremate, o carrinho do zíper deve ficar abaixo da marcação feita por uma farpa com seta na ponta. Prenda a braguilha com alfinetes por detrás do zíper. Abra o zíper para iniciar a costura rente à borda dobrada da peça, partindo da borda superior. Torne a fechar o zíper e prossiga com a costura, indo até o final da abertura.

7. Coloque o lado direito (lado com o arremate) sobre o esquerdo (lado com a braguilha), coincidindo as linhas do centro das peças (a). Bata a ferro e prenda com alfinetes.

8. Prenda o zíper com alfinetes ou alinhavos somente no arremate. Logo em seguida, costure.

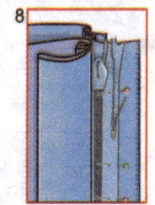

9. Bata o arremate para o avesso. Marque o tecido com um alfinete na direção do final abertura (a). Coloque a bitola sobre o direito da peça, de forma que a parte inferior ultrapasse o alfinete (a) e a borda reta fique rente ao centro da frente (c). Pesponte rente à bitola, prendendo, por dentro, o arremate. Nota: caso fique uma sobra do zíper pelo avesso do modelo, corte-a.

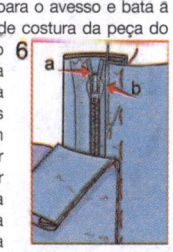

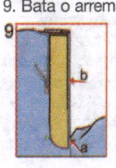

Receitas

MOLDE 001

MACACÃO
TAMANHO 38
PEÇAS: 28 a 34

LINHA DO MOLDE EM AZUL

FOLHA B

SUGESTÃO DE TECIDO: jérsei.
METRAGEM: 3,70 m x 1,50 m. Molde para malha com 100% de alongamento na direção horizontal e 50% na direção vertical (veja em Dicas de Costura como calcular o alongamento).
AVIAMENTOS: 70 cm x 1 cm de elástico; linha para malha e agulha ponta bola.
COMO CORTAR: distribua as peças no tecido, observando a planilha de corte. Macacão com 1,24 m de comprimento, a partir da calça.
PEÇAS: 28. FRENTE SUPERIOR. 29. FAIXA. 32. MANGA. 33. FRENTE INFERIOR. 34. COSTAS INFERIORES: corte as peças duas vezes. 30. CÓS DA FRENTE: corte duas vezes com o tecido dobrado na linha do centro. 31. COSTAS SUPERIORES: corte uma vez com o tecido dobrado na linha do centro.

MONTAGEM:
• Una as peças superiores da frente com uma costura pelas bordas do centro das costas do trecho da gola.
• Vinque as pregas superiores da frente, direito sobre direito, na direção das setas. Bata as pregas a ferro e prenda com alinhavos nas bordas das peças.
• Prenda as faixas nas peças da frente com uma costura coincidindo os números de junção.
• Vinque as faixas e a frente, direito sobre direito. Una as bordas com uma costura, a partir do número 6 de junção, indo até a ponta da faixa. Revire as faixas e a frente.
• Faça o transpasse da frente, coincidindo a linha do centro. Alinhave as bordas transpassadas.
• Vinque as extremidades das bordas das aberturas da frente para o avesso. Vinque as peças superiores da frente para o direito, coincidindo o número 3 de junção. Prenda a bordas com alinhavos.
• Una as peças do cós, direito sobre direito, com uma costura pelas bordas superiores, prendendo as peças superiores da frente, coincidindo os números 4 e 8 de junção.
• Revire o cós, avesso sobre avesso. Alinhave as peças da frente nas laterais do cós.
• Una as peças inferiores da frente e das costas, separadamente, com uma costura pelo centro.
• Franza as peças inferiores do suficiente para a montagem no cós da frente e nas costas superiores.
• Costure o cós pelo direito das peças inferiores da frente. Junte as peças superior e inferiores das costas com outra costura.
• Prenda uma tira de elástico de 35 cm sobre as folgas das costuras de união das peças da frente e das costas, esticando o elástico o quanto for necessário, para as costuras.
• Costure a frente nos ombros e no decote das costas, prendendo as bordas, direito sobre direito. Prossiga com a costura pelos ombros, indo até as bordas das cavas. Prenda o direito da borda superior da frente pelo direito da costura do decote das costas. Revire a frente.
• Monte as mangas nas cavas. Feche as laterais com uma costura a partir das bocas das mangas indo até as bordas inferiores do modelo.
• Junte, frente e costas, pelas entrepernas.
• Faça as bainhas das mangas e das bordas inferiores com pespontos duplos.

dos punhos.
• Faça uma bainha fina presa com pespontos nas bordas inferiores dos acabamentos do decote. Costure o direito dos acabamentos pelo direito do decote. Vire as folgas da costura sobre o avesso dos acabamentos e prenda com pespontos rentes. Revire os acabamentos para o avesso e prenda com pontos à mão nas folgas das costuras dos ombros.
• Vinque a peça da frente na linha do centro, direito sobre direito. Pesponte a peça, pelo avesso, de acordo com a marcação.
• Vire a bainha inferior para o avesso e prenda com pespontos.

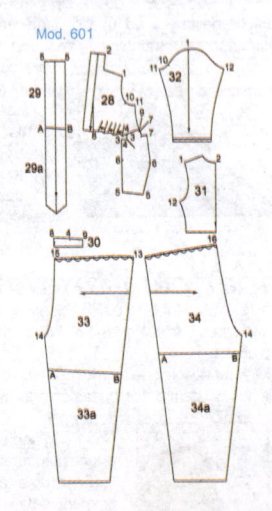

MOLDE 002

BLUSA
TAMANHO 42
PEÇAS: 23 a 27

LINHA DO MOLDE EM VERMELHO

FOLHA A

SUGESTÃO DE TECIDO: jérsei.
METRAGEM: 1,60 m x 1,50 m.
AVIAMENTOS: 30 cm de entretela; linha para malha e agulha ponta bola.
COMO CORTAR: copie o acabamento das costas. Corte os acabamentos no tecido e na entretela. Distribua as peças no tecido, observando a planilha de corte. Blusa com 67 cm de comprimento.
PEÇAS: 23. FRENTE. 24. COSTAS: corte as peças uma vez com o tecido dobrado na linha do centro. 25. MANGA: corte duas vezes com o tecido dobrado na linha do centro. 26. PUNHO: corte duas vezes no tecido e na entretela. 27: ACABAMENTO DA FRENTE: corte uma vez com o tecido e a entretela dobrados na linha do centro.

MONTAGEM:
• Prenda a entretela no avesso dos acabamentos e dos punhos.
• Vinque as pregas dos ombros da frente, direito sobre direito, na direção das setas. Bata as pregas a ferro e prenda com alinhavos nas bordas da peça.
• Feche os ombros, unindo frente e costas das peças e dos acabamentos, separadamente, unindo frente e costas.
• Monte as mangas nas cavas. Costure o direito das bordas das partes internas dos punhos pelo avesso das mangas. Vinque os punhos ao meio, avesso sobre avesso. Embainhe as bordas das partes externas dos punhos pelo direito das costuras de montagem e prenda com pespontos rentes.
• Feche as laterais com uma costura a partir

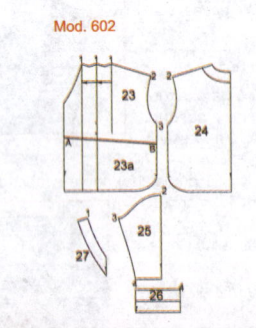

MOLDE 003

VESTIDO
TAMANHO 44
PEÇAS: 35 a 41

LINHA DO MOLDE EM AZUL

FOLHA A

SUGESTÃO DE TECIDO: algodão stretch.
FORRO: failete.
METRAGEM: Tecido – 1,30 m x 1,50 m. Forro – 1,40 m x 1,40 m. Molde para tecido com 50% de alongamento (veja em Dicas de Costura como calcular o alongamento).
AVIAMENTOS: um zíper invisível de 55 cm; 10 cm de entretela.
COMO CORTAR: distribua as peças no tecido, observando a planilha de corte. Vestido com 58 cm de comprimento, a partir da cintura.
PEÇAS: 35. FRENTE SUPERIOR. 36. COSTAS SUPERIORES. 37. MANGA. 41. COSTAS INFERIORES: corte as peças duas vezes no tecido e no forro. 38. CÓS DA FRENTE: corte uma vez com o tecido, o forro e a entretela dobrados na linha do centro. 39. CÓS DAS COSTAS: corte duas vezes no tecido, no forro e na entretela. 40. FRENTE INFERIOR: corte uma vez com o tecido e o forro dobrados na linha do centro. A. PRESILHA: 20 cm x 4 cm, uma vez.

MONTAGEM:
• Vinque todas as pregas, direito sobre direito, na direção das setas, deixando A sobre B. Bata as pregas a ferro e prenda com alinhavos.
• Faça a costura central da frente superior de tecido e de forro, separadamente.
• Junte frente e costas das peças de tecido e de forro, separadamente, com uma costura pelos ombros e laterais.
• Junte tecido e forro das mangas, direito sobre direito, com uma costura pelas bordas inferiores. Bata a costura a ferro, virando as folgas sobre o avesso do forro e prenda com pespontos rentes. Revire as peças, avesso sobre avesso. Una as bordas das cavas com alinhavos.
• Alinhave as mangas pelo direito das cavas externas, de acordo com a numeração de montagem.
• Junte tecido e forro das peças superiores, direito sobre direito, com uma costura pelas bordas do decote e, com outra costura, pelas cavas. Revire as peças.
• Feche as pences das costas inferiores.
• Prendendo o tecido e o forro, separadamente, faça a costura central das costas inferiores, deixando livre a abertura superior. Em seguida, feche as laterais das peças inferiores e das peças do cós, separadamente, unindo frente e costas.
• Vinque a tira das presilhas ao meio o comprimento, direito sobre direito. Una as bordas maiores com uma costura. Revire a tira e separe em quatro partes iguais.
• Dobre as pontas das presilhas. Prenda as presilhas nos lugares marcados no cós com pespontos rentes às bordas dobradas.
• Prenda o cós nas peças superiores e inferiores de tecido e de forro, separadamente.
• Faça a montagem do zíper invisível na abertura do centro das costas externas, conforme Dicas de Costura. Prenda o direito das bordas do forro sobre o avesso das folgas do zíper. Revire as peças.
• Faça as bainhas inferiores.

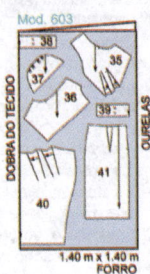

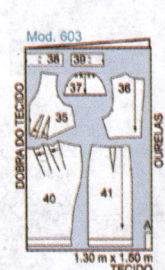

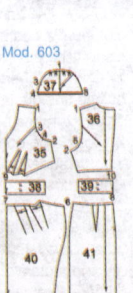

MOLDE 004

COLETE
TAMANHO 40
PEÇAS: 8 a 22

LINHA DO MOLDE EM PRETO

FOLHA A

SUGESTÃO DE TECIDO: sarja stretch. FORRO: viscose.
METRAGEM: Tecido – 1,30 m x 1,40 m. Forro – 0,30 m x 1,50 m. Molde para tecido com 30% de alongamento (veja em Dicas de Costura como calcular o alongamento).
AVIAMENTOS: três botões de 2 cm; 30 cm de entretela; 1,50 m de viés.
COMO CORTAR: copie o acabamento das costas. Distribua as peças no tecido, observando a planilha de corte. Colete com 62 cm de comprimento.
PEÇAS: 8. FRENTE SUPERIOR CENTRAL. 9. FRENTE SUPERIOR LATERAL. 12. COSTAS SUPERIORES LATERAL. 17. FRENTE INFERIOR CENTRAL. 18. FRENTE INFERIOR LATERAL. 20. COSTAS INFERIORES LATERAL: corte as peças duas vezes. 10. ABA SUPERIOR: corte uma vez. 11. COSTAS SUPERIORES CENTRAL. 19. COSTAS INFERIORES CENTRAL: corte uma vez com o tecido dobrado na linha do centro. 13. PALA DAS COSTAS: corte uma vez com o tecido e o forro dobrados na linha do centro. 14. COLARINHO. 15. PÉ DE COLARINHO: corte as peças duas vezes com o tecido e uma vez com a entretela dobrados na linha do centro. 16. CÓS: corte duas vezes com o tecido dobrado na linha do centro. 21. ABA INFERIOR: corte quatro vezes no tecido e duas vezes na entretela. 22. ACABAMENTO DA FRENTE: corte duas vezes no tecido e na entretela.
MONTAGEM:
• Prenda as peças centrais nas peças laterais da frente e das costas superiores e inferiores, separadamente.
• Vinque a aba superior, avesso sobre avesso. Costure as bordas da aba pelo direito do lugar marcado na frente superior esquerda. Vire a aba para cima e prenda com pespontos rentes às bordas laterais.
• Junte, frente e costas, com uma costura pelos ombros e pelas laterais, prendendo as peças externas e os acabamentos, separadamente. Arremate as bordas internas dos acabamentos com uma tira de viés.
• Una as abas inferiores, duas a duas, direito sobre direito, com uma costura pelas bordas laterais e inferiores. Revire as abas. Costure as bordas superiores das abas nos lugares marcados nas peças da frente. Vire as abas para baixo. Bata a ferro.
• Una as peças do cós, direito sobre direito, com uma costura pelas bordas superiores, prendendo as bordas das peças superiores. Revire o cós, avesso sobre avesso.
• Costure as bordas externa e interna do cós pelo direito das peças inferiores.
• Una as peças da gola, direito sobre direito, com uma costura pelas bordas superiores e laterais. Revire a gola. Una as peças do pé da gola, direito sobre direito, com uma costura pelas bordas superiores, prendendo a gola e, pelas bordas laterais. Revire o pé da gola, avesso sobre avesso.
• Alinhave o pé da gola pelo direito do decote, coincidindo os números de junção.
• Monte os acabamentos nas peças, direito sobre direito, com uma costura pelas bordas do decote e, com outra costura, pelas bordas das cavas.
• Revire os acabamentos para o avesso das cavas.
• Costure o direito da borda do forro da pala das costas pelo avesso das peças das costas. Embainhe a borda da parte externa da pala pelo direito da costura de montagem, bata a ferro e prenda com pespontos rentes.
• Prossiga com a costura de montagem dos acabamentos, prendendo-os pelo direito das bordas dos traspasses do abotoamento e pelas bordas inferiores. Torne a revirar os acabamentos para o avesso.
• Prenda a bainha inferior com pespontos.
• Abra as casas e pregue os botões.

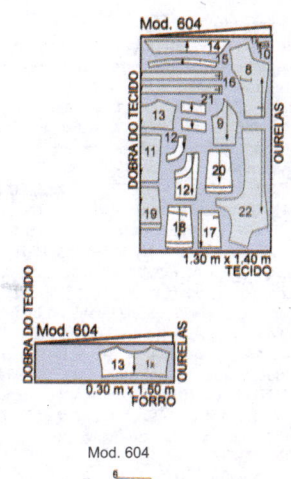

• Una as abas, duas a duas, direito com direito, com uma costura pelas bordas laterais e inferiores. Revire as abas.
• Costure as palas pelo direito das bordas superiores da frente e das costas, prendendo as abas nos lugares marcados nas peças das costas.
• Una as peças da frente e das costas, separadamente, com uma costura pelo centro, sem fechar a abertura superior da frente.
• Junte, frente e costas, com uma costura pelas laterais e, com outra costura, pelas entrepernas.
• Monte o zíper com braguilha no centro da frente, de acordo com as explicações em Dicas de Costura.
• Vinque a tira das presilhas ao meio no comprimento, direito sobre direito. Una as bordas maiores com uma costura. Revire a tira e separe em cinco partes iguais. Prenda as pontas inferiores das presilhas com alinhavos pelo avesso dos lugares marcados nas bordas superiores da frente e das costas.
• Una as peças do cós com uma costura pelo centro das costas. Arremate a borda inferior da parte interna do cós com a montagem do viés de rolo. Vinque o cós, direito sobre direito. Una as bordas dos traspasses com uma costura. Revire o cós. Prenda o direito da borda da parte externa do cós pelo direito da borda superior, prendendo as presilhas. Pesponte, pelo direito, rente à costura de montagem do cós, prendendo a borda da parte interna no avesso..
• Abra a casa e pregue o botão.
• Faça as bainhas inferiores.

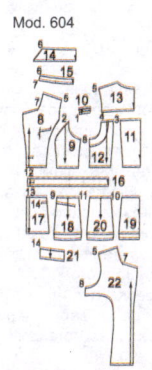

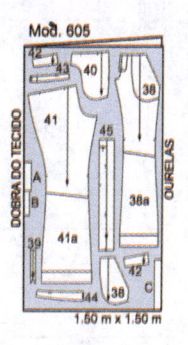

MOLDE 005

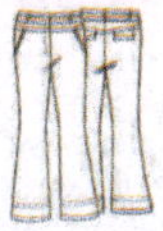

✂✂✂
CALÇA
TAMANHO 40
PEÇAS: 38 a 45

LINHA DO MOLDE EM PRETO

FOLHA C

SUGESTÃO DE TECIDO: gabardine stretch. Molde para tecido com 30% de alongamento (veja em Dicas de Costura como calcular o alongamento).
METRAGEM: 1,50 m x 1,50 m.
AVIAMENTOS: um zíper de 10 cm; um botão de 2 cm; 20 cm de entretela; 1,20 m de viés.
COMO CORTAR: copie o fundo menor do bolso. Distribua as peças no tecido, observando a planilha de corte. Calça com 1,10 m de comprimento.
PEÇAS: 38. FRENTE. 39. VIVO DA ABERTURA. 40. FUNDO MAIOR DO BOLSO. 41. COSTAS. 43. PALA DA FRENTE. 44. PALA DAS COSTAS: corte as peças duas vezes. 42. ABA DAS COSTAS: corte quatro vezes no tecido e duas vezes na entretela. 45. CÓS: corte duas vezes no tecido e na entretela, sendo a borda do lado direito da frente somente até a linha marcada. A. BRAGUILHA: 15 cm x 8 cm, uma vez. B. ACABAMENTO: 13 cm x 4 cm, uma vez. C. PRESILHA: 27 cm x 4 cm, duas vezes.
MONTAGEM:
• Vinque o vivo da abertura do bolso, avesso sobre avesso. Prenda as bordas dos vivos com alinhavos pelo direito da borda da abertura da peça da frente.
• Costure o direito do fundo menor do bolso pelo direito da borda da abertura da peça da frente. Bata a costura a ferro, virando as folgas sobre o avesso do fundo do bolso e prenda com pespontos rentes. Revire o fundo menor do bolso para o avesso da frente.
• Una os fundos menores e maiores dos bolsos, direito com direito, com outra costura contornando as bordas.

vertical (veja em Dicas de Costura como calcular o alongamento).
AVIAMENTOS: um zíper invisível de 50 cm; linha para malha e agulha ponta bola.
COMO CORTAR: copie os acabamentos. Distribua as peças no tecido, observando a planilha de corte. Vestido com 70 cm de comprimento.
PEÇAS: 43. FRENTE SUPERIOR. 48. ACABAMENTO DO DECOTE DA FRENTE. 50. FRENTE INFERIOR: corte as peças uma vez com o tecido dobrado na linha do centro. 44. APLICAÇÃO DA FRENTE SUPERIOR (INFERIOR). 45. APLICAÇÃO DA FRENTE SUPERIOR (SUPERIOR). 46. COSTAS SUPERIORES. 47. MANGA. 51. PRIMEIRA APLICAÇÃO DA FRENTE INFERIOR. 52. COSTAS INFERIORES: corte as peças duas vezes. 49. CÓS (FRENTE E COSTAS): para a frente, corte a peça duas vezes com o tecido dobrado na linha do centro. Para as costas, corte a mesma peça quatro vezes. A. APLICAÇÕES INTERMEDIÁRIAS SUPERIORES: 16 cm x 9 cm, quatro vezes. B. SEGUNDA APLICAÇÃO INFERIOR: 30 cm x 9 cm, duas vezes. C. TERCEIRA APLICAÇÃO INFERIOR: 35 cm x 9 cm, duas vezes. D. QUARTA APLICAÇÃO INFERIOR: 40 cm x 9 cm, duas vezes. E. QUINTA APLICAÇÃO INFERIOR: 50 cm x 9 cm, duas vezes.
MONTAGEM:
• Vinque as pregas da frente superior, direito sobre direito, na direção das setas. Prenda as pregas com alinhavos na borda inferior da peça.
• Vinque todas as aplicações ao meio no comprimento, avesso sobre avesso. Prenda as bordas superiores das aplicações com pespontos pelo direito dos lugares indicados nas peças superiores e inferiores da frente.
• Na frente superior, inicie a montagem, prendendo a aplicação maior do lado direito e, em seguida, as aplicações menores, também do lado direito. Em seguida, prenda as aplicações do lado esquerdo, fazendo um traspasse no centro da frente.
• Na frente inferior, faça a montagem prendendo as aplicações do lado esquerdo, inicialmente, a partir da tira maior. Em seguida, prenda as aplicações do lado direito, fazendo um traspasse, de maneira que as marcações da linha do centro da frente coincidam.
• Alinhave as aplicações nas bordas das peças. Apare o excesso de tecido das aplicações, contornando as bordas das peças, deixando livres as folgas para as costuras.
• Feche as pences das costas inferiores.
• Junte frente e costas superiores com uma costura pelos ombros, prendendo os acabamentos e as peças, separadamente.
• Feche as laterais das peças superiores, inferiores e do cós, separadamente.
• Una as costas inferiores com uma costura pelo centro, sem fechar a abertura superior.
• Una as peças do cós, direito sobre direito, com uma costura pelas bordas superiores. Revire o cós, avesso sobre avesso.
• Costure as bordas do cós pelo direito das peças inferiores.
• Feche as laterais das mangas e os acabamentos das mangas.
• Monte as mangas nas cavas.
• Prenda o direito dos acabamentos com uma costura pelo direito do decote e das bordas inferiores das mangas. Vire as folgas da costura sobre o avesso dos acabamentos e prenda com pespontos rentes.
• Faça a montagem do zíper invisível na abertura central das costas, de acordo com Dicas de Costura. Costure as bordas dos acabamentos pelo avesso das folgas do zíper.
• Revire todos os acabamentos e a bainha inferior para o avesso do modelo. Prenda os acabamentos das mangas e a bainha inferior com pespontos pelas bordas.

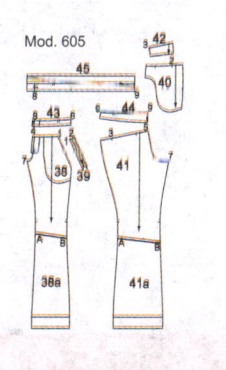

MOLDE 006

✂✂✂✂
VESTIDO
TAMANHO 40
PEÇAS: 43 a 52

LINHA DO MOLDE EM VERMELHO

FOLHA B

SUGESTÃO DE TECIDO: malha viscose.
METRAGEM: 1,30 m x 1,60 m. Molde para malha com 50% de alongamento na direção horizontal e 20% na direção

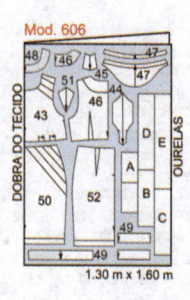

Mod. 606

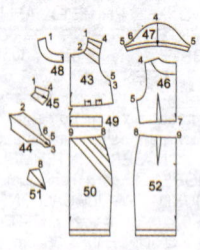

escondendo as bordas das peças.
• Faça uma bainha de lenço nas bordas da gola, deixando livre o decote. Costure o direito da borda da gola pelo direito do decote.
• Embainhe as bordas menores do viés do decote. Costure o direito do viés sobre o avesso da gola. Vire o viés para o avesso do decote, embainhe a borda e prenda com pespontos.
• Franza as bordas superiores das mangas no trecho marcado.
• Feche as laterais das mangas. Monte as mangas nas cavas.
• Arremate as aberturas das mangas com a montagem do viés de rolo, de acordo com Dicas de Costura.
• Faça uma bainha de lenço em uma das bordas maiores e nas bordas menores dos babados.
• Franza as bordas inferiores das mangas o suficiente para a montagem nos punhos.
• Una as peças dos punhos, duas a duas, direito sobre direito, com uma costura pelas bordas, prendendo os babados nas bordas inferiores e deixando livres as bordas de montagem nas mangas. Revire os punhos.
• Costure o direito das bordas das partes internas dos punhos pelo avesso das mangas. Embainhe as bordas das partes externas dos punhos pelo direito das costuras de montagem e prenda com pespontos rentes.
• Faça a bainha inferior. Abras casas e pregue os botões.

Mod. 607

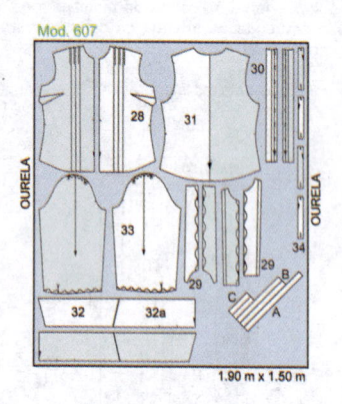

MOLDE 007

CAMISA
TAMANHO 44
PEÇAS: 28 a 34

LINHA DO MOLDE EM VERDE

FOLHA A
SUGESTÃO DE TECIDO: cambraia.
METRAGEM: 1,90 m x 1,50 m.
AVIAMENTOS: dez botões de 1,2 cm; 10 cm de entretela.
COMO CORTAR: distribua as peças no tecido, observando a planilha de corte. Camisa com 68 cm de comprimento.
PEÇAS: 28. FRENTE. 29. BABADO DA FRENTE. 30 - CARCELA DA FRENTE. 32. GOLA. 33. MANGA – Copie o babado menor até a linha marcada na peça 29. Corte todas as peças duas vezes. 31. COSTAS – Corte uma vez com o tecido dobrado na linha do centro. 34. PUNHO: corte quatro vezes no tecido e duas vezes na entretela. A. VIÉS DO DECOTE: 42 cm x 3 cm, uma vez. B. BABADO DO PUNHO: 32 cm x 3,5 cm, duas vezes. C. VIÉS DA ABERTURA: 14 cm x 3 cm, duas vezes.

MONTAGEM:
• Para fazer as pregas da frente, vinque as peças nas linhas marcadas, avesso sobre avesso. Pesponte, pelo direito, de acordo com as marcações iniciais. Bata as pregas a ferro na direção das laterais da frente e prenda com alinhavos nos ombros e nas bordas inferiores.
• Feche as pences.
• Faça uma bainha de lenço nas bordas externas dos babados. Franza as bordas internas dos babados o suficiente para a montagem nos lugares marcados nas peças da frente. Una os babados com alinhavos, deixando o menor sobre o maior. Alinhave os babados nas peças da frente.
• Vinque os reforços das carcelas para o avesso. Vinque as carcelas, direito sobre direito. Una as bordas superiores com uma costura. Revire as carcelas.
• Prenda o direito das partes internas das carcelas pelo avesso das frentes. Vinque as carcelas, avesso sobre avesso. Embainhe as bordas das partes externas das carcelas sobre o direito da costura de montagem e prenda com pespontos rentes.
• Feche os ombros e as laterais, unindo frente e costas.
• Faça a costura central das costas da gola, unindo as peças, avesso sobre avesso. Em seguida, torne a costurar, direito sobre direito, escondendo as bordas das peças.

alongamento).
AVIAMENTOS: um botão de 2,2 cm, tipo meia bola; 40 cm de entretela; um par de ombreiras.
COMO CORTAR: distribua as peças no tecido e no forro, observando as planilhas de corte. Blazer com 68 cm de comprimento.
PEÇAS: 15. FRENTE CENTRAL EXTERNA: corte duas vezes no tecido. 16. FRENTE LATERAL. 20. COSTAS. 21. PARTE MAIOR DA MANGA. 22. PARTE MENOR DA MANGA: corte as peças duas vezes no tecido e no forro. 17. FUNDO DO BOLSO: corte quatro vezes no tecido. 18. ABA. 19. PALA (FRENTE E COSTAS): corte as peças quatro vezes no tecido e duas vezes na entretela 23. FRENTE CENTRAL INTERNA: corte duas vezes no tecido e duas vezes na entretela. A. VIVO: 16 cm x 6 cm, quatro vezes.

MONTAGEM:
• Feche as pences.
• Junte as peças centrais e laterais da frente com uma costura, prendendo o tecido e o forro, separadamente.
• Una as abas, duas a duas, direito sobre direito, com uma costura pelas bordas externas, deixando livres as bordas de montagem. Revire as abas. Pesponte rente às bordas costuradas.
• Faça a montagem do bolso com um vivo nas peças da frente, prendendo as abas nas bordas superiores das aberturas.
• Una as peças centrais da frente e as peças da pala, separadamente, com uma costura pelas bordas do centro das costas.
• Costure as palas nas bordas da frente, prendendo as peças externas e internas, separadamente.
• Faça a costura central das costas de tecido e de forro, separadamente, sem fechar a abertura inferior das costas. Vire as peças de forro, direito sobre direito e torne a costurar os trechos marcados nas bordas superiores e inferiores, formando uma prega.
• Costure a frente nos ombros e no decote das costas, prendendo as peças externas e internas, separadamente.
• Costure o forro das costas nas bordas das bainhas inferiores do tecido.
• Feche as laterais das peças externas e internas, separadamente, deixando uma abertura em uma das costuras laterais do forro.
• Una as duas partes das mangas de tecido e de forro, separadamente, coincidindo os números de costura.
• Embeba as bordas superiores das mangas no trecho marcado.
• Monte as mangas nas cavas do tecido e do forro, separadamente. Prenda as ombreiras no avesso das folgas das costuras dos ombros das peças externas.
• Prenda o forro nas bordas das bainhas inferiores das mangas de tecido. Revire as peças, vincando as bainhas.
• Faça o arremate de uma fenda com traspasse na abertura inferior das costas, de acordo com Dicas de Costura.
• Feche a abertura lateral do forro.
• Abra a casa e pregue o botão.

Mod. 608

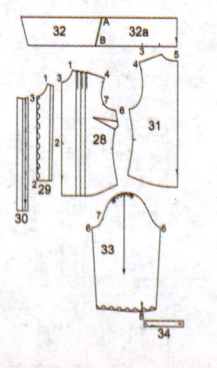

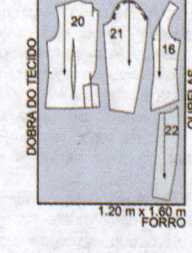

MOLDE 008

BLAZER
TAMANHO 38
PEÇAS: 15 a 23

LINHA DO MOLDE EM PRETO

FOLHA C
SUGESTÃO DE TECIDO: poliéster.
FORRO: jérsei.
METRAGEM: Tecido – 1,70 m x 1,50 m. Forro – 1,20 m x 1,60 m. Molde para tecido com 20% de alongamento (veja em Dicas de Costura como calcular o

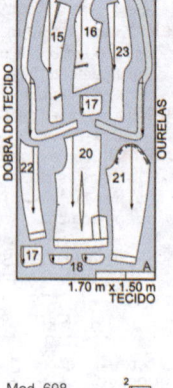

Mod. 608

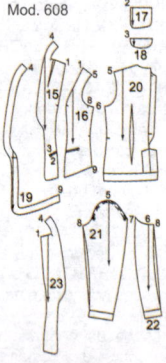

MOLDE 009

VESTIDO
TAMANHO 38
PEÇAS: 46 a 50

LINHA DO MOLDE EM VERMELHO

FOLHA C
SUGESTÃO DE TECIDO: musselina.
FORRO: helanca.
METRAGEM: Tecido – 2,40 m x 1,50 m. Forro – 0,70 m x 1,60 m.
AVIAMENTOS: um zíper invisível de 15 cm.
COMO CORTAR: distribua as peças no tecido, observando a planilha de corte. Vestido com 84 cm de comprimento.
PEÇAS: 46. FRENTE SUPERIOR. 48. FRENTE INFERIOR: corte as peças uma vez com o tecido e o forro dobrados na linha do centro usando as marcações dos pespontos como guia, para posicionar as aplicações. 47. APLICAÇÃO: corte a peça trinta e duas vezes a laser, para não desfiar o tecido. Para preparar o tecido para o corte das peças, prenda as aplicações com pespontos na direção do comprimento, mantendo uma distância de 5 cm, aproximadamente, entre cada pesponto. 49. COSTAS INFERIORES: corte duas vezes no tecido e no forro. 50. ALÇA: corte duas vezes no tecido.

MONTAGEM:
• Feche as pences.
• Vinque as alças, direito sobre direito. Una as bordas externas com uma costura, deixando livres as bordas de montagem. Revire as alças.
• Junte tecido e forro da frente superior, direito sobre direito, com uma costura pelas bordas do decote da frente, prendendo as alças nos lugares marcados, e pela abertura do decote das costas. Revire as peças.
• Faça a costura central das costas inferiores de tecido e de forro, separadamente, deixando livre a abertura superior.
• Feche as laterais inferiores, unindo tecido e forro, separadamente. Deixe uma abertura em uma das costuras laterais do forro.
• Junte tecido e forro das peças inferiores com uma costura pelas bordas superiores,

prendendo as bordas das peças superiores e as alças, depois de calcular o ajuste na prova, coincidindo os números de junção.
• Faça a montagem do zíper invisível na abertura central das costas externas, de acordo com Dicas de Costura. Costure o direito das bordas do forro pelo avesso das folgas do zíper.
• Em seguida, junte tecido e forro, direito sobre direito, com uma costura pelas bordas inferiores.
• Revire as peças. Feche a abertura lateral do forro.

Mod. 609

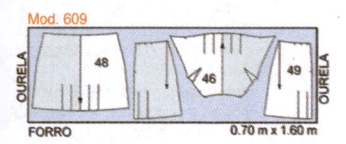

Mod. 609

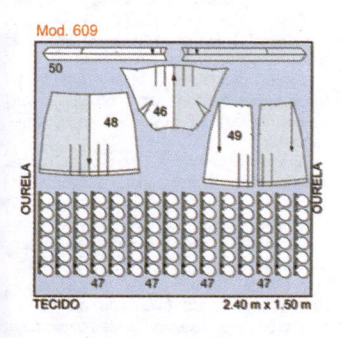

Mod. 609

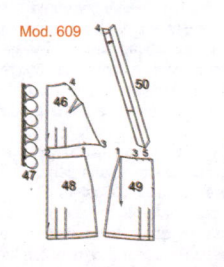

acabamento pelo avesso do decote. Dobre o acabamento ao meio para o direito do decote e prenda com pespontos sobre a costura de montagem.
• Vinque as pregas dos ombros da frente e das costas, direito sobre direito, na direção das setas. Prenda as pregas com alinhavos nas bordas dos ombros.
• Junte, frente e costas, com uma costura pelos ombros, prendendo o direito do acabamento do decote da frente sobre o avesso das costas. Revire o acabamento para o avesso.
• Monte os acabamentos nas cavas, conforme a montagem do acabamento no decote das costas.
• Feche as laterais superiores, unindo frente e costas.
• Junte, frente e costas das peças inferiores, com uma costura pelas laterais e, com outra costura, pelas entrepernas.
• Enfie uma peça na outra coincidindo direito com direito do tecido. Costure as bordas do centro da frente, do gancho e das costas. Revire as peças inferiores, avesso sobre avesso.
• Una as peças do cós, duas a duas, com uma costura pelas bordas laterais, formando dois círculos. Una as partes externas e internas do cós, direito sobre direito, com uma costura pelas bordas superiores, prendendo as peças superiores. Para manter a elasticidade, faça a costura prendendo uma fita de silicone.
• Revire o cós, avesso sobre avesso.
• Aplique o elástico com uma costura nas bordas superiores das peças inferiores. Faça a costura esticando o elástico o quanto for necessário.
• Prenda as bordas do cós com uma costura pelo direito das peças inferiores, distendendo as bordas do cós suavemente.
• Prepare as alças de rolo, de acordo com Dicas de Costura. Prenda as alças com uma costura nas bordas superiores do decote das costas, calculando o local ideal na prova.
• Faça uma pence no acabamento do decote, para acentuar o bico do centro das costas.
• Faça as bainhas inferiores.
• Mande fazer o cinto forrado em uma casa especializada.

Mod. 610

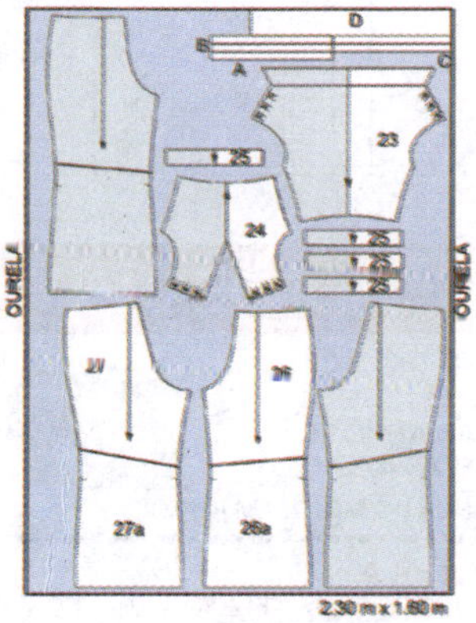

Mod. 610

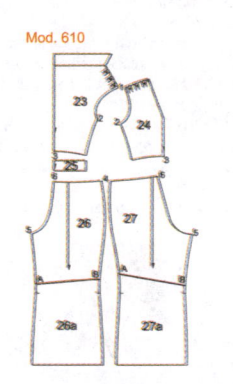

MOLDE 011
CAMISA
TAMANHO 44
PEÇAS: 45 a 54
LINHA DO MOLDE EM VERMELHO 

FOLHA A
SUGESTÃO DE TECIDO: tule stretch e tricoline stretch.
METRAGEM: Tule – 0,90 m x 1,40 m. Tricoline – 1,40 m x 1,40 m. Molde para tule e tricoline com 20% de alongamento (veja em Dicas de Costura como calcular o alongamento).
AVIAMENTOS: dez botões tipo meia bola de 1,2 cm; 40 cm de entretela.
COMO CORTAR: distribua as peças no tule e na tricoline, observando as planilhas de corte. Camisa com 55 cm de comprimento.
PEÇAS: 45. PALA DA FRENTE. 46. PRIMEIRO BABADO. 47. SEGUNDO BABADO. 48. TERCEIRO BABADO: corte as peças duas vezes no tule. 49. CARCELA DO ABOTOAMENTO. 54. PUNHO: corte as peças duas vezes na tricoline e na entretela. 50. COSTAS: corte uma vez na tricoline, formando peças inteiras. 51. COLARINHO. 52. PÉ DE COLARINHO: corte as peças duas vezes com o tecido e uma vez com a entretela dobrados na linha do centro. 53. MANGA: corte duas vezes na tricoline. A. CARCELA: 20 cm x 6 cm, duas vezes.
MONTAGEM:
• Franza as bordas superiores do primeiro e segundo babados o suficiente para as montagens.
• Una os babados com frente com uma costura, coincidindo os números de junção.
• Prenda o primeiro babado na borda inferior da pala da frente.
• Feche as laterais, unindo frente e costas.
• Vinque as carcelas, direito sobre direito. Una as bordas inferiores com uma costura a partir do número 5 de montagem. Revire as carcelas.
• Costure o direito das bordas das partes internas das carcelas pelo avesso das peças da frente. Embainhe as bordas externas das carcelas pelo direito das costuras de montagem, bata a ferro e prenda com pespontos rentes. Pesponte rente às bordas vincadas das carcelas.
• Feche os ombros, unindo frente e costas. Vire as folgas das costuras sobre o avesso dos ombros das costas e prenda com pespontos rentes.
• Faça a montagem do colarinho simples no decote, de acordo com Dicas de Costura.
• Vinque as pregas das mangas, direito sobre direito, na direção das setas. Bata a ferro e prenda com pespontos rentes.
• Feche as laterais das mangas. Monte as mangas nas cavas.
• Faça a montagem das carcelas nas aberturas das mangas e monte os punhos, conforme Dicas de Costura.
• Abra as casas e pregue os botões.

Mod. 611

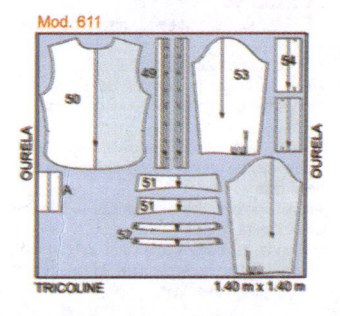

Mod. 611

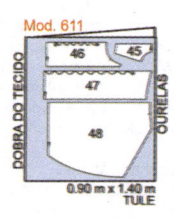

Mod. 611

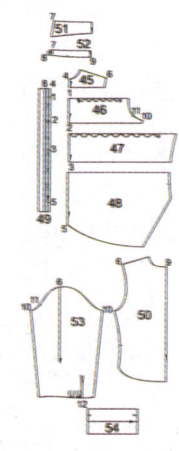

MOLDE 012
CALÇA
TAMANHO 36/40/44
PEÇAS: 10 a 13
LINHA DO MOLDE EM VERMELHO 
TAM. 36
TAM. 40
TAM. 44

FOLHA D
SUGESTÃO DE TECIDO: sarja stretch. O molde foi calculado para tecido com 30% de alongamento.
METRAGEM: 1,30 m (tam. 36) e 1,40 m (tam. 40/44) x 1,40 m.
AVIAMENTOS: Um zíper invisível de 15 cm; 30 cm de entretela; colchete.
COMO CORTAR: copie as peças, de acordo com o tamanho escolhido. Distribua as peças no tecido, observando a planilha de corte. Calça com 1,04 m (tam. 36), 1,06 m (tam. 40) e 1,08 m (tam. 44) de comprimento e 23 cm (tam. 36), 25 cm (tam. 40) e 27 cm (tam. 44) de gancho.
PEÇAS: 10. FRENTE. 11. COSTAS: corte as peças duas vezes. 12. ACABAMENTO DA FRENTE. 13. ACABAMENTO DAS COSTAS: corte as peças uma vez com o tecido e a entretela dobrados na linha do centro. A. REFORÇO: 18 cm x 6 cm, uma vez.
MONTAGEM:
• Junte, frente e costas, com uma costura pelas laterais, deixando livre a abertura superior esquerda. Com outra costura, feche as entrepernas.
• Enfie uma peça na outra coincidindo direito com direito do tecido. Costure as bordas do centro da frente, do gancho e centro das costas. Revire as peças, avesso sobre avesso.
• Faça a montagem do zíper invisível na abertura lateral superior esquerda, de acordo com Dicas de Costura.
• Vinque o reforço ao meio no comprimento, direito sobre direito. Una as bordas superiores com uma costura. Revire o reforço.
• Costure as bordas do reforço pelo avesso da folga das costas do zíper.
• Junte, frente e costas dos acabamentos superiores com uma costura pela lateral direita.

MOLDE 010
MACACÃO
TAMANHO 38
PEÇAS: 23 a 27
LINHA DO MOLDE EM VERMELHO

FOLHA D
SUGESTÃO DE TECIDO: helanca light.
METRAGEM: 2,30 m x 1,60 m. Molde para malha com 100% de alongamento (veja em Dicas de Costura como calcular o alongamento).
AVIAMENTOS: linha para malha e agulha ponta bola; fita de silicone; 80 cm x 0,5 cm de elástico; 70 cm x 4 cm de elástico; uma fivela metálica para cinto de 4 cm.
COMO CORTAR: distribua as peças, observando a planilhas de corte. Macacão com 1,02 m de comprimento, a partir da calça.
PEÇAS: 23. FRENTE SUPERIOR. 24. COSTAS SUPERIORES: corte as peças uma vez com o tecido dobrado na linha do centro. 25. CÓS: corte quatro vezes com o tecido dobrado na linha do centro. 26. FRENTE INFERIOR. 27. COSTAS INFERIORES: corte as peças duas vezes. A. ACABAMENTO DO DECOTE DAS COSTAS: 50 cm x 3 cm, uma vez. B. ACABAMENTO DA CAVA: 50 cm x 3 cm, duas vezes. C. ALÇAS: 45 cm x 3 cm, duas vezes. D. CINTO: 76 cm x 10 cm, uma vez.
MONTAGEM:
• Vinque a tira do acabamento do decote das costas ao meio no comprimento, avesso sobre avesso. Costure as bordas do

- Costure o direito do acabamento pelo direito da borda superior. Vire as folgas da costura pelo avesso do acabamento e prenda com pespontos rentes. Costure o direito das bordas da abertura lateral do acabamento no avesso do modelo. Revire o acabamento para o avesso.
- Faça as bainhas inferiores.
- Prenda o colchete na borda superior da abertura.

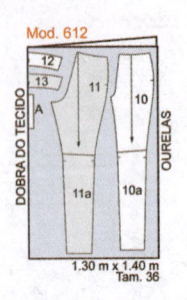

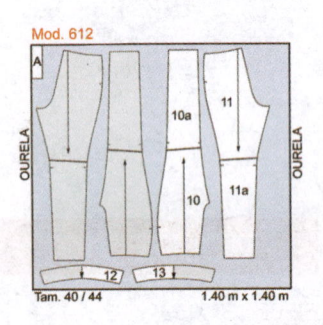

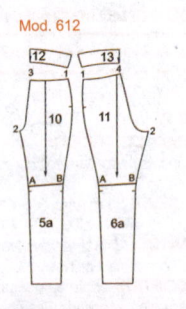

Mod. 612 — 1.30 m x 1.40 m — Tam. 36

Mod. 612 — 1.40 m x 1.40 m — Tam. 40/44

Mod. 612

MOLDE 013

SAIA
TAMANHO 42/44/46
PEÇAS: 20 e 21

LINHA DO MOLDE EM AZUL
TAM. 42
TAM. 44
TAM. 46

FOLHA D
SUGESTÃO DE TECIDO: malha piquê.
METRAGEM: 0,80 m (tam. 42/44/46) x 1,80 m. Molde para malha com 50% de alongamento na direção horizontal e 30% na direção vertical (veja em Dicas de Costura como calcular o alongamento).
AVIAMENTOS: 80 cm (tam. 42/44) e 90 cm (tam. 46) x 4 cm de elástico; linha para malha e agulha ponta bola.
COMO CORTAR: copie as peças, de acordo com o tamanho escolhido. Distribua as peças no tecido, observando a planilha de corte. Saia com 50 cm de comprimento.
PEÇAS: 20. FRENTE E COSTAS: corte duas vezes com o tecido dobrado na linha do centro. 21. BABADO: corte seis vezes.
MONTAGEM:

- Junte frente e costas com uma costura pelas laterais.
- Vinque os babados inferiores para o direito nas linhas marcadas. Prenda com alinhavos.
- Prenda os babados com alinhavos pelo direito das bordas inferiores da frente e das costas, coincidindo a numeração de montagem, transpassando as bordas.
- Separe uma tira de elástico de 76 cm (tam. 42), 80 cm (tam. 44) e 84 cm (tam. 46). Feche as bordas menores do elástico com uma costura.
- Costure o elástico pelo avesso da borda do passador superior. Vire o passador e o elástico para o avesso e prenda com uma costura sobre as costuras laterais do modelo.

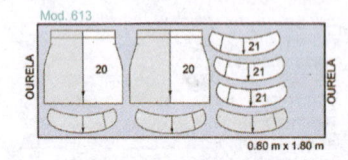

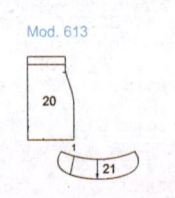

Mod. 613 — 0.80 m x 1.80 m

Mod. 613

MOLDE 014

SAIA
TAMANHO 38/42/46
PEÇAS: 10 a 14

LINHA DO MOLDE EM VERDE
TAM. 38
TAM. 42
TAM. 46

FOLHA C
SUGESTÃO DE TECIDO: crepe stretch. FORRO: poliéster.
METRAGEM: Tecido: 0,90 m x 1,50 m. Forro: 0,70 m x 1,50 m.
AVIAMENTOS: um zíper invisível de 18 cm; 20 cm de entretela.
COMO CORTAR: copie as peças de acordo com o tamanho escolhido. Distribua as peças no tecido e no forro, observando a planilha de corte. Saia com 55 cm de comprimento.
PEÇAS: 10. FRENTE EXTERNA: separe a peça na linha marcada. Corte o trecho central uma vez com o tecido dobrado na linha do centro. Corte o trecho lateral duas vezes no tecido. 11. COSTAS: corte duas vezes no tecido e no forro. 12. CÓS DA FRENTE: corte duas vezes com o tecido e uma vez com a entretela dobrados na linha do centro. 13. CÓS DAS COSTAS: corte quatro vezes no tecido e duas vezes na entretela. 14. FRENTE INTERNA: corte uma vez com o forro dobrado na linha do centro. A. PRESILHA: 20 cm x 3 cm, uma vez.
MONTAGEM:

- Prenda as peças laterais na frente central externa.
- Feche as pences das costas.
- Una as peças das costas de tecido e de forro, separadamente, com uma costura pelo centro, entre as aberturas.
- Junte, frente e costas, com uma costura pelas laterais, prendendo o tecido e o forro separadamente.
- Junte frente e costas das peças do cós com uma costura pelas laterais.
- Prenda as bordas inferiores do cós pelo direito das bordas superiores do tecido e do forro, separadamente.

- Junte as peças externas e internas, direito sobre direito, com uma costura pelas bordas superiores. Bata a costura a ferro, virando as folgas sobre o avesso da parte interna do cós e prenda com pespontos rentes.
- Faça a montagem do zíper invisível na abertura superior das costas, de acordo com Dicas de Costura. Prenda o direito das bordas das peças internas pelo avesso das folgas do zíper. Revire as peças, avesso sobre avesso.
- Faça a bainha inferior do forro. Vinque os acabamentos da abertura inferior do tecido para o direito e prenda com uma costura na linha da dobra da bainha. Revire os acabamentos para o avesso, vincando a bainha inferior. Prenda a bainha inferior do tecido com pespontos.
- Faça o traspasse do lado esquerdo da abertura sobre o lado direito. Pesponte a peça esquerda das costas no lugar marcado na borda superior da abertura, prendendo o traspasse.
- Vinque a tira das presilhas ao meio no comprimento, direito sobre direito. Una as bordas maiores com uma costura. Revire a tira e separe em quatro partes iguais.
- Dobre as pontas das presilhas e prenda com pespontos nos lugares marcados na frente e nas costas do cós.

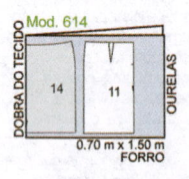

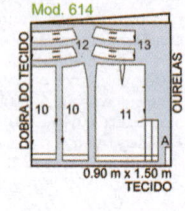

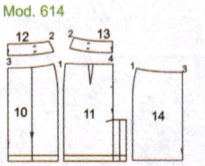

Mod. 614 — 0.70 m x 1.50 m — FORRO

Mod. 614 — 0.90 m x 1.50 m — TECIDO

Mod. 614

MOLDE 015

SAIA
TAMANHO 36
PEÇAS: 42 a 44

LINHA DO MOLDE EM PRETO

FOLHA A
SUGESTÃO DE TECIDO: chifon. FORRO: jérsei.
METRAGEM: Tecido – 0,90 m x 1,50 m. Forro – 0,70 m x 1,50 m. Molde para forro com 100% de alongamento (veja em Dicas de Costura como calcular o alongamento).
AVIAMENTOS: um zíper invisível de 18 cm; 20 cm de entretela.
COMO CORTAR: prolongue a peça 42 com as medidas das pontas das setas. Distribua as peças no tecido, observando a planilha de corte. Saia com 48 cm de comprimento. Aumento do molde a partir de uma curva

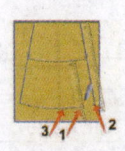

Prolongue as linhas laterais do molde com o auxílio de uma régua até alcançar as medidas indicadas junto à seta. Para traçar a borda inferior, marque o molde colocando a fita métrica ou a régua em ângulo reto à linha curvar marcada. Quanto maior for o número de marcações feitas (setas 1 e 2), melhor será para desenhar a curva da barra (seta 3).
PEÇAS: 42. FRENTE E COSTAS EXTERNAS: corte uma vez com o tecido dobrado na linha do centro. 43. CÓS (FRENTE E COSTAS): corte quatro vezes com o tecido e com a entretela dobrados na linha do centro, sendo duas vezes para as peças internas a partir da linha marcada. 44. FRENTE E COSTAS INTERNAS: corte duas vezes com o forro dobrado na linha do centro.
MONTAGEM:

- Mande plissar as peças externas. Elimine o trecho superior do tecido plissado, de acordo com a marcação feita no molde.
- Una as peças externas com uma costura pela lateral esquerda, sem fechar a abertura superior.
- Embeba as borda superior do tecido o suficiente para a montagem no cós.
- Junte, frente e costas do forro, separadamente, com uma costura pelas laterais, deixando livre a abertura superior esquerda.
- Alinhave o forro pelo avesso da borda superior e da abertura lateral esquerda do tecido.
- Prenda a entretela no avesso do cós.
- Una as peças externas e internas do cós com uma costura pela lateral direita. Faça uma bainha fina presa com pespontos na borda inferior da parte interna do cós.
- Junte as peças externas e internas do cós, direito sobre direito, com uma costura pelas bordas superiores. Bata a costura a ferro, virando as folgas sobre o avesso da parte interna e prenda com pespontos rentes.
- Costure o direito da borda da parte externa do cós pelo direito da borda superior da saia, prendendo tecido e forro.
- Faça a montagem do zíper invisível na abertura lateral esquerda, de acordo com Dicas de Costura. Costure o direito da borda da parte interna do cós pelo avesso das folgas do zíper. Revire o cós, avesso sobre avesso. Pesponte, pelo direito, rente à costura de montagem do cós, prendendo a borda embainhada da parte interna no avesso.
- Arremate a borda inferior do tecido com overloque. Faça a bainha inferior do forro.

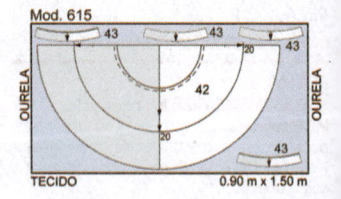

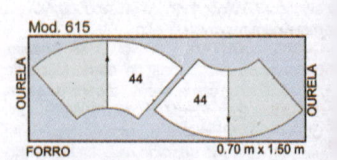

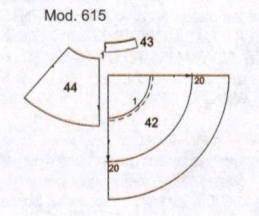

Mod. 615 — 0.90 m x 1.50 m — TECIDO

Mod. 615 — 0.70 m x 1.50 m — FORRO

Mod. 615

MOLDE 016

SAIA
TAMANHO 36/40/44
PEÇAS: 41 e 42
LINHA DO MOLDE EM PRETO
TAM. 36 ●●●●●●●●●●●●●
TAM. 40 ━━━━━━━━━━━━
TAM. 44 ━ ━ ━ ━ ━ ━ ━

FOLHA B
SUGESTÃO DE TECIDO: Tule stretch. FORRO – Helanca.
METRAGEM: Tecido – 1,30 m x 1,50 m. Forro – 0,60 m x 1,60 m.
AVIAMENTOS: 70 cm (tam. 36) e 80 cm (tam. 40/44) x 4 cm de elástico.
COMO CORTAR: prolongue a peça 41 com as medidas das pontas das setas. Veja como fazer o aumento do molde com a borda curva no modelo 284. Distribua as peças no tecido e no forro, observando as planilhas de corte. Saia com 1,07 m de comprimento.
PEÇAS: 41. FRENTE E COSTAS EXTERNAS: corte uma vez com o tule dobrado na linha do centro. 42. FRENTE E COSTAS INTERNAS: corte uma vez com a helanca dobrada na linha do centro.
MONTAGEM:
• Feche as bordas do centro das costas com uma costura, direito sobre direito.
• Una as peças com alinhavos pelas bordas superiores. Chuleie as bordas, unindo-as.
• Separe uma tira de elástico de 64 cm (tam. 36), 72 cm (tam. 40) e 80 cm (tam. 44). Feche as bordas menores do elástico com uma costura, formando um círculo.
• Aplique o avesso da borda inferior do elástico cm uma costura pelo direito das bordas superiores da saia, distendendo o elástico o quanto for necessário.

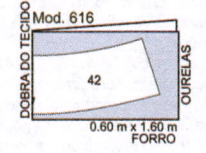

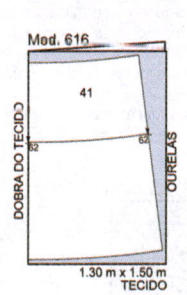

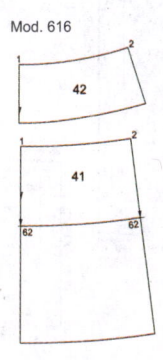

MOLDE 017

SAIA
TAMANHO 40
PEÇAS: 24 a 29
LINHA DO MOLDE EM AZUL

FOLHA C
SUGESTÃO DE TECIDO: modal, voal ou tricoline.
METRAGEM: 1,00 m x 1,50 m.
AVIAMENTOS: um zíper invisível de 20 cm; 20 cm de entretela; 90 cm de cordão para enchimento.
COMO CORTAR: distribua as peças no tecido, observando a planilha de corte. Saia com 40 cm de comprimento.
PEÇAS: 24. FRENTE CENTRAL. 26. COSTAS CENTRAIS. 27. BABADO DAS COSTAS: corte cada peça uma vez com o tecido dobrado na linha do centro. 25. FRENTE LATERAL: corte duas vezes. 28: CÓS DA FRENTE. 29. CÓS DAS COSTAS: corte cada peça duas vezes com o tecido e uma vez com a entretela dobrados na linha do centro. A. VIVO E ACABAMENTO: 85 cm x 3 cm, duas vezes em viés.
MONTAGEM:
• Para fazer as pregas da frente, vinque a peça nas linhas marcadas, avesso sobre avesso. Pesponte, pelo direito, a 0,5 cm das bordas vincadas, até o lugar marcado. Bata as preguinhas a ferro na direção do centro da frente. Alinhave a borda superior da peça, prendendo as pregas.
• Prenda as peças laterais na frente central. Bata as costuras a ferro, virando as folgas sobre o avesso das peças laterais e prenda com pespontos a 0,7 cm.
• Feche as pences das costas.
• Costure o babado na borda inferior das costas. Bata a costura a ferro, virando as folgas sobre o avesso da peça das costas e prenda com pespontos a 0,7 cm.
• Junte, frente e costas, com uma costura pelas laterais, sem fechar a abertura superior esquerda.
• Prenda a entretela no avesso das peças do cós. Junte as peças externas e internas do cós, separadamente, com uma costura pela lateral direita.
• Vinque a tira do viés do vivo ao meio no comprimento, avesso sobre avesso. Pesponte, pelo direito, a 0,4 cm da borda vincada, formando um túnel. Introduza um cadarço no vivo.
• Alinhave as bordas do vivo pelo direito das bordas superiores da frente e das costas.
• Arremate a borda da parte interna do cós com o viés em rolotê.
• Una as partes externa e interna do cós, direito sobre direito, com uma costura pelas bordas superiores. Vire as folgas da costura sobre o avesso da parte interna do cós e prenda com pespontos rentes.
• Costure o direito da parte externa do cós pelo direito da borda superior, prendendo as folgas do vivo.
• Faça a montagem do zíper invisível na abertura lateral esquerda, de acordo com Dicas de Costura. Prenda o direito das bordas laterais da parte interna do cós pelo avesso das folgas do zíper. Revire o cós, avesso sobre avesso. Pesponte o cós, pelo direito, a 0,5 cm da costura de montagem, prendendo a borda a parte interna no avesso.
• Faça a bainha inferior.

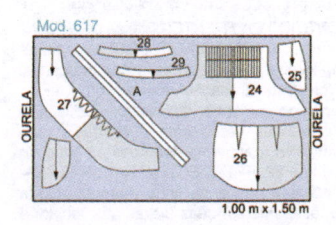

MOLDE 018

CALÇA
TAMANHO 46/50 FOLHA A
TAMANHO 38/42 FOLHA B
PEÇAS: 1 a 4
LINHA DO MOLDE EM AZUL
TAM. 38/46 ━━━━━━━━━
TAM. 42/50 ━ ━ ━ ━ ━

SUGESTÃO DE TECIDO: oxford ou linho misto stretch.
METRAGEM: 1,30 m (tam. 38/42), 1,40 m (tam. 46) e 1,70 m (tam. 50) x 1,50 m. Molde para tecido com 20% de alongamento (veja em Dicas de Costura como calcular o alongamento).
AVIAMENTOS: um zíper invisível de 15 cm; 20 cm de entretela; 90 cm (tam. 38) e 1,00 m (tam. 42/46/50) de viés.
COMO CORTAR: copie as peças, de acordo com o tamanho escolhido. Prolongue as peças 1 e 2 com as medidas indicadas nas pontas das setas.. Distribua as peças no tecido, observando a planilha de corte. Calça com 74 cm (38), 82 cm (tam. 42), 90 cm (tam. 46) e 98 cm (tam. 50) de cintura; 98 cm (tam. 38), 1,00 m (tam. 42), 1,02 m (tam. 46) e 1,04 m (tam. 50) de comprimento, sendo 6 cm abaixo da cintura.
PEÇAS: 1. FRENTE. 2. COSTAS: corte as peças duas vezes. 3. ACABAMENTO DA FRENTE: corte duas vezes no tecido e na entretela. 4. ACABAMENTO DAS COSTAS: corte uma vez com o tecido e a entretela dobrados na linha do centro.
MONTAGEM:
• Feche as pences.
• Junte, frente e costas, com uma costura pelas laterais e, com outra costura, pelas entrepernas.
• Enfie uma peça na outra coincidindo direito com direito do tecido. Costure as bordas do centro da frente, das costas e gancho, deixando sem costurar o trecho da abertura central da frente. Revire as peças.
• Feche as laterais dos acabamentos, unindo frente e costas.
• Arremate as bordas inferiores dos acabamentos com a montagem do viés de rolo, de acordo com Dicas de Costura.
• Costure o direito dos acabamentos pelo direito das bordas superiores da frente e das costas. Bata a costura a ferro, virando as folgas sobre o avesso dos acabamentos e prenda com pespontos rentes.
• Faça a montagem do zíper invisível na abertura superior da frente, de acordo com Dicas de Costura. Prenda o direito das bordas dos acabamentos da frente sobre o avesso das folgas do zíper. Revire os acabamentos para o avesso.
• Faça as bainhas inferiores.

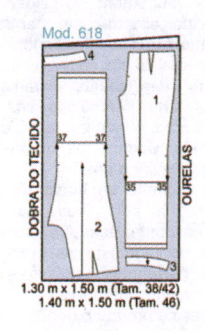

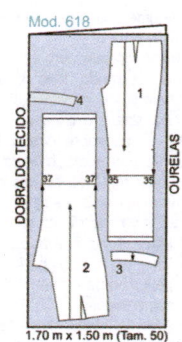

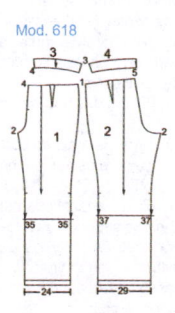

MOLDE 019

CALÇA
TAMANHO 38
PEÇAS: 35 a 40
LINHA DO MOLDE EM VERDE

FOLHA B
SUGESTÃO DE TECIDO: poliéster.
METRAGEM: 2,00 m x 1,50 m.
AVIAMENTOS: um zíper invisível de 15 cm; 10 cm de entretela; 90 cm de viés.
COMO CORTAR: copie o acabamento da frente. Prolongue as peças 35 e 38 com as medidas das pontas das setas. Distribua as peças no tecido, observando a planilha de corte. Calça com 1,06 m de comprimento.
PEÇAS: 35. FRENTE. 36. FUNDO MENOR DO BOLSO. 37. FUNDO MAIOR DO BOLSO. 38. COSTAS: Corte as peças duas vezes. 39. CÓS DA FRENTE: corte duas vezes com o tecido e uma vez com a entretela dobrados na linha do centro. 40. ACABAMENTO DAS COSTAS: corte uma vez com o tecido e a entretela dobrados na linha do centro A. PRESILHA: 40 cm x 4 cm, uma vez. B. REFORÇO DA ABERTURA: 18 cm x 6 cm, uma vez.
MONTAGEM:
• Vinque as pregas da frente, direito sobre direito, na direção das setas, deixando A sobre B. Prenda as pregas com uma costura pelo avesso, no trecho marcado.
• Feche as entrepernas, unindo frente e costas.
• Una as peças com uma costura a partir do centro da frente, gancho, indo até a borda superior das costas. Junte os fundos externos dos bolsos e os acabamentos superiores da frente com uma costura pelo centro.
• Costure o direito do fundo menor do bolso pelo direito da borda da abertura da frente. Revire o fundo menor para o avesso da frente. Una as bordas superiores do fundo do bolso e das peças da frente com alinhavos.
• Embainhe as bordas internas dos fundos menores do bolso, bata a ferro e alinhave. Aplique o avesso dos fundos menores dos bolsos pelo direito dos lugares indicados nos fundos maiores com pespontos rentes às bordas embainhadas.
• Una os fundos menores e maiores dos

bolsos com uma costura pelas bordas inferiores.
• Junte, frente e costas, com uma costura pelas laterais, deixando livre a abertura superior esquerda.
• Vinque a tira das presilhas ao meio no comprimento, direito sobre direito. Una as bordas maiores com uma costura. Revire a tira e pesponte rente às bordas maiores. Separe a tira em cinco partes iguais.
• Junte as peças do cós, direito sobre direito, com uma costura pelas bordas superiores, prendendo as pontas superiores das presilhas e pelas bordas laterais. Revire o cós, avesso sobre avesso.
• Embainhe a borda inferior da parte interna do cós, bata a ferro e alinhave. Costure o direito da borda da parte externa do cós pelo direito da borda superior da frente, prendendo as pontas inferiores das presilhas.
• Pesponte, pelo direito, rente à costura de montagem do cós, prendendo a borda embainhada no avesso.
• Pesponte a 0,7 cm das bordas da abertura do bolso.
• Aplique as bordas laterais do cós da frente com pespontos sobre os fundos maiores dos bolsos.
• Costure o direito dos acabamentos pelo direito das bordas superiores da frente e das costas, prendendo as presilhas das costas. Bata a costura a ferro, virando as folgas sobre o avesso dos acabamentos e prenda com pespontos rentes.
• Faça a montagem do zíper invisível na abertura lateral esquerda.
• Vinque o reforço ao meio no comprimento, direito sobre direito. Una as bordas superiores com uma costura. Revire o reforço. Chuleie as bordas inferiores.
• Costure as bordas maiores do reforço pelo avesso da folga da frente do zíper.
• Arremate a borda inferior do acabamento inferior com a montagem do viés de rolo, conforme Dicas de Costura. Costure o direito das bordas do acabamento pelo avesso das folgas do zíper. Revire os acabamentos para o avesso.
• Faça as bainhas inferiores.

Mod. 619
2.00 m x 1.50 m

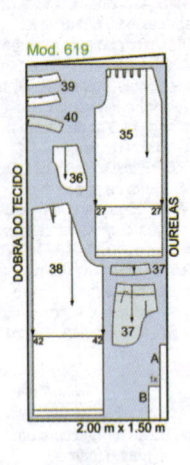

Mod. 619

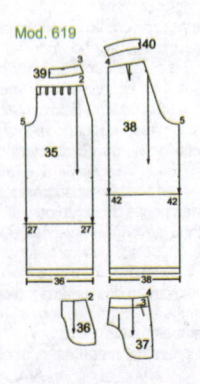

MOLDE 020

✂✂✂
CALÇA
TAMANHO 44/48 — FOLHA A
TAMANHO 36/40 — FOLHA B
PEÇAS: 5 a 7

LINHA DO MOLDE EM VERDE
TAM. 36/44 –––––
TAM. 40/48 – – – –

SUGESTÃO DE TECIDO: sarja stretch
METRAGEM: 1,30 m (tam. 36/40/44) e 1,70 m (tam. 48) x 1,40 m. Molde para tecido com 20% de alongamento (veja em Dicas de Costura como calcular o alongamento).
AVIAMENTOS: um zíper de 10 cm; um botão de 2 cm; 10 cm de entretela; 90 cm (tam. 36/40) e 1,00 m (tam. 44) e 1,10 m (tam. 48) de viés.
COMO CORTAR: distribua as peças, observando a planilha de corte. Calça com 1,00 m (tam. 36), 1,02 m (tam. 40), 1,04 m (tam. 44) e 1,06 m (tam. 48) de comprimento, sendo 6 cm abaixo da cintura.
PEÇAS: 5. FRENTE. 6. COSTAS: separe a frente nas linhas marcadas. Corte todas as peças duas vezes. 7. CÓS: corte duas vezes no tecido e na entretela, sendo a borda do lado direito da frente somente até a linha marcada. A. BRAGUILHA: 14 cm x 10 cm, uma vez. B. ACABAMENTO: 13 cm x 5 cm, uma vez. C. ABA DO FALSO BOLSO: 14 cm x 6 cm, duas vezes. D. ESPELHO DA ABERTURA: 14 cm x 4 cm, duas vezes. E. FUNDO DO FALSO BOLSO: 14 cm x 8 cm, duas vezes.
MONTAGEM:
• Costure o trecho lateral superior na peça lateral da frente.
• Una as peças centrais e laterais da frente com uma costura.
• Prenda o direito da borda superior do espelho com uma costura acima da marcação da abertura da peça das costas. Costure o direito da borda inferior da aba acima da marcação da abertura.
• Corte a abertura. Introduza as folgas das costuras pela abertura. Vinque a aba, avesso sobre avesso, a 1,5 cm da borda inferior da abertura.
• Costure as bordas laterais das abas e dos espelhos pelo direito das folgas laterais das aberturas.
• Pelo avesso, costure as bordas inferiores dos fundos do falso bolso nas bordas inferiores das aberturas, prendendo as bordas das abas e dos espelhos.
• Alinhave as bordas superiores dos fundos do falso bolso pelo avesso das bordas superiores das costas.
• Junte, frente e costas, com uma costura pelas laterais e entrepernas.
• Enfie uma peça na outra coincidindo direito com direito do tecido. Costure as bordas do centro da frente, das costas e gancho, deixando sem costurar o trecho da abertura central da frente. Revire as peças
• Faça a montagem do zíper com braguilha na abertura do centro da frente, conforme Dicas de Costura.
• Una as peças do cós com uma costura pelo centro das costas. Arremate a borda da parte interna do cós com o viés de rolo. Vinque o cós, direito sobre direito. Costure as bordas dos traspasses. Revire o cós.
• Prenda o direito da borda da parte externa do cós pelo direito da borda superior. Pesponte, pelo direito, rente à costura de montagem do cós, prendendo a borda da parte interna no avesso.
• Faça as bainhas inferiores.
• Abra a casa e pregue o botão.

Mod. 620
1.30 m x 1.40 m (Tam. 36/40/44)

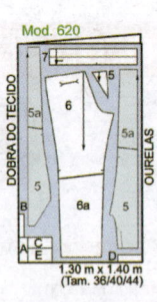

Mod. 620
1.70 m x 1.40 m (Tam. 48)

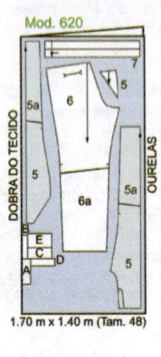

Mod. 620

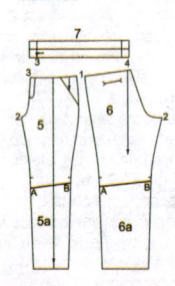

MOLDE 021

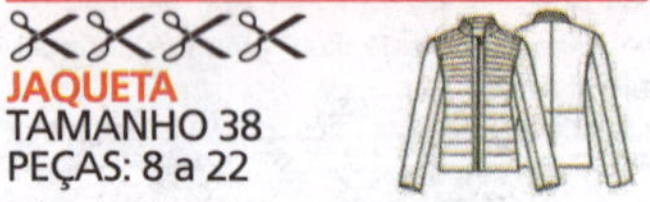

✂✂✂✂
JAQUETA
TAMANHO 38
PEÇAS: 8 a 22

LINHA DO MOLDE EM PRETO
–·–·–·–·–·–·–·–·–
FOLHA B

SUGESTÃO DE TECIDO: suede. FORRO: tafetá.
METRAGEM: Tecido – 2,10 m x 1,40 m. Forro – 1,20 m x 1,50 m.
AVIAMENTOS: um zíper destacável de 60 cm; 10 cm de entretela.
COMO CORTAR: copie o acabamento das costas. Distribua as peças no tecido e no forro, observando as planilhas de corte. Jaqueta com 68 cm de comprimento.
PEÇAS: 8. FRENTE CENTRAL EXTERNA: separe a peça na linha marcada. Corte cada trecho duas vezes no tecido. 9. FRENTE LATERAL. 16. COSTAS SUPERIORES. 17. COSTAS INFERIORES. 20. PARTE MAIOR DA MANGA. 21. PARTE MENOR DA MANGA: corte as peças duas vezes no tecido e no forro, sendo o forro somente até as linhas marcadas. 10. APLICAÇÕES INFERIORES DA FRENTE: corte as peças seis vezes. 11. 12. APLICAÇÕES INTERMEDIÁRIAS: corte quatro vezes (peça 11) e seis vezes (peça 12) no tecido. 13. 14. 15. APLICAÇÕES DOS OMBROS DA FRENTE: corte as peças duas vezes. 18. APLICAÇÃO DA GOLA: copie as aplicações menores nas linhas marcadas. Corte cada aplicação uma vez com o tecido dobrado na linha do centro. 19. GOLA: corte duas vezes com o tecido e uma vez com a entretela dobrados na linha do centro. 22. FRENTE CENTRAL INTERNA: separe o molde na linha marcada. Corte o acabamento duas vezes no tecido e o trecho lateral duas vezes no forro. A. APLICAÇÕES SUPERIORES: 27 cm x 5 cm, dez vezes. B. REFORÇO DO ZÍPER: 62 cm x 6 cm, uma vez.
MONTAGEM:
• Faça a costura central das costas, prendendo o tecido e o forro, separadamente. Vinque o forro sobre a linha do meio das costas, formando uma prega. Prenda a prega com alinhavos pelas bordas superiores.
• Junte as peças superiores e inferiores das costas com uma costura, prendendo o tecido e o forro, separadamente.
• Costure as peças laterais nas peças centrais externas e internas da frente.
• Alinhave o avesso das bordas superiores das aplicações pelo direito dos lugares marcados nas peças externas da frente. Acerte as bordas laterais das aplicações superiores, eliminando o excesso de tecido de acordo com o contorno das peças da frente.
• Costure o trecho central nas peças externas da frente, prendendo as bordas da frente das aplicações.
• Prenda o forro nas bordas internas dos acabamentos da frente e das costas.
• Junte, frente e costas das peças externas e internas, separadamente, com uma costura pelos ombros e, com outra costura, pelas laterais. Deixe uma abertura em uma das costuras laterais do forro.
• Una as aplicações da gola com alinhavos pelas bordas do decote. Alinhave as aplicações pelo direito do decote das peças externas.
• Una as peças da gola, direito sobre direito, com uma costura pelas bordas superiores e laterais, Revire a gola. Prenda as bordas da gola com alinhavos no decote, sobre o avesso das bordas das aplicações.
• Una as duas partes das mangas com uma costura coincidindo a numeração de montagem.
• Embeba as bordas superiores das mangas entre os asteriscos (*). Monte as mangas nas cavas externas e internas, separadamente.
• Prenda as ombreiras nas folgas das costuras dos ombros externos.
• Vinque o reforço do zíper ao meio no comprimento, direito sobre direito. Una as bordas menores do reforço com uma costura. Revire o reforço.
• Junte as peças externas e internas, direito sobre direito, com uma costura pelas bordas do decote, prendendo a gola e as aplicações. Em seguida, una as peças pelo centro da frente, prendendo as bordas do zíper e o reforço sobre o avesso da folga do lado esquerdo do zíper. Costure as bordas inferiores, indo da costura até a borda da bainha inferior do tecido. Finalmente, una tecido e forro pelas bordas inferiores das mangas.
• Revire as peças, avesso sobre avesso. Feche a abertura lateral do forro.

Mod. 621
2.10 m x 1.40 m
TECIDO

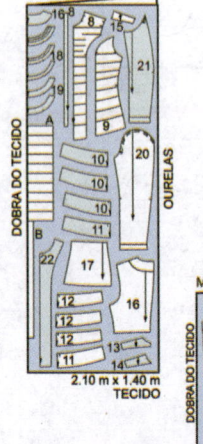

Mod. 621
1.20 m x 1.50 m
FORRO

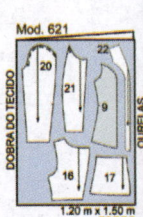

MOLDE 022

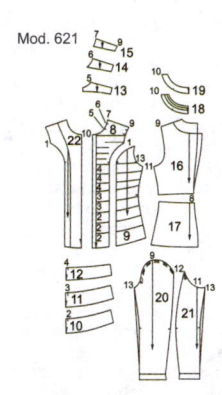

✂✂✂
VESTIDO
TAMANHO 44
PEÇAS: 30 a 37

LINHA DO MOLDE EM VERMELHO

FOLHA C

SUGESTÃO DE TECIDO: sarja. FORRO: poliéster.
METRAGEM: Tecido – 2,10 m x 1,50 m. Forro – 1,10 m x 1,50 m.
AVIAMENTOS: um zíper destacável de 80 cm; seis botões de 2,2 cm; 10 cm de entretela; 1,70 m x 1 cm de cadarço.
COMO CORTAR: copie o acabamento da frente. Distribua as peças no tecido e no forro, observando as planilhas de corte. Vestido com 90 cm de comprimento.
PEÇAS: 30. FRENTE: corte duas vezes no tecido e no forro. 31. BOLSO. 33. ABA. 35. ALÇA: corte cada peça duas vezes no tecido. 32. FOLE: corte duas vezes com o tecido dobrado na linha do centro. 34. COSTAS: corte uma vez com o tecido e o forro dobrados na linha do centro. 36. GOLA: separe o reforço na linha marcada. Corte a gola e o reforço duas com o tecido e uma vez com a entretela dobrados na linha do centro. 37. CARCELA: corte uma vez. A. PRESILHAS DOS OMBROS: 6 cm x 3,5 cm, duas vezes. B. ALÇA DA FRENTE: 11 cm x 5 cm, uma vez. C. PASSADOR: 85 cm x 5,5 cm, uma vez.
MONTAGEM:
• Vinque os bolsos na linha do centro, direito sobre direito. Pesponte, pelo avesso, nos trechos marcados nas bordas superiores e inferiores, a 1,5 cm da borda vincada, formando uma prega. Bata a proga a forro, abrindo o fundo ao meio.
• Alinhave o fundo da proga nas bordas superiores e inferiores dos bolsos.
• Vire as bainhas superiores dos bolsos para o avesso, embainhe as bordas e prenda com pespontos.
• Vinque as bordas menores dos foles para o avesso. Bata a ferro. Costure o direito dos foles pelo direito das bordas laterais e inferiores dos bolsos. Vire os foles para o avesso dos bolsos. Pesponte, pelo direito, rente às costuras de montagem dos foles.
• Embainhe as bordas dos foles. Aplique os foles nos lugares marcados nas peças da frente com pespontos rentes as bordas embainhadas.
• Vinque as abas, direito sobre direito. Una as bordas laterais com uma costura. Revire as abas. Faça pespontos duplos nas bordas costuradas e vincadas.
• Prenda as bordas superiores das abas nos lugares marcados nas peças da frente. Vire as abas para baixo. Pesponte a 0,5 cm da costura.
• Aplique o cadarço no lugar marcado na peça das costas.
• Feche as laterais das peças de tecido e de forro, separadamente, unindo frente e costas.
• Vire a bainha inferior do forro para o avesso, embainhe a borda e prenda com pespontos.
• Prenda o forro nas bordas internas dos acabamentos da frente.
• Feche os ombros das peças de tecido e de forro, separadamente.
• Vinque as presilhas e a alça da frente ao meio no comprimento, direito sobre direito. Una as bordas maiores com uma costura. Revire as tiras. Pesponte rente às bordas maiores. Embainhe as bordas menores das tiras. Aplique as presilhas nos lugares marcados nos ombros e a alça na frente esquerda com pespontos rentes às bordas menores embainhadas.
• Costure os reforços nas bordas inferiores das peças da gola. Bata as costuras a ferro, virando as folgas sobre o avesso dos reforços e prenda com pespontos rentes.
• Una as peças da gola, direito sobre direito, com uma costura pelas bordas laterais e superiores. Revire a gola. Alinhave as bordas da gola pelo direito da parte externa do decoto.
• Junte as peças externas e internas, direito sobre direito, com uma costura pelas bordas do decote, prendendo a gola; pelas bordas do centro da frente, prendendo as folgas do zíper e pelas bordas inferiores.
• Em seguida, una as peças pelas bordas das cavas.
• Abra os ilhoses nos lugares marcados na peça das costas. Introduza um cadarço de 1,05 m em cada ilhós. Alinhave uma das pontas dos cadarços nos lugares marcados nas peças da frente. Deixe sobrar as outras pontas dos cadarços pelo direito da peça.
• Aplique o avesso do passador pelo avesso do lugar marcado na frente e nas costas com pespontos rentes às bordas, prendendo os cadarços.
• Revire as peças. Faça pespontos duplos nas bordas das cavas.
• Vinque a carcela, direito sobre direito. Una as bordas menores com uma costura. Revire a carcela. Faça os pespontos de enfeite no centro da carcela e pespontos duplos nas bordas costuradas e vincada peça. Costure as bordas menores da carcela pelo direito do lugar marcado na peça do lado direito da frente. Vire a carcela sobre o centro da frente e prenda com pespontos a 0,7 cm.
• Prenda a bainha inferior com pespontos. Abra as casas e pregue os botões.

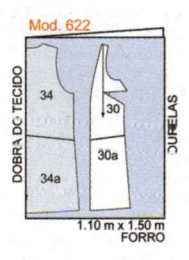

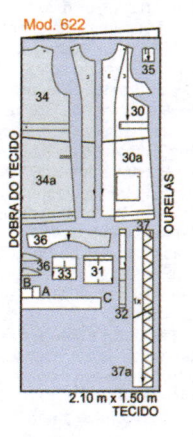

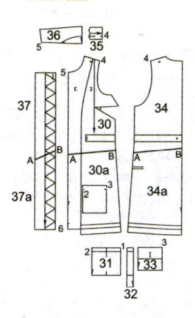

MOLDE 023

✂✂✂
CALÇA
TAMANHO 40
PEÇAS: 14 a 19

LINHA DO MOLDE EM VERMELHO

FOLHA D

SUGESTÃO DE TECIDO: brim ou sarja stretch. FORRO: popeline.
METRAGEM: Tecido – 1,40 m x 1,50 m. Forro – 0,40 m x 1,50 m. Molde para tecido com 20% de alongamento (veja em Dicas de Costura como calcular o alongamento).
AVIAMENTOS: um zíper metálico de 10 cm e dois de 25 cm; três botões de 1,8 cm e dois de 2 cm; 20 cm de entretela; linha para pesponto.
COMO CORTAR: copie o espelho do fundo do bolso, o fundo menor do bolso, o acabamento da abertura e o bolso das costas. Distribua as peças no tecido e no forro, observando as planilhas de corte. Calça com 20 cm de gancho, cós com 78 cm e 98 cm de comprimento, sendo 4 cm abaixo da cintura.
PEÇAS: 14. FRENTE. 16. COSTAS. 17. BOLSO LATERAL: separe a frente e as costas nas linhas marcadas. Corte todas as peças duas vezes. 15. FUNDO MAIOR DO BOLSO: corte duas vezes no forro. 18. ABA. 19. CÓS: corte as peças quatro vezes no tecido e duas vezes na entretela, sendo a borda do lado esquerdo da frente do cós somente até a linha marcada. A. BRAGUILHA: 14 cm x 11 cm, uma vez. B. ACABAMENTO: 13 cm x 5 cm, uma vez. C. PRESILHA: 33 cm x 3,5 cm, duas vezes.
MONTAGEM:
• Faça as costuras de união dos trechos inferiores separados das peças da frente e das costas. Vire as folgas das costuras sobre o avesso do trecho intermediário e prenda com pespontos duplos.
• Faça a montagem do bolso americano nas peças da frente, de acordo com as explicações de Dicas de Costura.
• Faça as bainhas superiores dos bolsos das costas. Embainhe as bordas laterais e inferiores dos bolsos. Prenda os bolsos nos lugares indicados nas peças das costas com pespontos duplos pelas bordas laterais e inferiores.
• Prenda as palas nas bordas superiores das costas. Vire as folgas das costuras sobre o avesso das palas e prenda com pespontos duplos.
• Una as peças da frente e das costas, separadamente, com uma costura pelo centro, deixando livre a abertura superior da frente.
• Faça a montagem do zíper com braguilha na abertura do centro da frente, conforme Dicas de Costura.
• Junte, frente e costas, com uma costura pelas laterais.
• Vinque os bolsos laterais nas linhas marcadas, avesso sobre avesso. Faça pespontos duplos nas bordas vincadas. Vinque A sobre B, formando uma prega. Prenda a prega com alinhavos nas bordas superiores e inferiores dos bolsos.
• Vinque a bainha superior do bolso para o avesso. Faça pespontos duplos na borda vincada. Embainhe as bordas laterais e inferiores dos bolsos. Aplique os bolsos nos lugares marcados nas laterais com pespontos duplos pelas bordas embainhadas.
• Una as abas, duas a duas, direito sobre direito, com uma costura pelas bordas laterais e inferiores. Revire as abas. Faça pespontos duplos nas bordas costuradas. Prenda as abas nos lugares marcados nas laterais.
• Vinque as tiras das presilhas ao meio no comprimento, direito sobre direito. Una as bordas maiores com uma costura. Revire a tira, centralize a costura e pesponte rente às bordas maiores. Separe as tiras em cinco tiras de 11 cm. Alinhave as pontas inferiores das presilhas nos lugares indicados.
• Monte o cós curvo na borda superior, conforme Dicas de Costura.
• Revire as presilhas sobre o cós, embainhe as pontas e prenda com pespontos de reforço. Pesponte as bordas inferiores das presilhas nos lugares indicados na frente e nas costas.
• Faça as bainhas inferiores.
• Abra as casas e pregue os botões.

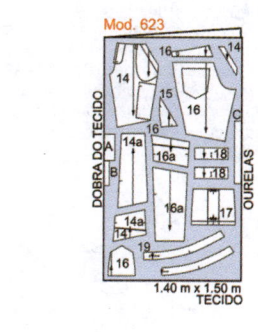

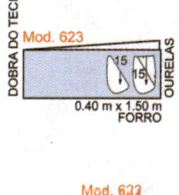

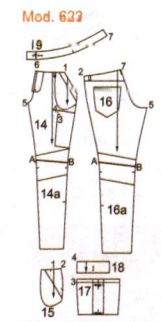

MOLDE 024

✂✂✂
SAIA
TAMANHO 38/42 FOLHA C
TAMANHO 36/40 FOLHA D
PEÇAS: 1 a 3

LINHA DO MOLDE EM AZUL
TAM. 36/38 – – – –
TAM. 40/42 – – – –

- **SUGESTÃO DE TECIDO:** sarja stretch resinada.
- **METRAGEM:** 0,80 m (tam. 36/38) e 0,90 m (tam. 40/42) x 1,40 m.
- **AVIAMENTOS:** um zíper metálico de 18 cm; 20 cm de entretela.
- **COMO CORTAR:** copie as peças, de acordo com o tamanho escolhido. Distribua as peças no tecido, observando a planilha de corte. Saia com 42 cm de comprimento, sendo 4 cm abaixo da cintura. Cós com 70 cm (tam. 36), 74 cm (tam. 38), 78 cm (tam. 40) e 82 cm (tam. 42).
- **PEÇAS:** 1. FRENTE: corte uma vez com o tecido dobrado na linha do centro. 2. COSTAS: corte duas vezes. 3. CÓS: corte duas vezes com o tecido e uma vez com a entretela dobrados na linha do centro.
- **MONTAGEM:**
- Feche as pences.
- Faça a costura central das costas, sem fechar a abertura superior.
- Junte, frente e costas, com uma costura pelas laterais.
- Una as peças do cós, direito sobre direito, com uma costura pelas bordas superiores.
- Costure o direito da parte externa do cós pelo direito das bordas superiores da frente e das costas.
- Revire o cós, avesso sobre avesso. Embainhe a borda da parte interna do cós pelo avesso da costura de montagem, bata a ferro e prenda com alinhavos. Pesponte, pelo direito, rente às bordas do cós, prendendo a borda da parte interna embainhada no avesso.
- Costure o direito das bordas da abertura central das costas pelo avesso das folgas do zíper. Revire as folgas para o avesso, embainhando as folgas superiores. Pesponte, pelo direito, rente às bordas da abertura das costas.
- Faça a bainha inferior.

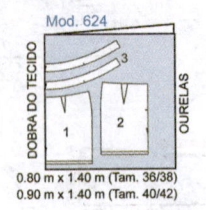

- **COMO CORTAR:** copie as peças de acordo com o tamanho escolhido. Copie o acabamento das costas. Distribua as peças no tecido, observando a planilha de corte. Casaqueto com 10 cm de comprimento, a partir da cintura.
- **PEÇAS:** 4. FRENTE. 5. LATERAL. 6. COSTAS. 4. MANGA DA FRENTE. 8. MANGA DAS COSTAS: corte as peças duas vezes, sendo a peça do lado esquerdo da frente somente até a linha marcada. 9. ACABAMENTO DA FRENTE: corte duas vezes no tecido e na entretela, sendo a peça do lado esquerdo da frente na linha marcada.
- **MONTAGEM:**
- Vinque as pregas do decote da frente, direito sobre direito, na direção das setas, deixando A sobre B. Bata as pregas a ferro e prenda com alinhavos no decote.
- Prenda as peças laterais na frente e nas costas, coincidindo a numeração de montagem.
- Feche os ombros das peças externas e dos acabamentos, separadamente, e faça as costuras de união das peças das mangas, sem fechar a abertura inferior.
- Costure o direito das folgas dos zíperes pelo direito das bordas inferiores das mangas.
- Bata todas as costuras a ferro, abrindo as folgas. Pesponte, pelo direito, a 0,7 cm das costuras, prendendo as bordas das folgas no avesso das peças.
- Embainhe as bordas internas dos acabamentos e prenda com pespontos.
- Costure o direito dos acabamentos pelo direito das peças da frente, coincidindo a numeração de montagem.
- Vinque o trecho do acabamento do traspasse externo da peça da frente direita para o avesso.
- Em seguida, prenda o direito dos acabamentos da frente direita e esquerda com uma costura pelo direito do decote e pelo direito das bordas inferiores da frente. Revire os acabamentos para o avesso, vincando a bainha inferior, e prenda com alinhavos nas bordas das cavas.
- Monte as mangas nas cavas. Bata as costuras a ferro, abrindo as folgas. Pesponte, pelo direito, a 0,5 cm das cavas, prendendo as folgas no avesso das peças da frente, das costas e das mangas.
- Faça as bainhas das bordas inferiores das mangas.
- Abra as casas e pregue os botões.

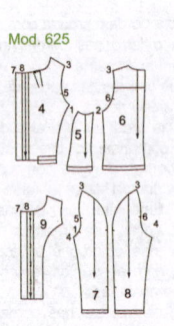

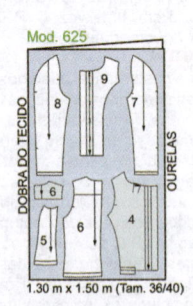

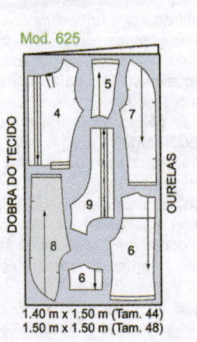

MOLDE 026

SHORT
TAMANHO 38
PEÇAS: 51 a 56

LINHA DO MOLDE EM VERMELHO

FOLHA C

- **SUGESTÃO DE TECIDO:** veludo cotelê stretch. FORRO: popeline.
- **METRAGEM:** Tecido – 0,90 m x 1,50 m. Forro – 0,40 m x 1,50 m. Molde para tecido com 20% de alongamento (veja em Dicas de Costura como calcular o alongamento).
- **AVIAMENTOS:** um zíper de 10 cm; quatro botões de 1,5 cm; 20 cm de entretela; 20 cm de malha estampada.
- **COMO CORTAR:** copie o espelho e o acabamento da abertura do bolso. Separe o espelho na linha marcada. Distribua as peças no tecido e no forro, observando as planilhas de corte. Short com 76 cm de cintura; 23 cm de gancho e 34 cm de comprimento, sendo 5 cm abaixo da cintura.
- **PEÇAS:** 51. FRENTE. 54. COSTAS. 55. BOLSO DAS COSTAS: separe a pala das costas na linha marcada. Corte todas as peças duas vezes. 52. FUNDO EXTERNO DO BOLSO. 53. FUNDO INTERNO DO BOLSO: corte cada peça duas vezes no forro. 56. CÓS: corte duas vezes com o tecido e uma vez com a entretela dobrados na linha do centro, sendo a peça do lado esquerdo da frente somente até a linha marcada. A. BRAGUILHA: 14 cm x 11 cm, uma vez. B. ACABAMENTO: 13 cm x 5 cm, uma vez. C. PRESILHA: 55 cm x 3,5 cm, uma vez. FAIXA: 74 cm x 18 cm, duas vezes na malha.
- **MONTAGEM:**
- Una as duas partes do espelho com uma costura. Vire as folgas da costura sobre o avesso da parte superior e prenda com pespontos duplos.
- Vinque as pregas da frente, direito sobre direito, na direção das setas. Bata as pregas a ferro e prenda com alinhavos. Pesponte as pregas, pelo direito, a 0,7 cm das costuras.
- Faça a montagem do bolso americano nas peças da frente, de acordo com as explicações de Dicas de Costura.
- Faça as bainhas superiores dos bolsos das costas. Embainhe as bordas laterais e inferiores dos bolsos. Prenda os bolsos nos lugares indicado nas peças das costas com pespontos duplos pelas bordas laterais e inferiores.
- Prenda as palas nas bordas superiores das costas. Vire as folgas das costuras sobre o avesso das palas e prenda com pespontos duplos.
- Una as peças da frente e das costas, separadamente, com uma costura pelo centro, deixando livre a abertura superior da frente.
- Faça a montagem do zíper na abertura do centro da frente, conforme Dicas de Costura.
- Junte, frente e costas, com uma costura pelas laterais e, com outra costura, pelas entrepernas.
- Monte o cós curvo na borda superior, conforme Dicas de Costura.
- Vinque a tira das presilhas ao meio no comprimento, direito sobre direito. Una as bordas maiores com uma costura. Revire a tira e pesponte rente às bordas maiores. Separe a tira em cinco partes iguais e prenda nos lugares marcados.
- Abra as casas e pregue os botões.
- Vinque a faixa ao meio no comprimento, direito sobre direito. Una as bordas maiores com uma costura. Revire a faixa, embainhe as bordas da abertura e prenda com pontos à mão.
- **BAINHA ITALIANA** - Vinque a boca da perna para o avesso sobre a linha mais distante da borda inferior da peça, bata a ferro, embainhe a borda e prenda com pespontos. Em seguida, revire a boca da perna para o direito sobre a linha mais próxima da borda inferior, formando uma prega. Bata a ferro. Prenda a prega com pontos invisíveis feitos à mão ou com pespontos sobre as costuras das entrepernas e das laterais.

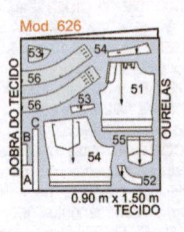

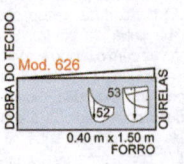

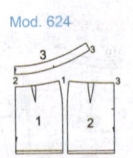

MOLDE 025

CASAQUETO
TAMANHO 40/48 FOLHA C
TAMANHO 36/44 FOLHA D
PEÇAS: 4 a 9

LINHA DO MOLDE EM VERDE
TAM. 36/40
TAM. 44/48

- **SUGESTÃO DE TECIDO:** linho ou lã.
- **METRAGEM:** 1,30 m (tam. 36/40), 1,40 m (tam. 44) e 1,50 m (tam. 48) x 1,50 m.
- **AVIAMENTOS:** seis botões de 1,7 cm; um par de pressão de 2 cm; dois zíperes de 12 cm; 30 cm de entretela.

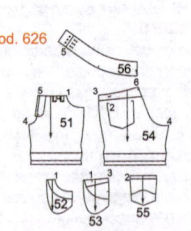

MOLDE 027

VESTIDO
TAMANHO 42
PEÇAS: 22 a 26

LINHA DO MOLDE EM PRETO

FOLHA D

- **SUGESTÃO DE TECIDO:** malha viscose.
- **METRAGEM:** 1,20 m x 1,60 m. Molde para malha com 70% de alongamento na direção horizontal e 60% na direção vertical (veja em Dicas de Costura como calcular o alongamento).
- **AVIAMENTOS:** chatons; 30 cm x 0,7 cm elástico; linha para malha e agulha ponta bola.
- **COMO CORTAR:** distribua as peças no tecido, observando a planilha de corte.

Vestido com 80 cm de comprimento.
PEÇAS: 22. FRENTE (CENTRAL E LATERAL): separe a peça na linha marcada. Corte a parte central uma vez com o tecido dobrado na linha do centro. Corte o trecho lateral duas vezes. **23. COSTAS SUPERIORES:** corte duas vezes com o tecido dobrado na linha do centro. **24. COSTAS INFERIORES. 26. ACABAMENTO DAS COSTAS:** corte as peças duas vezes. **25. ACABAMENTO DA FRENTE:** corte as peças uma vez com o tecido dobrado na linha do centro.
MONTAGEM:
• Feche as pences.
• Costure a frente nos ombros das costas, prendendo as peças externas e de acabamentos, separadamente.
• Junte as peças externas e internas, direito sobre direito, com uma costura pelas bordas do decote. Em seguida, una as peças pelas bordas das cavas.
• Em seguida, una as peças superiores das costas com uma costura pelas bordas da abertura do centro das costas. Revire as peças.
• Prenda as peças laterais na frente central.
• Faça a costura central das costas inferiores e do acabamento das costas.
• Alinhave as costas superiores pelo direito da borda superior das costas inferiores.
• Costure o direito do acabamento pelo direito do decote das costas, prendendo as bordas das costas superiores. Aplique o elástico sobre as folgas da costura de união das peças superiores e inferiores, esticando o elástico o quanto for necessário. Revire o acabamento para o avesso das costas.
• Junte frente e costas com uma costura pelas laterais, prendendo o direito das bordas laterais do acabamento da frente sobre o avesso das costas. Revire o acabamento para o avesso da frente.
• Vire a bainha inferior para o avesso e prenda com pespontos.
• Aplique os chatons contornando o decote, as cavas, a abertura do decote das costas e sobre a costura de união das peças laterais e central das costas.

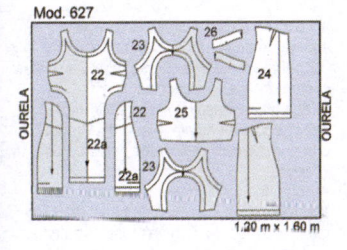

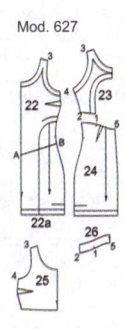

MOLDE 028
✂✂✂✂
VESTIDO 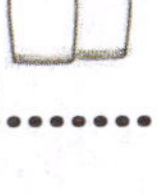
TAMANHO 42
PEÇAS: 31 a 38
LINHA DO MOLDE EM PRETO

FOLHA D
SUGESTÃO DE TECIDO: cetim de seda. FORRO: musseline.
METRAGEM: Tecido – 1,70 m x 1,40 m. Forro – 0,70 m x 1,50 m.
AVIAMENTOS: um zíper invisível de 35 cm; 0,40 cm de tule de náilon; 50 cm x 1 cm de elástico; 50 cm de entretela; 1,60 m de barbatana; um par de bojos; colchetes
COMO CORTAR: distribua as peças no tecido e no forro, observando as planilhas de corte. Vestido com 47 cm de comprimento, a partir da cintura.
PEÇAS: 31. FRENTE SUPERIOR INTERMEDIÁRIA. 32. FRENTE SUPERIOR LATERAL. 35. COSTAS SUPERIOR LATERAL: separe a peça das costas na linha marcada. Corte cada peça quatro vezes no tecido e na entretela. **33. FRENTE SUPERIOR CENTRAL:** corte uma vez com o tule dobrado na linha do centro. **34. COSTAS SUPERIORES CENTRAL:** corte duas vezes com o tecido e a entretela dobrados na linha do centro. **36. FRENTE SUPERIOR EXTERNA:** corte duas vezes no tecido. **37. COSTAS SUPERIORES EXTERNA:** corte uma vez com o tecido dobrado na linha do centro. **38. FRENTE E COSTAS INFERIORES:** corte duas vezes com o tecido e o forro dobrados na linha do centro. **A. ALCINHAS:** 5 cm x 3 cm duas vezes. **B. ALÇAS DO DECOTE:** 90 cm x 3 cm, duas vezes. **C. REFORÇO DA ABERTURA LATERAL:** 40 cm x 2,2 cm, duas vezes. **D. ACABAMENTO DO ZIPER:** 40 cm x 3 cm, duas vezes.
MONTAGEM:
• Prenda a entretela no avesso das peças. Faça uma bainha fina presa com pespontos na borda superior da peça de tule.
• Una as duas camadas de tecido entretelado, separadamente, junte as peças intermediárias e laterais da frente e as peças laterais e centrais das costas.
• Junte frente e costas de cada camada de tecido, separadamente, com uma costura pelas bordas da lateral esquerda.
• Vire as folgas das costuras da segunda camada de tecido sobre o avesso e prenda as bordas com pespontos rentes, formando passadores. Introduza uma barbatana em cada passador.
• Una as duas camadas superiores de tecido da frente, direito sobre direito, com uma costura pelas bordas do fronte, prendendo a peça de tule no lugar marcado. Prossiga com a costura, unindo as peças pelas bordas do decote da frente, das cavas e do decote das costas. Bata a costura a ferro, virando as folgas sobre o avesso da camada interna e prenda com pespontos rentes.
• Monte os bojos com uma costura sobre as folgas das costuras de união das peças superiores da camada externa de tecido da frente interna.
• Aplique uma tira de elástico de 46 cm sobre as folgas da costura do decote das costas, esticando o elástico o quanto for necessário para a montagem. Revire as peças superiores, avesso sobre avesso.
• Faça uma bainha fina presa com pespontos nas bordas dos acabamentos da frente superior externa e na borda superior das costas superior externa.
• Una as tiras da alça maior com uma costura, formando uma única tira. Prepare as tiras das alcinhas e a alça do pescoço conforme as explicações de alça de rolo.
• Vinque as pregas laterais da peça externa das costas, direito sobre direito, na direção das setas. Bata as pregas a ferro. Prenda as pregas com alinhavos nas bordas da peça.
• Vinque as costas externa para o direito na linha marcada. Costure no trecho marcado, prendendo as pontas das alcinhas. Revire as costas, avesso sobre avesso.
• Faça a costura de união das duas peças superiores externas da frente.
• Vire o acabamento do decote da frente superior externa para o direito. Introduza as bordas laterais das costas externas entre as laterais da frente. Junte frente e costas das peças externas com uma costura pelas laterais. Revire o acabamento do decote para o avesso da frente.
• Vire o acabamento da borda de centro da frente para o avesso, bata a ferro e alinhave. Franza sobre a costura do centro da frente até 5 cm.
• Alinhave o avesso das bordas inferiores das peças superiores externas sobre o direito da abertura lateral direita e das bordas inferiores das peças internas.
• Junte frente e costas das peças inferiores de tecido e de forro, separadamente, com uma costura pelas laterais, deixando livre a abertura superior direita.
• Costure as peças inferiores externas pelo direito das bordas das peças superiores. Em seguida, costure o direito do forro pelo avesso das folgas da costura de união das peças superiores e inferiores. Revire o forro para o avesso do tecido inferior.
• Vinque as tiras dos reforços ao meio no comprimento, avesso sobre avesso. Costure as bordas dos reforços pelo direito das folgas do zíper, coincidindo as bordas vincadas no centro do zíper.
• Prenda as folgas dos reforços e do zíper pelo direito das bordas da abertura lateral direita.
• Arremate as bordas das folgas do zíper prendendo as tiras do acabamento conforme viés de rolo. Vire os acabamentos para o avesso da abertura lateral direita e prenda com pontos à mão.
• Faça as bainhas inferiores. Segure as peças superiores externas com pontos à mão sobre a costura lateral esquerda das peças internas.
• Pregue os colchetes na borda superior da abertura.
• Introduza a alça maior pela abertura do centro da frente, para amarrar no pescoço

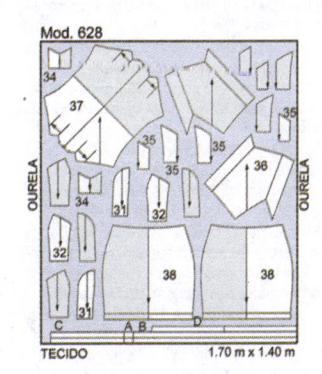

Mod. 628

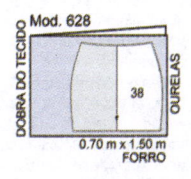

Mod. 628

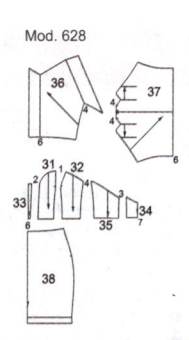

MOLDE 029
✂✂✂✂
TOP 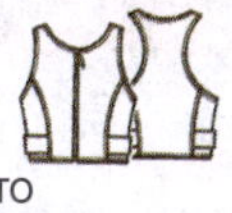
TAMANHO 40
PEÇAS: 27 a 30
LINHA DO MOLDE EM PRETO

FOLHA D
SUGESTÃO DE TECIDO: malha piquê.
METRAGEM: 0,60 m x 1,80 m. Molde para tecido com 50% de alongamento na direção horizontal e 30% na direção vertical (veja em Dicas de Costura como calcular o alongamento).
AVIAMENTOS: um zíper metálico destacável de 30 cm; 50 cm x 5 cm de elástico; 2,20 m x 0,7 cm de elástico dobrável.
COMO CORTAR: distribua as peças no tecido, observando a planilha de corte. Top com 37 cm de comprimento.
PEÇAS: 27. FRENTE CENTRAL: corte quatro vezes. **28. FRENTE LATERAL. 30. COSTAS LATERAIS:** corte as peças duas vezes. **29. COSTAS CENTRAIS:** corte uma vez com o tecido dobrado na linha do centro.
MONTAGEM:
• Junte frente e costas com uma costura pelas laterais, unindo as peças avesso sobre avesso.
• Separe duas tiras de elástico de 22 cm x 5 cm. Prenda os elásticos nos lugares marcados nas bordas das peças laterais da frente e das costas.
• Una as peças centrais da frente, direito sobre direito, com uma costura pelo centro da frente, prendendo as folgas do zíper e, com outra costura pelos ombros, prendendo os ombros das costas.
• Revire a frente central, avesso sobre avesso. Introduza as peças laterais entre as duas camadas da frente central. Costure a 0,7 cm das bordas frente central, prendendo os elásticos.
• Junte as peças centrais e laterais das costas trespassando as bordas das costas sobre as peças laterais.
• Separe uma tira de elástico de 42 cm para o decote, 65 cm para a barra e duas tiras de 55 cm para as cavas. Feche as pontas dos elásticos das cavas com uma costura, formando dois círculos.
• Costure o avesso de uma das bordas do elástico pelo direito das bordas do decote, das cavas e das bordas inferiores. Revire os elásticos para o avesso das bordas e prenda com pespontos, embainhando as pontas.

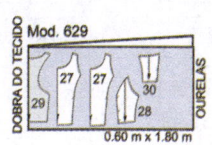

Mod. 629

Mod. 629

MOLDE 030

CAMISA
8 ANOS
PEÇAS: 13 a 16
LINHA DO MOLDE EM VERDE

FOLHA F
SUGESTÃO DE TECIDO: malha piquê.
METRAGEM: 0,70 m x 1,80 m. Molde para malha com 30% de alongamento (veja em Dicas de Costura como calcular o alongamento).
AVIAMENTOS: três botões de 1 cm; uma gola pólo de 19 cm x 7 cm; dois punhos sanfonados de 26 cm x 3 cm; linha para malha e agulha ponta bola.
COMO CORTAR: distribua as peças no tecido, observando a planilha de corte. Blusa com 49 cm de comprimento.
PEÇAS: 13. FRENTE. 15. COSTAS: corte as peças uma vez com o tecido dobrado na linha do centro. 14. CARCELA: corte uma vez no tecido e na entretela. 16. MANGA: corte duas vezes. A. REFORÇO DO DECOTE: 19 cm x 3 cm, uma vez. B. ACABAMENTO DA ABERTURA: uma tira de 13 cm x 5 cm, uma vez.

MONTAGEM:
• Feche os ombros.
• Prenda os punhos pelo direito das bordas inferiores das mangas.
• Monte as mangas nas cavas.
• Junte frente costas com uma costura pelas laterais, a partir das bordas inferiores dos punhos.
• Costure o direito do acabamento pelo direito da borda do lado esquerdo da abertura da frente.
• Costure o direito da borda da parte externa da carcela pelo direito da borda do lado direito da abertura.
• Prenda a gola com uma costura pelo direito do decote.
• Embainhe a borda do acabamento da carcela e prenda com pespontos. Vire o acabamento da carcela para o direito sobre a gola.
• Costure o direito de uma das bordas da tira do acabamento pelo avesso do decote, sobre a gola. Vire o acabamento para o avesso do decote, embainhe a borda e prenda com pespontos, revirando o acabamento da carcela para o avesso.
• Pesponte, pelo direito, sobre a costura de montagem da carcela, prendendo a borda do acabamento da carcela no avesso.
• Chuleie as bordas inferiores da carcela e do acabamento, unindo-as. Faça duas carreiras de pespontos na borda inferior da abertura, prendendo as bordas inferiores da carcela e do acabamento no avesso.
• Vire a bainha inferior para o avesso e prenda com pespontos duplos.
• Abra as casas e pregue os botões.

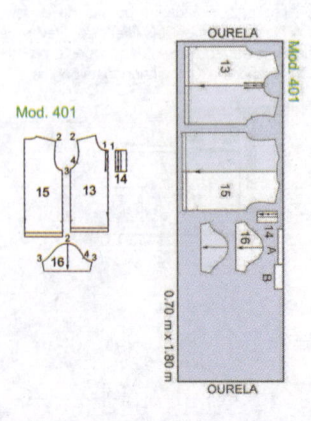

Mod. 401
0,70 m x 1,80 m

MOLDE 031

CALÇA
8 ANOS
PEÇAS: 17 a 22
LINHA DO MOLDE EM AZUL

FOLHA F
SUGESTÃO DE TECIDO: brim ou sarja (estampada e lisa)
METRAGEM: 1,10 m (estampada) e 0,40 m (lisa) x 1,50 m.
AVIAMENTOS: um zíper de náilon de 12 cm; dois botões de 2 cm e dois de 1,2 cm; 50 cm x 2 cm de elástico caseado; 10 cm de entretela.
COMO CORTAR: copie a aplicações e corte-as nos diferentes tecidos. Distribua as peças no tecido estampado e liso, observando as planilhas de corte. Calça com 24 cm de altura de gancho e 86 cm de comprimento.
PEÇAS: 17. FRENTE. 19. FUNDO DO BOLSO. 20. COSTAS. 21. PALA DAS COSTAS: copie o fundo menor do bolso. Corte todas as peças duas vezes. 18. INCRUSTAÇÃO DA FRENTE: corte uma vez em cada tecido, dobrado na linha de centro. 22. CÓS: corte uma vez em cada tecido e com a entretela dobrados na linha do centro, sendo a borda do lado esquerdo da frente somente até a linha marcada. A. BOLSO DAS COSTAS: 19 cm x 13 cm, duas vezes. B. REFORÇO DA ABERTURA: 19 cm x 18, uma vez. C. PRESILHA: 27 cm x 4 cm, duas vezes.

MONTAGEM:
• Una as aplicações inferiores (uma lisa e outra estampada), direito sobre direito, com uma costura pelas bordas externas, deixando livres as bordas que ficarão sobre as laterais e entrepernas. Revire as aplicações. Prenda as aplicações pelo direito das peças da frente com pespontos rentes às bordas costuradas.
• Costure o direito do fundo menor do bolso pelo direito das peças da frente com uma costura sobre as bordas da abertura. Revire o fundo menor para o avesso da frente. Pesponte rente à borda da abertura.
• Una os fundos do bolso, direito sobre direito, com uma costura contornando as bordas.
• Vire 3 cm das bordas superiores dos bolsos das costas para o avesso. Bata a ferro. Embainhe as bordas laterais e inferiores dos bolsos. Prenda os bolsos nos lugares marcados nas peças das costas com pespontos rentes às bordas laterais e inferiores embainhadas.
• Prenda as palas nas bordas superiores das costas. Bata a costura a ferro, virando as folgas sobre o avesso das palas e prenda com pespontos rentes.
• Faça a costura central da frente e das costas, sem fechar a abertura superior da frente.
• Una as incrustações da frente, direito sobre direito, com uma costura contornando as bordas da abertura do centro da frente. Revire as peças. Embainhe as bordas externas das incrustações para o avesso. Bata a ferro.
• Prenda o avesso da incrustação estampada pelo avesso da frente com pespontos rentes às bordas embainhadas.
• Vinque o reforço ao meio no comprimento, direito sobre direito. Una as bordas com uma costura, deixando uma abertura. Revire o reforço para o avesso. Embainhe as bordas da abertura. Prenda o reforço com alinhavos pelo avesso da frente, sobre a borda do lado esquerdo da incrustação presa no avesso da frente.
• Embainhe as bordas da incrustação externa, bata a ferro. Prenda o avesso da incrustação externa pelo direito da frente com pespontos rentes às bordas embainhadas, prendendo o reforço no avesso do modelo.
• Junte frente e costas, com uma costura pelas laterais e, com outra costura, pelas entrepernas.
• Vinque a tira das presilhas ao meio no comprimento, direito sobre direito. Una as bordas maiores com uma costura. Revire a tira e pesponte rente às bordas costurada e vincada. Separe a tira em quatro partes iguais. Alinhave as pontas inferiores das presilhas pelo direito dos lugares marcados.
• Abra as casas nos lugares marcados nas laterais do cós. Faça a montagem do cós batido na borda superior da calça, de acordo com Dicas de Costura, prendendo as presilhas.
• Aplique o zíper com pespontos pelo direito da abertura do centro da frente.
• Vire as presilhas sobre o cós, dobre as pontas superiores e prenda com pespontos.
• Introduza uma tira de 45 cm de elástico no passador das costas do cós. Prenda as pontas do elástico nos lugares marcados no cós.
• Faça as bainhas inferiores.
• Abra as casas e pregue os botões, sendo os botões menores nos lugares marcados no cós, para a regulagem do elástico.

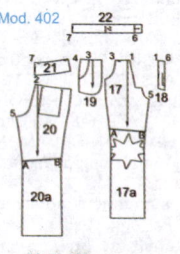

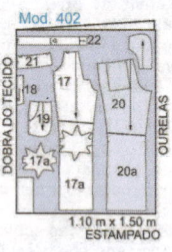

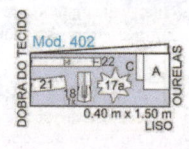

Mod. 402
1,10 m x 1,50 m ESTAMPADO
Mod. 402
0,40 m x 1,50 m LISO

MOLDE 032

MACACÃO
6 Anos
PEÇAS: 23 a 30
LINHA DO MOLDE EM VERDE

FOLHA F
SUGESTÃO DE TECIDO: tricoline stretch (lisa) e voal (estampado).
METRAGEM: Liso – 1,00 m x 1,40 m. Estampado – 0,90 m x 1,50 m. Molde para tecido com 20% de alongamento (veja em Dicas de Costura como calcular o alongamento).
AVIAMENTOS: dez botões forrados de 1,2 cm
COMO CORTAR: copie as aplicações. Distribua as peças no estampado e no liso, observando as planilhas de corte. Macacão com 60 cm de comprimento, a partir da calça.
PEÇAS: 23. FRENTE SUPERIOR. 25. PALA LATERAL. 27. FRENTE INFERIOR. 28. COSTAS INFERIORES. 29. BOLSO. 30. CARCELA DO ABOTOAMENTO: corte as peças duas vezes. 24. COSTAS SUPERIORES: separe a pala na linha marcada. Corte a pala e o trecho inferior uma vez com o tecido dobrado na linha do centro. 26. GOLA: corte uma vez com o tecido dobrado na linha do centro. A. PASSADOR: 74 cm x 2 cm, uma vez. B. FAIXA: 1,20 m x 3 cm, uma vez. C. BARRA: 34 cm x 10 cm, duas vezes.

MONTAGEM:
• Embainhe as bordas maiores das aplicações da frente superior. Bata a ferro. Aplique o avesso das aplicações pelo direito das peças superiores da frente com pespontos rentes às bordas embainhadas.
• Prenda a pala pelo direito dos ombros da frente e da borda superior das costas.
• Una as palas laterais, direito sobre direito. Costure pelo centro das palas, de acordo com as marcações, deixando livre o trecho da abertura das cavas.
• Costure o direito da borda da parte interna da pala pelo avesso das bordas laterais da frente e das costas. Dobre as palas ao meio, avesso sobre avesso.
• Embainhe as bordas das partes externas das palas pelas bordas das costuras de montagem, bata a ferro e prenda com pespontos rentes. Pesponte rente às bordas costuradas e vincadas das palas.
• Costure o direito das aplicações pelo avesso das bordas das aberturas dos bolsos. Revire o avesso das aplicações sobre o direito dos bolsos, embainhe as bordas e prenda com pespontos.
• Embainhe as bordas laterais internas e inferiores dos bolsos. Aplique os bolsos nas peças da frente com pespontos rentes às bordas embainhadas. Alinhave os bolsos nas bordas superiores e laterais da frente.
• Una as peças inferiores da frente e das costas, separadamente, com uma costura pelo centro, deixando livre a abertura superior da frente.
• Feche as laterais inferiores e as entrepernas, unindo frente e costas.
• Junte as peças superiores e inferiores com uma costura.
• Costure o direito das aplicações pelo avesso das bordas dos traspasses do abotoamento e das bordas inferiores da frente direita. Revire o avesso das aplicações sobre o direito das peças, embainhe as bordas e prenda com pespontos rentes. Pesponte rente às bordas costuradas das aplicações.
• Faça o traspasse da carcela do lado direito sobre a carcela esquerda. Prenda o traspasse com pespontos pelas bordas inferiores.
• Embainhe as bordas do passador. Bata a ferro. Aplique o avesso do passador pelo direito do modelo com pespontos rentes às bordas superior e inferior embainhada.
• Feche as bordas menores dos acabamentos inferiores com uma costura, formando dois círculos. Vinque os acabamentos ao meio no comprimento, avesso sobre avesso. Prenda as bordas dos acabamentos pelo avesso das bordas inferiores das peças inferiores da frente e das costas.
• Revire os acabamentos para o direito das peças inferiores. Bata a ferro e prenda com uma costura sobre as costuras das entrepernas.
• Prepare a alça e introduza no passador.
• Abra as casas e pregue os botões.

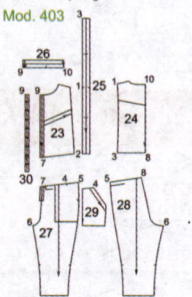

Mod. 403

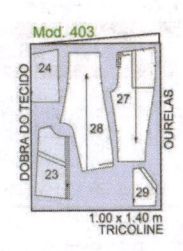

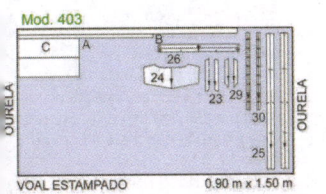

no decote, a montagem das carcelas nas aberturas das mangas, e dos punhos nas mangas, conforme as explicações de Dicas de Costura.
• Vire a bainha inferior para o avesso, embainhe a borda e prenda com pespontos.
• Abra as casas e pregue os botões.

Mod. 404

Mod. 404

MOLDE 033

✂✂✂
CAMISA
6 ANOS
PEÇAS: 38 a 45
LINHA DO MOLDE EM PRETO

FOLHA F
SUGESTÃO DE TECIDO: tricoline.
METRAGEM: 1,10 m x 1,50 m.
AVIAMENTOS: dez botões de 1 cm; 20 cm de entretela.
COMO CORTAR: distribua as peças no tecido, observando a planilha de corte. Camisa com 52 cm de comprimento.
PEÇAS: 38. FRENTE. 43. MANGA: corte as peças duas vezes. 39. BOLSO: corte uma vez. 40. COSTAS: separe a pala na linha marcada. Corte a pala duas vezes e o trecho inferior uma vez, sempre com o tecido dobrado na linha do centro. 41. COLARINHO. 42. PÉ DE COLARINHO: corte as peças duas vezes com o tecido e uma vez com a entretela dobrados na linha do centro. 44. ALÇA. 45. PUNHO: corte as peças quatro vezes no tecido e duas vezes na entretela. A. CARCELA DA MANGA: 16 cm x 6 cm, duas vezes.
MONTAGEM:
• Vire a bainha superior do bolso para o avesso, bata a ferro e prenda com pespontos. Embainhe as bordas laterais e inferiores do bolso. Aplique o bolso no lugar marcado na peças da frente esquerda com pespontos rentes às bordas laterais e inferiores.
• Una as palas das costas, direito sobre direito, com uma costura pelas bordas inferiores, prendendo a peça das costas. Revire as palas, avesso sobre avesso. Bata a ferro.
• Em seguida, monte as palas nos ombros da frente, da mesma maneira. Pesponte, rente às bordas costuradas das palas.
• Vinque os reforços e os acabamentos do abotoamento pelo avesso. Bata a ferro. Prenda com pespontos.
• Vinque as pregas das mangas, direito sobre direito, na direção das setas. Bata as pregas a ferro e prenda com alinhavos nas bordas das peças.
• Una as peças das alças, duas a duas, direito sobre direito, com uma costura pelas bordas, deixando livres as bordas de montagem. Revire as alças. Pesponte rente às bordas costuradas.
• Costure as alças nos lugares marcados pelo avesso das mangas.
• Feche as laterais das mangas. Monte as mangas nas cavas. Bata as costuras a ferro, virando as folgas sobre o avesso das cavas e prenda com pespontos a 0,5 cm.
• Feche as laterais com uma costura a partir das bordas inferiores das mangas.
• Faça a montagem do colarinho simples

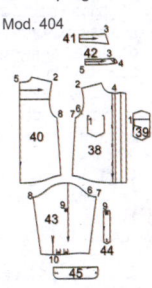

MOLDE 034

✂✂✂
COLETE
4/6/8 ANOS
PEÇAS: 31 e 32
LINHA DO MOLDE EM PRETO
4 ANOS
6 ANOS
8 ANOS

FOLHA F
SUGESTÃO DE TECIDO: laise.
FORRO: voal liso.
METRAGEM: Tecido – 0,50 m (4/6 anos) e 0,60 m (8 anos) x 1,40 m. Forro – 0,50 m (6/8 anos) e 0,60 (8 anos) x 1,50 m.
COMO CORTAR: distribua as peças no tecido e no forro, observando a planilha de corte. Colete com 35 cm de comprimento.
PEÇAS: 31. FRENTE: corte as peças duas vezes no tecido e no forro. 32. COSTAS: corte uma vez no tecido e no forro, formando peças inteiras. A. ABA: 5,5 cm x 11 cm, quatro vezes. B. FUNDO DO BOLSO: 18 cm x 11 cm, duas vezes.
MONTAGEM:
• Una as abas, duas a duas, direito sobre direito, com uma costura pelas bordas laterais e inferiores. Revire as abas e prenda com alinhavos acima da marcação da abertura.
• Coloque os fundos dos bolsos sobre o direito das marcações das aberturas. Costure as bordas menores dos fundos dos bolsos pelo direito das aberturas.
• Corte as aberturas, fazendo os piques dos cantos. Introduza os fundos dos bolsos pelas aberturas, deixando as abas pelo direito. Prenda os fundos dos bolsos pelo direito das folgas laterais das aberturas. Pesponte, pelo direito, rente às bordas laterais e inferiores das aberturas. Nas bordas inferiores, faça os pespontos, sem fechar as aberturas.
• Una os fundos dos bolsos, com uma costura pelas bordas laterais.
• Junte, frente e costas do tecido e do forro, separadamente, com uma costura pelos ombros. Em seguida, una as peças pelas bordas do decote, bordas dos traspasses e pelas bordas inferiores. Com outra costura, una as peças pelas cavas.
• Revire as peças. Junte frente e costas, direito sobre direito, com uma costura pelas laterais externas, deixando as

aberturas no forro.
• Embainhe as bordas das aberturas laterais do forro e prenda com uma costura.

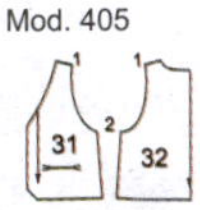

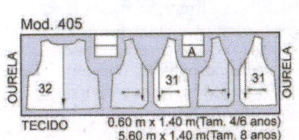

Mod. 405

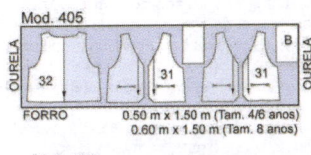

Mod. 405

MOLDE 035

✂✂
BLUSA
4/6/8 ANOS
PEÇAS: 4 e 5
LINHA DO MOLDE EM VERDE
4 ANOS
6 ANOS
8 ANOS

FOLHA G
SUGESTÃO DE TECIDO: voal ou cambraia.
METRAGEM: 0,70 m (4 anos) e 0,80 m (6/8 anos) x 1,50 m.
AVIAMENTOS: cinco botões forrados de 1,2 cm.
COMO CORTAR: copie os acabamentos. Distribua as peças no tecido, observando a planilha de corte. Blusa com 39 cm (4 anos), 41 cm (6 anos) e 43 cm (8 anos) de comprimento.
PEÇAS: 4. FRENTE: corte uma vez com o tecido dobrado na linha do centro. 5. COSTAS: corte duas vezes. A. VIÉS DO DECOTE: 39 cm (4 anos), 43 cm (6 anos) e 47 cm (8 anos) x 3 cm, uma vez. B. VIÉS DAS CAVAS: 32 cm (4 anos), 34 cm (6 anos) e 36 cm (8 anos) x 3 cm, duas vezes.
MONTAGEM:
• Vinque as pregas do decote, direito sobre direito, na direção das setas. Bata as pregas a ferro e prenda com alinhavos na borda da peça.
• Junte frente e costas, com uma costura pelos ombros.
• Feche as laterais das peças e dos acabamentos, separadamente.
• Costure o direito dos acabamentos pelo avesso das bordas dos traspasses e inferiores do modelo. Dê a costura a ferro, virando as folgas sobre o avesso dos acabamentos e prenda com pespontos rentes. Revire os acabamentos para o avesso. Embainhe a borda as prenda com pespontos.
• Feche as bordas menores do viés das cavas, formando dois círculos. Arremate o decote e as cavas com a montagem do viés de rolo, conforme Dicas de Costura.
• Abra as casas e pregue os botões.

Mod. 406

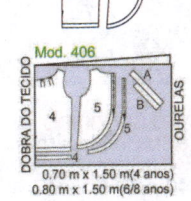

Mod. 406

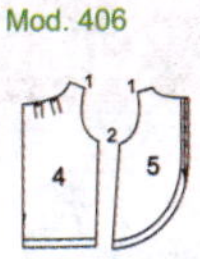

MOLDE 036

✂✂
BOLERO
6/8/10 ANOS
PEÇAS: 1 a 3
LINHA DO MOLDE EM PRETO
6 ANOS
8 ANOS
10 ANOS

FOLHA E
SUGESTÃO DE TECIDO: voal estampado e musselina paetizada.
METRAGEM: 6/8 anos – 0,40 m (estampado e paetizado) com 1,40 m de largura. 10 anos – 0,50 m (estampado e paetizado) com 1,40 m de largura. Molde para tecido com 50% de alongamento (veja em Dicas de Costura como calcular o alongamento).
AVIAMENTOS: 10 cm de malha de algodão.
COMO CORTAR: copie as peças de acordo com o tamanho escolhido. Distribua as peças nos diferentes tecidos, observando as planilhas de corte. Bolero com 23 cm (6 anos), 25 cm (8 anos) e 27 cm (10 anos) de comprimento.
PEÇAS: 1. FRENTE: corte duas vezes em cada tecido. 2. COSTAS: corte uma vez com cada tecido dobrado na linha do centro. 3. MANGA: corte duas vezes no tecido paetizado. ACABAMENTO DA FRENTE E COSTAS: 1,10 m (6 anos), 1,20 m (8 anos) e 1,30 m (10 anos) x 3,5 cm. ACABAMENTO DA MANGA: 28 cm (6 anos), 30 cm (8 anos) e 32 cm (10 anos) x 3,5 cm, duas vezes. ACABAMENTO DAS CAVAS: 37 cm (6 anos), 39 cm (8 anos) e 41 cm (10 anos) x 3,5 cm, duas vezes.
MONTAGEM:
• Feche os ombros e as laterais das peças externas e internas, separadamente, unindo frente e costas.
• Alinhave o direito do tecido paetizado pelo avesso do tecido estampado.
• Franza as bordas superiores das mangas até 9 cm (6 anos), 10 cm (8 anos) e 11 cm (10 anos) no trecho marcado.
• Franza as bordas inferiores das mangas até 7 cm no trecho marcado.
• Costure o direito dos acabamentos pelo avesso das bordas do decote, da abertura da frente e das bordas inferiores. Dobre os acabamentos ao meio para o direito do modelo, embainhe a borda e prenda com pespontos sobre a primeira costura.
• Monte os acabamentos nas mangas, conforme a montagem do acabamento maior. Feche as laterais das mangas. Monte as mangas nas cavas.
• Arremate as cavas com as tiras dos acabamentos de malha.

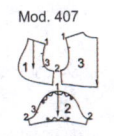

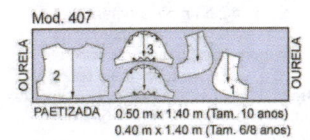

Mod. 407

Mod. 407

MOLDE 037

VESTIDO
10 ANOS
PEÇAS: 6 a 16
LINHA DO MOLDE EM VERMELHO

FOLHA G
SUGESTÃO DE TECIDO: viscolycra, voal estampado e malha paetizada. FORRO: liganete.
METRAGEM: Viscolycra – 1,00 m x 1,60 m. Voal estampado – 0,40 m x 1,50 m. Malha paetizada – 0,80 m x 1,40 m. Forro – 0,80 m x 1,60 m. Molde para malha com 100% de alongamento (veja em Dicas de Costura como calcular o alongamento).
AVIAMENTOS: linha para malha e agulha ponta bola; 80 cm de elástico.
COMO CORTAR: distribua as peças nos diferentes tecidos e no forro, observando as planilhas de corte. Vestido com 68 cm de comprimento.
PEÇAS: 6. NESGA CENTRAL DA FRENTE: corte uma vez com o tecido dobrado na linha do centro. 7. FRENTE INTERMEDIÁRIA. 9. FRENTE LATERAL. 12. COSTAS CENTRAIS. 13. COSTAS LATERAIS: corte as peças duas vezes na viscolycra: 8. NESGA LATERAL DA FRENTE: corte duas vezes no paetê. 10. PALA DA FRENTE: separe a peça na linha marcada. Corte o trecho do decote uma vez com o voal estampado, o paetê e o forro dobrados na linha do centro. Corte o trecho lateral duas vezes no voal estampado, no paetê e no forro. 11. NESGA CENTRAL DAS COSTAS E INTERMEDIÁRIA: corte três vezes no paetê. 14. PALA DAS COSTAS: corte uma vez com o voal, o paetê e o forro dobrados na linha do centro. 15. FRENTE INTERNA. 16. COSTAS INTERNAS: corte as peças uma vez com o forro dobrado na linha do centro. A. BARRA: 99 cm x 5,5 cm, duas vezes na viscolycra. B. ACABAMENTO DO DECOTE: 52 cm x 3,5 cm, uma vez na viscolycra. C. ACABAMENTO DA CAVA: 42 cm x 3,5 cm, duas vezes na viscolycra. D. LAÇO: 10 cm (duas vezes) e 16 cm (uma vez) x 9 cm no paetê. E. NÓ: 4 cm x 5 cm, três vezes no paetê.
MONTAGEM:
• Costure as nesgas laterais nas peças intermediárias e laterais da frente e das costas. Em seguida, prenda a nesga central nas peças intermediárias da frente e das costas, sempre coincidindo a numeração de montagem.
• Vinque as pregas, direito sobre direito, na direção das setas, deixando A sobre B. Costure as pregas, pelo avesso, no trecho marcado. Pesponte as pregas, pelo direito, rente às costuras das pregas.
• Para completar as peças externas, alinhave as peças paetizadas no avesso do voal das palas.
• Costure a pala do decote da frente nas peças inferiores da frente, prendendo as peças externas e de forro, separadamente.
• Costure o trecho das cavas da pala nas bordas da pala do decote e da frente inferior.
• Costure a pala das costas na borda superior das costas externas.
• Feche um dos ombros das peças externas e de forro, separadamente.
• Alinhave o forro sobre o avesso do decote externo.
• Vinque a tira do acabamento do decote ao meio no comprimento, avesso sobre avesso. Costure as bordas do acabamento pelo avesso do decote. Dobre o acabamento ao meio sobre o direito do decote e prenda com pespontos rentes, sobre a primeira costura.
• Feche o outro ombro.
• Junte frente e costas das peças externas e de forro, separadamente, com uma costura pelas laterais, deixando uma abertura em uma das costuras do forro. Inicie as costuras laterais a 1 cm das bordas das cavas.
• Junte tecido e forro com alinhavos nas cavas.
• Arremate as cavas com os acabamentos, de acordo com a montagem do acabamento no decote.
• Una as tiras da barra com uma costura pelas laterais.
• Prenda a barra nas bordas inferiores externas.
• Junte as peças externas e internas, direito sobre direito, com uma costura pelas bordas inferiores. Aplique uma tira de elástico de 72 cm sobre o avesso das folgas das costuras. Ao costurar, estique o elástico o quanto for necessário.
• Prepare três laços, prendendo as tiras das presilhas no centro. Prenda os laços na frente do modelo.

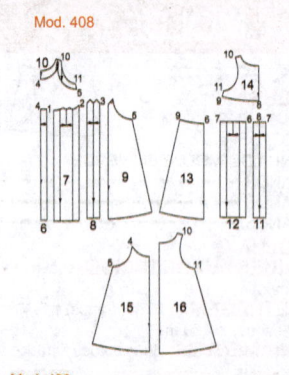

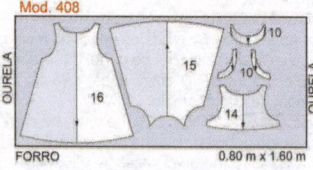

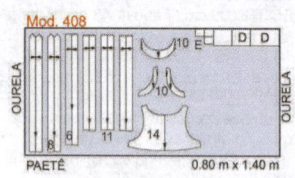

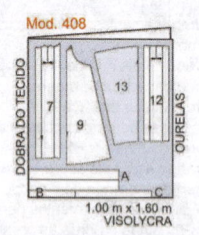

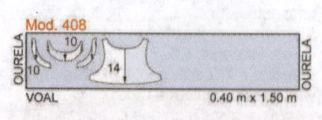

Mod. 408

Mod. 408 FORRO 0.80 m x 1.60 m

Mod. 408 PAETÊ 0.80 m x 1.40 m

Mod. 408 VISOLYCRA 1.00 m x 1.60 m

Mod. 408 VOAL 0.40 m x 1.50 m

MOLDE 038

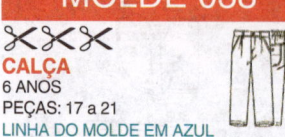

CALÇA
6 ANOS
PEÇAS: 17 a 21
LINHA DO MOLDE EM AZUL

FOLHA G
SUGESTÃO DE TECIDO: sarja.
METRAGEM: 1,10 m x 1,50 m.
AVIAMENTOS: um zíper metálico de 8 cm; dois botões de 1,8 cm e três de 1,2 cm; 40 cm x 2 cm de elástico caseado; 10 cm de entretela. COMO CORTAR: distribua as peças observando a planilha de corte. Calça com 80 cm de comprimento.
PEÇAS: 17. FRENTE. 18. FUNDO DO BOLSO. 19. COSTAS. 20. BOLSO DAS COSTAS: copie o fundo menor do bolso na linha marcada. Separe a pala das costas e o bolso das costas de acordo com as marcações. Corte todas as peças duas vezes. 21. CÓS: corte uma vez com o tecido e a entretela dobrados na linha do centro, sendo a borda do lado esquerdo da frente somente até à linha marcada. A. BRAGUILHA: 12 cm x 11 cm, uma vez. B. ACABAMENTO: 11 cm x 5 cm, uma vez. C. PRESILHA: 51 cm x 3,5 cm, uma vez.
MONTAGEM:
• Vinque as pregas da frente, direito sobre direito, na direção das setas, deixando A sobre B. Bata as pregas a ferro e prenda com alinhavos nas bordas superiores da frente.
• Costure o direito do fundo menor do bolso pelo direito da borda da abertura. Revire fundo menor para o avesso da frente. Faça pespontos duplos na borda da abertura. Una os fundos menor e maior do bolso, direito sobre direito, com uma costura contornando as bordas.
• Prenda as palas nas bordas superiores das costas. Vire as folgas da costura sobre o avesso das palas e prenda com pespontos duplos.
• Una as duas partes dos bolsos das costas com uma costura na linha de corte. Vire as bainhas superiores dos bolsos das costas para o avesso, embainhe as bordas e prenda com pespontos duplos. Embainhe as bordas laterais externas e as bordas inferiores dos bolsos. Prenda os bolsos nos lugares marcados nas peças das costas com pespontos rentes às bordas laterais internas e rentes às bordas inferiores embainhadas. Alinhave os bolsos nas bordas laterais das costas.
• Una as peças da frente e as peças das costas, separadamente, com uma costura pelo centro. Na frente, faça a costura a partir da marcação do final da abertura.
• Monte o zíper com braguilha na abertura do centro da frente, de acordo com Dicas de Costura. Faça pespontos duplos nas costuras do centro da frente e das costas, prendendo as folgas no avesso.
• Junte frente e costas com uma costura pelas entrepernas. Faça pespontos duplos nas costuras das entrepernas, prendendo as folgas no avesso. Feche as laterais.
• Prepare seis presilhas.
• Abra as casas da parte interna do cós com pontos caseados. Faça a montagem do cós batido na borda superior, prendendo as presilhas, de acordo com Dicas de Costura.
• Vire as bainhas inferiores para o avesso e prenda com pespontos. Abra a casa no cós e pregue os botões, sendo os botões menores internamente no cós.
• Introduza o elástico no passador das costas para o ajuste do cós.

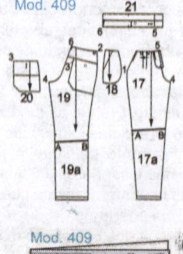

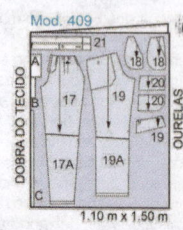

Mod. 409

Mod. 409 1.10 m x 1.50 m

MOLDE 039

BERMUDA
6 ANOS
PEÇAS: 33 a 37
LINHA DO MOLDE EM VERMELHO

FOLHA F
SUGESTÃO DE TECIDO: linho.
METRAGEM: 0,70 m x 1,50 m.
AVIAMENTOS: um zíper de metálico de 8 cm; dois botões de 2 cm e três de 1,4 cm; 50 cm x 2 cm de elástico caseado.
COMO CORTAR: distribua as peças, observando a planilha de corte. Short com 20 cm de altura de gancho e 43 cm de comprimento.
PEÇAS: 33. FRENTE. 34. FUNDO MAIOR DO BOLSO. 35. COSTAS: copie o fundo menor do bolso. Corte as peças duas vezes. 36. ABA: corte quatro vezes no tecido e duas vezes na entretela. 37. CÓS: corte uma vez com o tecido e o forro dobrados na linha do centro, sendo a borda do lado esquerdo da frente somente até à linha marcada. A. BRAGUILHA: 12 cm x 11 cm, uma vez. B. ACABAMENTO: 11 cm x 5 cm, uma vez. C. PRESILHA: 35 cm x 4 cm, uma vez.
MONTAGEM:
• Costure o direito dos fundos menores dos bolsos pelo direito das peças da frente com uma costura pelas bordas das aberturas. Revire os fundos menores para o avesso da frente. Bata a ferro.
• Una os fundos maiores e menores dos bolsos, direito sobre direito, com uma costura contornando as bordas.
• Vinque as pregas da frente, direito sobre direito, na direção das setas, deixando A sobre B. Bata as pregas a ferro e prenda com alinhavos nas bordas superiores da frente.
• Una as abas, duas a duas, direito sobre direito, com uma costura pelas bordas laterais e inferiores. Revire as abas. Pesponte a 0,7 cm das bordas costuradas. Prenda as abas pelo direito dos lugares marcados nas peças das costas.
• Una as peças da frente e das costas, separadamente, com uma costura pelo centro, sem fechar a abertura superior da frente.
• Junte frente e costas, com uma costura pelas laterais e, com outra costura, pelas entrepernas.
• Faça a montagem do zíper com braguilha na abertura central da frente de acordo com Dicas de Costura.
• Para o passador, abra as casas com pontos caseados nos lugares marcados na parte interna do cós. Arremate a borda inferior da parte interna do cós com uma bainha presa com pespontos.
• Vinque o cós, direito sobre direito. Costure as bordas dos traspasses. Revire o cós. Prenda o direito da borda da parte externa do cós pelo direito da borda superior. Pesponte, pelo direito, rente às bordas do cós, prendendo a borda da parte interna no avesso.
• Vinque a tira das presilhas ao meio no comprimento, direito sobre direito. Una as bordas maiores com uma costura. Revire a tira e pesponte rente às bordas maiores. Separe a tira em cinco partes iguais. Dobre as pontas das presilhas e prenda com pespontos de reforço nos lugares indicados.
• Vire a bainha inferior para o avesso, embainhe a borda e prenda com pespontos.
• Abra a casa, para o fechamento do cós. Pregue os botões, prendendo os botões menores na parte interna do cós, para fazer o ajuste.
• Introduza o elástico no cós.

MOLDE 040

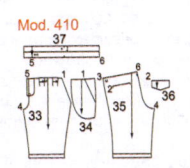

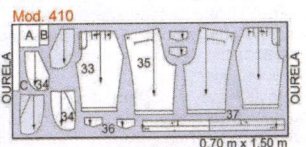

CAMISA
8 ANOS
PEÇAS: 4 a 14
LINHA DO MOLDE EM AZUL

FOLHA E
SUGESTÃO DE TECIDO: tafetá.
METRAGEM: 1,10 m x 1,50 m.
AVIAMENTOS: treze botões de 1,2 cm; 20 cm de entretela.
COMO CORTAR: distribua as peças no tecido, observando a planilha de corte. Deixe as linhas guias e o centro da frente sobre os mesmos tipos de listras do tecido, de tal maneira que as listras coincidam durante a montagem. Vestido com 54 cm de comprimento.
PEÇAS: 4. FRENTE: corte duas vezes, sendo a peça do lado direito somente até a linha marcada. 5. BOLSO. 12. ALÇA DA MANGA 13. MANGA: corte as peças duas vezes. 6. ABA: corte quatro vezes no tecido e duas vezes na entretela. 7. PRESILHA: corte três vezes. 8. CARCELA DO ABOTOAMENTO: corte uma vez. 9. COSTAS: separe a pala na linha marcada. Corte a pala duas vezes e o trecho inferior da peça uma vez, sempre com o tecido dobrado na linha do centro. 10. COLARINHO. 11. PÉ DE COLARINHO: corte as peças duas vezes com o tecido e uma vez com a entretela dobrados na linha do centro. 14. PUNHO: corte duas vezes no tecido e na entretela. A. ACABAMENTO: 10 cm x 3 cm, duas vezes.

MONTAGEM:
• Vire as bainhas superiores dos bolsos para o avesso, bata a ferro e prenda com pespontos.
• Embainhe as bordas laterais e inferiores dos bolsos. Prenda os bolsos nos lugares indicados nas peças da frente com pespontos rentes às bordas laterais e inferiores embainhadas.
• Una as abas, duas a duas, direito sobre direito, com uma costura pelas bordas laterais e inferiores. Revire as abas. Pesponte a 0,7 cm das bordas costuradas.
• Prenda as abas pelo direito dos lugares indicados nas peças da frente. Revire as abas para baixo e pesponte a 0,7 cm da costura de montagem.
• Una as palas das costas, direito sobre direito, com uma costura pelas bordas inferiores, prendendo a borda superior das costas. Revire as palas, avesso sobre avesso. Costure o direito da borda da parte interna da pala pelo avesso da frente. Embainhe a borda da parte externa da pala pelo direito dos ombros da frente, bata a ferro e prenda com pespontos rentes.
• Costure o direito da carcela pelo avesso das bordas dos traspasses. Revire o avesso das carcelas sobre o direito das peças da frente. Pesponte rente às bordas dos traspasses. Embainhe as bordas das partes externas das carcelas sobre o direito das peças da frente, bata a ferro e prenda com pespontos rentes.
• Faça a montagem do colarinho simples no decote, de acordo com Dicas de Costura.
• Monte as mangas nas cavas. Vire as folgas das costuras sobre o avesso das cavas da frente e das costas. Prenda as folgas com pespontos a 0,7 cm das cavas.
• Junte, frente e costas, com uma costura pelas laterais, a partir das bordas inferiores das mangas.
• Arremate as aberturas das mangas com a montagem das tiras dos acabamentos pelo direito e pelo avesso da abertura.
• Vinque as pregas das bordas inferiores das mangas, direito sobre direito, na direção das setas. Bata as pregas a ferro e prenda com alinhavos.
• Monte os punhos nas mangas, de acordo com Dicas de Costura.
• Vinque as presilhas, direito sobre direito. Una as bordas com uma costura, deixando livres as bordas superiores. Revire as presilhas e prenda nos lugares marcados.
• Faça a bainha inferior.
• Abra as casas e pregue os botões.

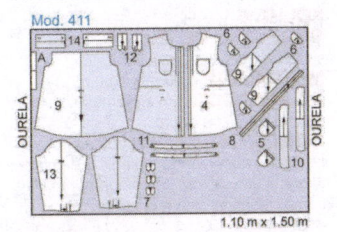

MOLDE 041

CALÇA
8 ANOS
PEÇAS: 22 a 27
LINHA DO MOLDE EM VERDE

FOLHA C
SUGESTÃO DE TECIDO: tricoline.
METRAGEM: 1,00 m x 1,50 m.
AVIAMENTOS: cinco botões de 1,5 cm. 40 cm x 3,5 cm de elástico.
COMO CORTAR: copie o acabamento da abertura lateral da frente e o fundo do bolso. Distribua as peças no tecido, observando a planilha de corte. Calça com 75 cm de comprimento.
PEÇAS: 22. FRENTE. 25. COSTAS. 27. CARCELA DO ABOTOAMENTO: corte as peças duas vezes. 23. FRENTE CENTRAL. 24. CÓS DA FRENTE. 26. COSTAS CENTRAIS: corte as peças uma vez com o tecido dobrado na linha do centro.

MONTAGEM:
• Costure o direito de um dos fundos do bolso pelo direito das bordas da abertura lateral da frente. Revire o fundo do bolso para o avesso da frente. Pesponte a 0,7 cm da borda da abertura.
• Una os fundos do bolso, direito sobre direito, com uma costura contornando as bordas.
• Junte frente e costas, com uma costura pelas laterais, deixando livres as aberturas dos bolsos.
• Costure a borda inferior de uma tira de elástico de 38 cm pelo avesso da borda do passador superior, esticando o elástico o quanto for necessário.
• Vire o elástico e o passador para o avesso e prenda com pespontos, sempre distendendo o elástico. Pesponte a 0,7 cm da borda superior do passador.
• Vinque a carcela ao meio no comprimento, direito sobre direito. Una as bordas superiores e inferiores com uma costura.
• Prenda a borda da parte interna da carcela pelo avesso da frente lateral. Embainhe a borda da parte externa da carcela pelo direito da costura de montagem e prenda com pespontos rentes.
• Costure o direito dos acabamentos pelo direito das bordas laterais da frente central.
• Prenda a frente e as costas centrais nas bordas das peças laterais da frente e das costas, sem fechar as aberturas da frente.
• Revire o acabamento da abertura para o avesso da frente central. Pesponte as peças centrais, pelo direito, rente às costuras de montagem, prendendo as folgas no avesso.
• Vinque o cós da frente, direito sobre direito. Una as bordas dos traspasses com uma costura. Revire o cós. Costure o direito da borda da parte interna do cós pelo avesso da borda superior da frente. Vinque o cós, avesso sobre avesso. Embainhe a borda da parte externa do cós pelo direito da costura de montagem, bata a ferro e prenda com alinhavos. Pesponte, pelo direito, rente às bordas do cós, prendendo a borda embainhada.
• Faça as bainhas inferiores.
• Abra as casas e pregue os botões.

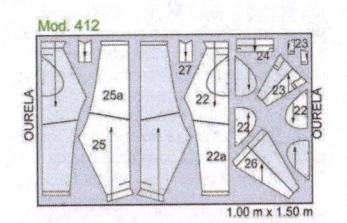

MOLDE 042

BATA
8 ANOS
PEÇA: 27
LINHA DO MOLDE EM VERDE

FOLHA E
SUGESTÃO DE TECIDO: laise. FORRO: tule stretch
METRAGEM: 0,60 m (tecido e forro) x 1,40 m. Molde para forro com 60% de alongamento (veja em Dicas de Costura como calcular o alongamento).
COMO CORTAR: distribua as peças no tecido e no forro, observando as planilhas de corte. Bata com 50 cm de comprimento.
PEÇA: 27. FRENTE E COSTAS: corte duas vezes no tecido e no forro, formando peças inteiras. A. BABADOS: 33 cm (primeiro), 37 cm (segundo), 40 cm (terceiro) e 44 cm (quarto) x 1,8 cm, uma vez, cada tira. B. ALÇAS: 40 cm x 3,5 cm, quatro vezes.

MONTAGEM:
• Arremate as bordas maiores dos babados com overloque.
• Franza as bordas superiores dos babados o suficiente para a montagem nos lugares marcados no decote da frente.
• Aplique o avesso das bordas superiores dos babados com pespontos sobre o direito dos lugares marcados na frente externas.
• Junte frente e costas das peças de tecido e de forro, separadamente, com uma costura pelas laterais.
• Vinque as alças ao meio no comprimento, direito sobre direito. Una as bordas maiores com uma costura. Revire as alças. Faça pespontos duplos no centro das alças.
• Junte tecido e forro, direito sobre direito, com uma costura pelas bordas superiores, prendendo as alças nos lugares marcados. Revire as peças, avesso sobre avesso.
• Faça as bainhas inferiores.

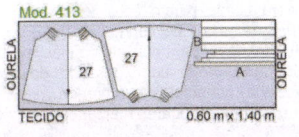

MOLDE 043

BERMUDA
10 ANOS
PEÇAS: 15 a 19
LINHA DO MOLDE EM VERMELHO

FOLHA E
SUGESTÃO DE TECIDO: sarja ou brim. FORRO: tricoline.
METRAGEM: Tecido – 0,80 m x 1,50 m. Forro – 0,40 m x 1,50 m.
AVIAMENTOS: um zíper de 10 cm; quatro botões de 1,5 cm; 60 cm x 2 cm de elástico perfurado
COMO CORTAR: copie o acabamento da abertura e o espelho do fundo do bolso. Distribua as peças no tecido o no forro, observando as planilhas de corte. Bermuda com 43 cm de comprimento, sendo 3 cm abaixo da cintura.
PEÇAS: 15. FRENTE. 17. COSTAS. 18. BOLSO DAS COSTAS: corte as peças duas vezes. 16. FUNDO DO BOLSO: corte as peças duas vezes. 19. CÓS: corte uma vez com o tecido dobrado na linha do centro. A. BRAGUILHA: 15 cm x 8 cm, uma vez. B. ACABAMENTO: 14 cm x 4,5 cm, uma vez. C. PRESILHA: 40 cm x 5 cm, uma vez.
10 ANOS

MONTAGEM:
• Faça a montagem do bolso americano nas peças da frente, conforme Dicas de Costura.
• Vire a bainha superior do bolso das costas para o avesso e prenda com pespontos. Embainhe as bordas laterais e inferiores dos bolsos das costas. Aplique os bolsos nos lugares indicados nas peças das costas com pespontos duplos pelas bordas laterais e inferiores.
• Una as peças da frente e das costas,

separadamente, com uma costura pelo centro, deixando livre a abertura superior da frente.
• Monte o zíper com braguilha na abertura do centro da frente, de acordo com Dicas de Costura.
• Faça pespontos duplos sobre as costuras centrais da frente e das costas, prendendo as folgas no avesso.
• Junte frente e costas com uma costura pelas laterais. Vire as folgas das costuras laterais sobre o avesso das costas e prenda com pespontos duplos.
• Feche as entrepernas, unindo frente e costas.
• Embainhe as bordas maiores da tira da presilha para o avesso, coincidindo no centro da tira. Faça pespontos duplos no centro da tira, prendendo as bordas no avesso. Separe a tira em cinco partes iguais. Prenda as pontas inferiores das presilhas pelo direito dos lugares marcados nas bordas superiores da frente e das costas.
• Abra as casas da parte interna do cós, para o passador do elástico.
• Vinque o cós, direito sobre direito. Costure as bordas dos traspasses. Revire o cós. Prenda o direito da borda da parte interna do cós pelo avesso da borda superior. Embainhe a borda da parte externa do cós pelo direito da costura de montagem, bata a ferro e prenda com alinhavos. Faça pespontos duplos, pelo direito, contornando as bordas do cós.
• Vire as presilhas sobre o cós, embainhe a borda e prenda com pespontos de reforço.
• Faça as bainhas inferiores.
• Abra a casa, faça o fechamento do cós.
• Pregue os botões, sendo dois botões internamente, para o ajuste do elástico.
• Introduza o elástico no passador do cós. Dobre as pontas do cós e prenda com pespontos nos lugares marcados.

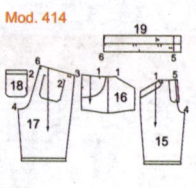

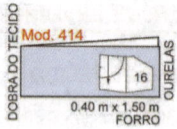

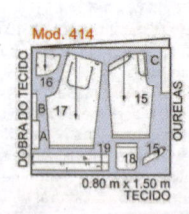

de 1,2 cm; 50 cm x 2 cm de elástico caseado; cola para couro e linha 100% poliamida.
COMO CORTAR: copie o espelho, o acabamento da abertura e o acabamento inferior das costas. Distribua as peças no couro e no forro, observando as planilhas de corte. Short com 33 cm de comprimento, sendo 5 cm abaixo da cintura.
CUIDADOS COM O COURO
Antes de tudo, faça uma prova em tecido, para conferir o caimento da peça e fazer os ajustes que forem necessários. Em seguida, faça um teste em um retalho do mesmo couro para ajustar o ponto da sua máquina. Somente faça a costura quando tiver absoluta certeza do local a ser costurado, pois ela não poderá ser desmanchada O primeiro passo é soltar a pressão do pé calcador, seguindo o manual da sua máquina. Em seguida, regule o ponto da máquina para 3 ou 4. Use agulha 14 ou 16 ou com número compatível com a espessura do couro e linha 100% poliéster ou poliamida. Para facilitar o deslize da sapatilha no caso do couro liso, lubrifique o couro com um pedaço de algodão embebido em silicone, porém sem encharcar ou, então, aplique um pouco de talco ou papel manteiga, no esteja usando camurça. Finalmente, capriche no acabamento colando as folgas das costuras e as bainhas com cola especial para couro.
PEÇAS: 28. FRENTE. 30. COSTAS: separe a pala das costas. Corte as peças duas vezes. 29. FUNDO DO BOLSO: copie o fundo menor do bolso. Corte os fundos menor e maior do bolso duas vezes no forro. 31. CÓS: corte duas vezes no forro e uma vez no tecido, não revirando o molde na linha do centro, sendo a borda do lado esquerdo da frente somente até a linha marcada. A. BRAGUILHA: 14 cm x 9 cm, uma vez. B. ACABAMENTO: 13 xcm x 4,5 cm, uma vez. C. PRESILHA: 45 cm x 4,5 cm, uma vez.
MONTAGEM:
• Faça a montagem do bolso americano nas peças da frente, prendendo o acabamento no fundo menor e o espelho no fundo maior do bolso.
• Prenda as palas nas bordas superiores das costas. Vire as folgas sobre o avesso das palas e prenda com pespontos duplos.
• Una as peças da frente e das costas com uma costura pelo centro, sem fechar a abertura central da frente.
• Faça a montagem do zíper com braguilha na abertura do centro da frente, conforme as explicações de Dicas de Costura. Reforce as costuras centrais da frente e das costas com pespontos duplos.
• Prenda o direito dos acabamentos pelo direito das bordas inferiores das costas.
• Junte frente e costas com uma costura pelas entrepernas, prendendo o direito do acabamento das costas sobre o avesso da frente.
• Feche as laterais, deixando livre a abertura inferior.
• Vire a bainha inferior da frente e os acabamentos das costas para o avesso. Pesponte a 0,7 cm das bordas do traspasse externo da abertura lateral das costas e das bordas inferiores.
• Vire as bordas do traspasse interno da frente para avesso e prenda com pespontos.
• Faça pespontos duplos sobre as costuras laterais.
• Vinque a tira das presilhas ao meio no comprimento, avesso sobre avesso. Pesponte rente à borda vincada. Embainhe 1 cm das bordas da tira para o avesso e prenda com pespontos. Separe a tira em cinco partes iguais. Cole as pontas inferiores das presilhas pelo direito dos lugares marcados na frente e nas costas.
• Abra as casas na parte interna do cós.
• Monte o cós curvo na borda superior, prendendo as presilhas.
• Vire as presilhas para cima, sobre o cós, dobre as pontas e prenda com pespontos rentes.
• Abra a casa e pregue os botões nos lugares marcados, sendo dois menores internamente.
• Introduza uma tira de elástico de 44 cm pelas aberturas internas do cós, para o ajuste da cintura.

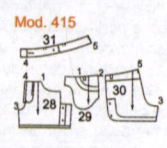

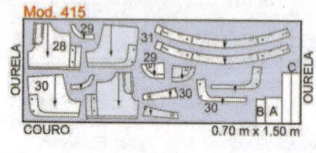

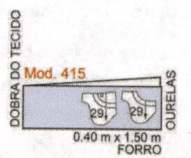

MOLDE 045
✂✂✂✂
JAQUETA
10 ANOS
PEÇAS: 20 a 26
LINHA DO MOLDE EM VERDE
FOLHA E
SUGESTÃO DE TECIDO: couro sintético.
METRAGEM: 0,90 m x 1,50 m.
AVIAMENTOS: um zíper destacável de 25 cm; cola para couro
COMO CORTAR: distribua as peças no couro, observando a planilha de corte. Jaqueta com 35 cm de comprimento. Veja como trabalhar com o couro no modelo 415.
PEÇAS: 20. FRENTE: corte uma vez, para o lado direito. Para o lado esquerdo: separe o molde na linha marcada. Corte o trecho central três vezes, sendo uma das peças para o acabamento do lado direito. Corte o trecho lateral uma vez. 21. COSTAS: separe a peça nas linhas marcadas. Corte a pala duas vezes e o trecho central uma vez, sempre revirando os moldes nas linhas do centro. Corte o trecho lateral duas vezes. 22. GOLA: corte duas vezes, revirando o molde na linha do centro. 23. MANGA. 24. PUNHO: corte as peças duas vezes. 25. CÓS MENOR. 26. CÓS MAIOR: corte as peças uma vez.
MONTAGEM:
• Prenda as peças laterais nas costas centrais. Abra as costuras, virando as folgas sobre o avesso. Pesponte, pelo direito, rente às costuras, prendendo as folgas no avesso.
• Costure o direito da borda inferior da parte externa da pala pelo direito das bordas superiores das costas, prendendo a borda da pala interna no avesso. Vire as folgas da costura sobre o avesso da pala externa e prenda com pespontos duplos.
• Feche as laterais, unindo frente e costas.
• Costure o direito da borda da parte externa do cós maior pelo direito da borda inferior da frente e das costas.
• Prenda o direito da folga do lado direito do zíper pelo direito da borda do traspasse externo.
• No lado direito da frente, prenda a borda inferior do acabamento da frente direita na borda da parte interna do cós maior.
• Costure o direito da borda acabamento da frente direita e a borda da parte interna do cós maior, prendendo a borda da folga do zíper preso no traspasse externo.
• Costure o cós menor pelo direito das bordas inferiores da frente central, prendendo as peças externas e de acabamento, separadamente.
• Una as peças externa e interna central, direito sobre direito, vincando o cós inferior. Costure as bordas do traspasse interno.
• Costure a parte externa central da frente na frente lateral esquerda, prendendo o zíper no lugar marcado. Prossiga com a costura unindo as partes internas do cós menor e maior.
• Vire as folgas da costura sobre o avesso da frente lateral esquerda e prenda com pespontos a 0,7 cm.
• Costure os ombros da pala no direito dos ombros da frente. Vire as folgas sobre a pala e prenda com pespontos duplos.
• Una as peças da gola, direito sobre direito, com uma costura pelas bordas superiores e laterais. Revire a gola.
• Prenda o direito da borda da parte externa da gola pelo direito do decote.
• Vire os acabamentos para o direito do modelo sobre a gola e prenda com uma costura no decote, até o número 2 de junção.
• Revire os acabamentos para o avesso. Embainhe a borda da parte interna da gola no avesso do decote e prenda com pespontos rentes.
• Feche as laterais das mangas e dos punhos, separadamente, unindo as bordas, direito sobre direito.
• Costure as bordas dos punhos pelo direito das bordas inferiores das mangas. Revire as folgas sobre o avesso das mangas e prenda com pespontos rentes.
• Monte as mangas nas cavas. Vire as folgas sobre o avesso das cavas da frente e das costas e prenda com pespontos duplos.

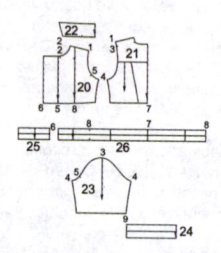

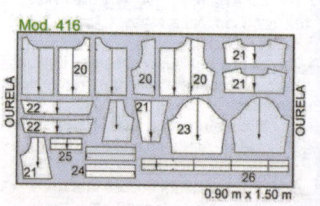

MOLDE 046
✂✂✂
SHORT
8 Anos
PEÇAS: 4 a 8
LINHA DO MOLDE EM VERMELHO
FOLHA F
SUGESTÃO DE TECIDO: poliéster bordado.
METRAGEM: 0,80 m x 1,40 m.
AVIAMENTOS: um zíper de 10 cm; dois botões de 1,8 cm; 30 cm x 3 cm de elástico; 10 cm de entretela.
COMO CORTAR: copie o bolso das costas. Distribua as peças no tecido, observando a planilha de corte. Short com 24 cm de altura de gancho e 31 cm de comprimento.
PEÇAS: 4. FRENTE. 5. FUNDO DO BOLSO. 7. COSTAS. 8. CÓS INFERIOR: copie o fundo menor do bolso. Corte todas as peças duas vezes. 6. CÓS DA

MOLDE 044
✂✂✂
SHORT
10 ANOS
PEÇAS: 28 a 31
LINHA DO MOLDE EM VERMELHO
FOLHA E
SUGESTÃO DE TECIDO: couro sintético. FORRO: tricoline.
METRAGEM: Tecido – 0,70 m x 1,50 m. Forro – 0,40 m x 1,50 m. Molde para couro com 30% de alongamento (veja em Dicas de Costura como calcular o alongamento).
AVIAMENTOS: um zíper de 10 cm; dois botões metálicos de 2,2 cm, cinco botões metálicos de 1,5 cm e três botões

FRENTE: corte duas vezes no tecido e na entretela. A. BRAGUILHA: 14 cm x 11 cm, uma vez. B. ACABAMENTO: 13 cm x 5 cm, duas vezes. D. LAÇO: 19 cm x 6 cm, duas vezes. C. PRESILHA: 5 cm x 3 cm, duas vezes.

MONTAGEM:
• Costure o direito do fundo menor do bolso pelo direito da borda da abertura da peça da frente. Revire o fundo do bolso para o avesso da frente. Pesponte rente à borda da abertura.
• Una os fundos menor e maior do bolso, direito sobre direito, com uma costura contornando as bordas.
• Franza a borda superior da frente o suficiente para a montagem no trecho marcado no cós.
• Faça uma bainha nas bordas superiores dos bolsos presa com pespontos. Embainhe as bordas laterais e inferiores dos bolsos. Aplique os bolsos nos lugares marcados nas peças das costas com pespontos duplos pelas bordas laterais e inferiores.
• Una as peças da frente e as peças das costas, separadamente, com uma costura pelo centro, sem fechar a abertura superior da frente.
• Faça a montagem do zíper com braguilha na abertura central da frente.
• Vinque as presilhas ao meio no comprimento, direito sobre direito. Una as bordas maiores com uma costura. Revire as presilhas. Pesponte rente às bordas maiores.
• Alinhave as pontas inferiores das presilhas pelo direito dos lugares marcados nas peças da frente.
• Vinque o cós da frente, direito sobre direito. Costure as bordas do traspasse do abotoamento.
• Junte frente e costas com uma costura pelas laterais, unindo as bordas laterais do passador das costas e as bordas laterais do cós. Com outra costura, feche as entrepernas.
• Prenda uma tira de 28 cm de elástico pelo avesso da borda do passador das costas e das costuras laterais, esticando o elástico o quanto for necessário.
• Vinque o cós da frente e o passador para o avesso. Pesponte, pelo direito rente às bordas do cós da frente, prendendo a borda interna no avesso. Prenda o passador com pespontos no avesso das costas, esticando o elástico o quanto for necessário.
• Vire as presilhas sobre o cós, dobra as pontas superiores e prenda com pespontos de reforço.
• Franza as bordas inferiores o suficiente para a montagem do cós.
• Feche as bordas menores do cós inferior, formando dois círculos. Vinque o cós ao meio, avesso sobre avesso. Costure as bordas do cós pelo direito das bordas inferiores.
• Vinque a tira do laço ao meio no comprimento. Una as bordas com uma costura, deixando uma abertura. Revire o laço, embainhe as bordas da abertura e prenda com pontos à mão.
• Pregue os laços com pespontos pelo centro nas laterais do modelo, sobre o cós.
• Abra a casa e pregue o botão.

Mod. 417

Mod. 417
0.80 m x 1.40 m

MOLDE 047

VESTIDO
8 ANOS
PEÇAS: 28 a 39
LINHA DO MOLDE EM PRETO

FOLHA G
SUGESTÃO DE TECIDO: popeline (xadrez e listrada).
METRAGEM: 1,00 m (xadrez) e 0,40 m (listrada) x 1,50 m.
AVIAMENTOS: nove botões de 1 cm; 30 cm de entretela.
COMO CORTAR: distribua as peças no tecido, observando as planilhas de corte. Vestido com 35 cm de comprimento, a partir da cintura.
PEÇAS: 28. FRENTE SUPERIOR CENTRAL. 29. FRENTE SUPERIOR LATERAL. 30 - BOLSO. 36. MANGA: corte as peças duas vezes. 31. ACABAMENTO DO BOLSO. 32. CARCELA. 37. ALÇA: corte as peças duas vezes no tecido e na entretela. 33. COSTAS: separe a pala na linha marcada. Corte a pala e o trecho inferior da peça uma vez com o tecido dobrado pelo centro. 34. COLARINHO. 35. PÉ DE COLARINHO: corte as peças duas vezes com o tecido e uma vez com a entretela dobrados pelo centro. 38. CÓS. 39. FRENTE E COSTAS INFERIORES: corte as peças duas vezes com o tecido dobrado na linha do centro. A. PRESILHA: 20 cm x 4 cm, uma vez.

MONTAGEM:
• Feche as pences.
• Junte as peças centrais e laterais superiores da frente com uma costura. Vire as folgas da costura sobre o avesso das peças laterais e prenda com pespontos a 0,7 cm.
• Feche as pences dos bolsos. Costure o direito do acabamento pelo direito da borda superior do bolso. Vinque o acabamento ao meio para o avesso do bolso. Pesponte, pelo direito, rente à costura de montagem do acabamento superior, prendendo a borda da parte interna no avesso.
• Embainhe as bordas laterais e inferiores dos bolsos. Aplique os bolsos nas peças superiores da frente com pespontos rentes às bordas laterais e inferiores.
• Costure o direito das bordas internas das carcelas pelo avesso das peças da frente. Vinque as carcelas, avesso sobre avesso. Embainhe as bordas das partes externas das carcelas pelo direito das costuras de montagem, bata a ferro e prenda com pespontos rentes.
• Prenda a pala nas bordas superiores das costas. Vire as folgas sobre o avesso da pala e prenda com pespontos duplos.
• Feche os ombros e as laterais, unindo frente e costas.
• Faça a montagem do colarinho com pé no decote.
• Franza as bordas superiores das mangas no trecho marcado.
• Vinque as alças, direito sobre direito. Una as bordas externas com uma costura, deixando livres as bordas de montagem. Revire as alças. Pesponte rente às bordas costuradas.
• Embainhe as bordas de montagem das alças. Aplique as alças pelo avesso dos lugares marcados nas mangas.
• Feche as laterais das mangas. Monte as mangas nas cavas.
• Junte frente e costas das peças do cós e das peças inferiores com uma costura pelas laterais.
• Faça o traspasse do abotoamento. Una as bordas inferiores traspassadas com alinhavos.
• Vinque a tira das presilhas ao meio no comprimento, direito sobre direito. Una as bordas maiores com uma costura. Revire a tira e centralize a costura. Separe a tira em quatro partes iguais.
• Costure o cós pelo direito das peças superiores, prendendo as presilhas. Com outra costura, prenda o cós pelo direito das peças inferiores.
• Vire as bainhas para o avesso e prenda com pespontos.
• Abra as casas e pregue os botões.

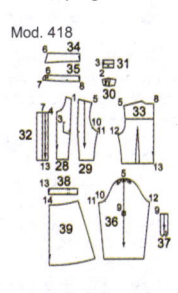

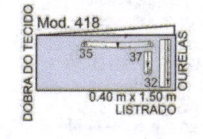

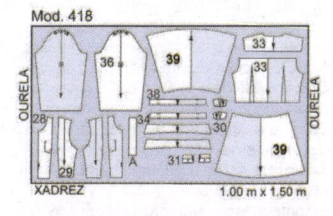

Mod. 418

Mod. 418
0.40 m x 1.50 m
LISTRADO

Mod. 418
XADREZ 1.00 m x 1.50 m

MOLDE 048

VESTIDO
6 ANOS
PEÇAS: 40 a 45
LINHA DO MOLDE EM VERMELHO

FOLHA G
SUGESTÃO DE TECIDO: plush cotelê de malha.
METRAGEM: 1,00 m x 1,40 m.
AVIAMENTOS: 3,20 m de sinhaninha; cinco botões de 1,3 cm; 30 cm de entretela; linha para malha e agulha ponta bola.
COMO CORTAR: copie os acabamentos e corte-os no tecido Distribua as peças no tecido, observando a planilha de corte. Vestido com 46 cm de comprimento, a partir da cintura.
PEÇAS: 40. FRENTE SUPERIOR. 45. CÓS: corte as peças uma vez com o tecido dobrado na linha do centro. 41. COSTAS SUPERIORES 44 - CARCELA DO ABOTOAMENTO: corte cada peça duas vezes. 42. GOLA DA FRENTE: corte duas vezes com o tecido e uma vez com a entretela dobrados na linha do centro. 40. GOLA DAS COSTAS: corte quatro vezes no tecido e duas vezes na entretela. A. FRENTE E COSTAS INFERIORES: 40 cm x 40 cm, duas vezes. B. BARRA: 14 cm x 40 cm, duas vezes.

MONTAGEM:
• Feche os ombros e as laterais das peças e dos acabamentos, separadamente.
• Junte, frente e costas das peças da gola com uma costura, prendendo as peças externas e internas, separadamente.
• Junte as partes externas e internas da gola, direito sobre direito, com uma costura pelas bordas inferiores, prendendo a sinhaninha, e pelas bordas laterais. Revire a gola e prenda com alinhavos no decote.
• Vinque as carcelas do abotoamento, direito sobre direto. Una as bordas superiores com uma costura. Revire as carcelas.
• Costure as bordas das carcelas pelo direito das bordas do centro das costas.
• Prenda o direito dos acabamentos no decote, sobre a gola. Em seguida, prenda o direito das bordas dos acabamentos sobre o avesso da costura de montagem da carcela nas peças das costas.
• Monte os acabamentos nas cavas. Revire os acabamentos para o avesso. Pesponte a 0,7 cm do decote. Prenda as bordas dos acabamentos pelo avesso das cavas.
• Una as peças inferiores e as peças da barra com uma costura pelas bordas laterais.
• Vinque a barra ao meio, avesso sobre avesso, unindo as bordas maiores. Costure as bordas da barra pelo direito da borda inferior, prendendo a sinhaninha.
• Franza as bordas superiores das peças inferiores o suficiente para a montagem nas peças superiores.
• Alinhave uma tira de sinhaninha pelo direito das bordas franzidas.
• Alinhave outra tira de sinhaninha pelo direito das bordas superiores do cós.
• Costure o direito da borda superior do cós pelo direito do lugar marcado na frente e nas costas superiores. Revire o avesso do cós sobre o direito das peças superiores.
• Faça o traspasse do abotoamento das costas. Alinhave as bordas traspassadas.
• Monte as peças superiores nas inferiores. Pesponte o cós, pelo direito, a 0,7 cm das bordas superiores e inferiores do cós.
• Abra as casas e pregue os botões.

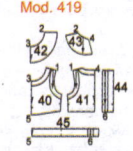

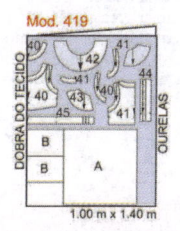

Mod. 419

Mod. 419
1.00 m x 1.40 m

MOLDE 049

CALÇA
6 Anos
PEÇAS: 1 a 8
LINHA DO MOLDE EM AZUL

FOLHA H
SUGESTÃO DE TECIDO: viscose stretch
METRAGEM: 1,10 m x 1,50 m.
AVIAMENTOS: oito botões de 2 m; 30 cm de malha sanfonada; 1,00 m de cadarço; linha para pesponto.
COMO CORTAR: distribua as peças no tecido, observando a planilha de corte. Calça com 71 cm de comprimento.
PEÇAS: 1. FRENTE. 2. BOLSO DA FRENTE. 3. COSTAS. 4. BOLSO LATERAL. 6. BOLSO DAS COSTAS: corte as peças duas vezes. 5. ABA LATERAL. 7. ABA DAS COSTAS: corte as peças quatro vezes no tecido e duas vezes na entretela. 8. CÓS: corte uma vez com a malha sanfonada dobrada na linha do centro. A. FOLE DAS COSTAS: 43 cm x 4 cm, duas vezes. B. FOLE LATERAL: 49 cm x 4 cm, duas vezes.

MONTAGEM:
• Vinque o acabamento do bolso da frente para o avesso, embainhe a borda e prenda com pespontos.
• Embainhe as bordas inferiores e laterais internas dos bolsos. Aplique os bolsos com alinhavos nas peças da frente. Pesponte rente às bordas embainhadas. Alinhave os bolsos nas laterais da frente.

- Una as peças da frente e das costas com uma costura pelo centro. Vire as folgas da falsa abertura central da frente sobre o avesso da peça do lado esquerdo e prenda com pespontos, de acordo com a marcação.
- Pesponte rente às costuras centrais da frente e das costas, prendendo as folgas no avesso.
- Junte, frente e costas, com uma costura pelas laterais.
- Costure os foles nas bordas laterais e inferiores dos bolsos laterais e das costas. Vire os foles para o avesso dos bolsos. Pesponte rente à costura de montagem do fole.
- Vire as bainhas das bordas superiores dos bolsos e foles para o avesso. Prenda com pespontos. Embainhe as bordas dos foles para o avesso. Bata a ferro. Aplique os bolsos nos lugares marcados nas laterais e nas costas com pespontos rentes às bordas embainhadas dos foles.
- Bata os bolsos a ferro, vincando os foles ao meio e prenda com pespontos rentes às bordas laterais superiores.
- Una as abas, duas a duas, direito sobre direito, com uma costura pelas bordas laterais e inferiores. Revire as abas. Pesponte a 0,7 cm das bordas laterais e inferiores.
- Costure as bordas superiores das abas pelo direito dos lugares indicados nas laterais e nas costas. Vire as abas para baixo e pesponte a 0,7 cm da costura de montagem.
- Junte, frente e costas pelas entrepernas.
- Feche as bordas do centro da frente do cós com uma costura, deixando uma abertura no trecho marcado.
- Vinque o cós, avesso sobre avesso. Costure as bordas do cós pelo direito das bordas superiores do modelo, distendendo o quanto for necessário.
- Faça as bainhas inferiores.
- Abra as casas e pregue os botões. Introduza o cadarço no cós.

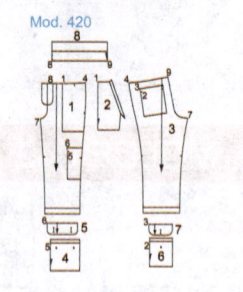

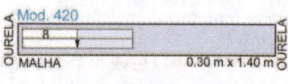

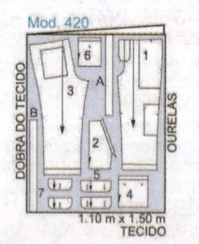

MOLDE 050

VESTIDO
4/6/8 ANOS
PEÇAS: 46 e 47
LINHA DO MOLDE EM VERMELHO
4 ANOS
6 ANOS
8 ANOS

FOLHA G
SUGESTÃO DE TECIDO: viscolycra e tricoline (listrado e estampado).

METRAGEM: Tricoline – 0,50 m (listrado e estampado) x 1,50 m. Viscolycra: 0,40 m x 1,60 m. Molde para malha com 120% de alongamento (veja em Dicas de Costura como calcular o alongamento).
AVIAMENTOS: linha para malha e agulha ponta bola; 10 cm de malha sanfonada.
COMO CORTAR: distribua as peças nos diferentes tecidos, observando as planilhas de corte. Vestido com 56 cm de comprimento.
PEÇAS: 46. FRENTE SUPERIOR. 47. COSTAS SUPERIORES: corte as peças uma vez com a malha dobrada na linha do centro. A. PRIMEIRO BABADO: 19 cm x 76 cm (4 anos), 21 cm x 82 cm (6 anos) e 23 cm x 88 cm, duas vezes no listrado. B. SEGUNDO BABADO: 26 cm x 1,19 m (4 anos), 30 cm x 1,25 m e 34 cm x 1,31 m (8 anos), duas vezes no estampado. ACABAMENTO DO DECOTE: 45 cm x 3 cm, uma vez na malha sanfonada. ACABAMENTO DAS CAVAS: 35 cm x 3 cm, duas vezes na malha sanfonada.
MONTAGEM:
- Junte frente e costas unindo um dos ombros.
- Vinque a tira do acabamento do decote ao meio no comprimento, avesso sobre avesso. Costure as bordas do acabamento pelo avesso do decote, distendendo um pouco o acabamento. Dobre o acabamento ao meio para o direito do decote e prenda com pespontos sobre a primeira costura.
- Feche o outro ombro.
- Monte os acabamentos nas cavas, conforme a montagem do acabamento do decote.
- Junte frente e costas com uma costura pelas laterais superiores.
- Una os babados inferiores, dois a dois, com uma costura pelas laterais.
- Arremate a borda superior do segundo babado com overloque.
- Franza o segundo babado a 1,5 cm da borda superior o suficiente para a montagem na borda inferior do primeiro babado.
- Aplique o avesso do segundo babado pelo direito da borda inferior do primeiro
- Franza a borda superior do segundo babado até 60 cm. Prenda as peças superiores do primeiro babado pelo direito das peças superiores, distendendo as peças superiores o quanto for necessário.
- Vire 2 cm da borda inferior do segundo babado para o avesso e prenda com pespontos.

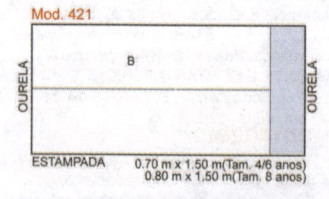

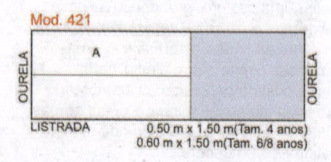

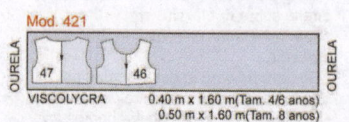

MOLDE 051

BERMUDA
6 ANOS
PEÇAS: 9 a 13
LINHA DO MOLDE EM VERMELHO

FOLHA H
SUGESTÃO DE TECIDO: sarja.
METRAGEM: 0,80 m x 1,50 m.
AVIAMENTOS: um zíper de metálico de 10 cm; dois botões de 1,7 cm e três de 1,5 cm; 60 cm x 2 cm de elástico caseado.
COMO CORTAR: copie o bolsinho e o fundo menor do bolso. Distribua as peças no tecido, observando a planilha de corte. Bermuda com 21 cm de altura de gancho, 70 cm de cós e 43 cm de comprimento.
PEÇAS: 9. FRENTE. 10. FUNDO MAIOR DO BOLSO. 11. COSTAS. 12. BOLSO DAS COSTAS: Separe a pala das costas. Corte todas as peças duas vezes. 13. CÓS: corte uma vez com o tecido dobrado na linha do centro, sendo a borda do lado esquerdo da frente somente até a linha marcada. A. BRAGUILHA: 14 cm x 11 cm, uma vez. B. ACABAMENTO DA BRAGUILHA: 13 cm x 5 cm, uma vez. C. PRESILHA: 8,5 cm x 4 cm, cinco vezes.
MONTAGEM:
- Faça uma bainha presa com pespontos duplos nas bordas superiores dos bolsos das costas e do bolsinho.
- Faça os pespontos paralelos de enfeite no centro dos bolsos das costas. Embainhe as bordas laterais e inferiores dos bolsos das costas e do bolsinho. Bata a ferro e alinhave.
- Vire as bordas superiores dos bolsos para costas para o direito, de acordo com a marcação. Prenda o bolsinho e os bolsos maiores com pespontos duplos pelas bordas laterais e inferiores no lugar marcado no fundo maior do bolso direito e nas peças das costas.
- Prenda o direito dos fundos menores dos bolsos pelo direito das peças da frente com uma costura pelas bordas das aberturas. Revire os fundos menores para o avesso da frente. Bata a ferro. Faça pespontos duplos nas bordas das aberturas.
- Una os fundos maiores e menores dos bolsos, direito sobre direito, com uma costura contornando as bordas.
- Prenda as palas nas bordas superiores das costas. Vire as folgas da costura sobre o avesso das costas e prenda com pespontos duplos.
- Una as peças da frente e das costas, separadamente, com uma costura pelo centro, sem fechar a abertura superior da frente.
- Junte frente e costas, com uma costura pelas laterais e, com outra costura, pelas entrepernas.
- Faça a montagem do zíper com braguilha na abertura central da frente de acordo com Dicas de Costura.
- Para o passador, abra as casas com pontos caseados nos lugares marcados na parte interna do cós. Arremate a borda inferior da parte interna do cós com uma bainha presa com pespontos.
- Vinque o cós, direito sobre direito. Costure as bordas dos traspasses. Revire o cós. Prenda o direito da borda da parte externa do cós pelo direito da borda superior. Pesponte, pelo direito, rente às bordas do cós, prendendo a borda embainhada da parte interna no avesso.
- Vinque as presilhas ao meio no comprimento, direito sobre direito. Una as bordas maiores com uma costura. Revire a presilha e pesponte rente às bordas maiores. Dobre as pontas das presilhas e prenda com pespontos de reforço nos lugares indicados.
- Vire a bainha inferior para o avesso, embainhe a borda e prenda com pespontos.
- Abra a casa, para o fechamento do cós.
- Pregue os botões, prendendo os botões menores na parte interna do cós, para fazer o ajuste.
- Introduza o elástico no cós.

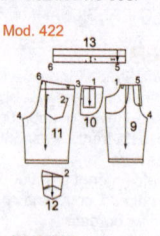

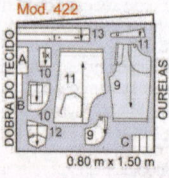

MOLDE 052

VESTIDO
8 ANOS
PEÇAS: 14 a 17
LINHA DO MOLDE EM VERDE

FOLHA H
SUGESTÃO DE TECIDO: malha.
METRAGEM: 0,90 m x 1,50 m. Molde para malha com 40% de alongamento (veja em Dicas de Costura como calcular o alongamento).
AVIAMENTOS: linha para malha e agulha ponta bola.
COMO CORTAR: distribua as peças na malha, observando a planilha de corte. Vestido com 72 cm de comprimento.
PEÇAS: 14. FRENTE SUPERIOR. 15. COSTAS SUPERIORES: corte as peças uma vez com o tecido dobrado na linha do centro. 16. CÓS: corte quatro vezes com o tecido dobrado na linha do centro. 17. FRENTE E COSTAS INFERIORES: corte duas vezes com o tecido dobrado na linha do centro. A. ACABAMENTO DA ABERTURA: 12 cm x 3 cm, uma vez. B. ACABAMENTO DO DECOTE: 96 cm x 3 cm, uma vez. C. ACABAMENTO DA CAVA: 36 cm x 3 cm, duas vezes.
MONTAGEM:
- Junte frente e costas com uma costura pelos ombros.
- Vinque o acabamento da abertura central das costas ao meio no comprimento, avesso sobre avesso. Costure as bordas do acabamento pelo avesso da peça. Dobre o acabamento ao meio para o direito da peça e prenda com pespontos duplos, arrematando a primeira costura.
- Faça a montagem do acabamento no decote, conforme a montagem do acabamento na abertura das costas, coincidindo o meio do acabamento e o centro da frente, deixando livres as sobras para as alças. Prossiga com pespontos, unindo as bordas das alças.
- Monte os acabamentos nas cavas.
- Feche as laterais superiores.
- Una as peças do cós com uma costura pelas bordas laterais, prendendo as peças externas e internas, separadamente.
- Junte as peças externas e internas do cós, direito sobre direito, com uma costura pelas bordas superiores, prendendo as peças superiores. Revire o cós, avesso sobre avesso.
- Feche as laterais inferiores, unindo frente e costas.
- Franza as peças inferiores o suficiente para a montagem no cós.
- Prenda as bordas do cós pelo direito das peças inferiores.
- Vire a bainha inferior para o avesso e prenda com pespontos duplos.

Mod. 423

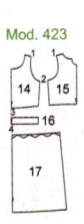

Mod. 423

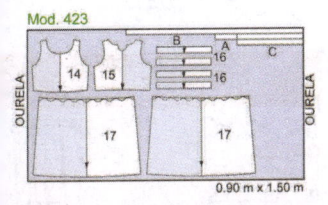

0.90 m x 1.50 m

MOLDE 053

✂✂✂
BERMUDA
8 ANOS
PEÇAS: 32 a 37
LINHA DO MOLDE EM PRETO

FOLHA E
SUGESTÃO DE TECIDO: sarja stretch. FORRO: popeline.
METRAGEM: Tecido – 0,80 m x 1,40 m. Forro – 0,40 m x 1,50 m. Molde para tecido com 20% de alongamento (veja em Dicas de Costura como calcular o alongamento).
AVIAMENTOS: um zíper metálico de 10 cm; um botão de pressão de 1,7 cm e dois de 1 cm; 60 cm x 2 cm de elástico caseado; dois botões de 1,2 cm.
COMO CORTAR: copie o espelho do fundo maior do bolso e o fundo menor do bolso da frente. Distribua as peças no tecido e no forro, observando as planilhas de corte. Calça com 50 cm de comprimento.
PEÇAS: 32. FRENTE. 34. COSTAS. 35. BOLSO LATERAL: separe a pala das costas na linha marcada. Corte as peças duas vezes no tecido. 33. FUNDO MAIOR DO BOLSO: corte duas vezes no forro. 36. ABA: corte quatro vezes. 37. CÓS: corte uma vez com o tecido dobrado na linha do centro. A. BRAGUILHA: 13 cm x 9 cm, uma vez. B. ACABAMENTO: 12 cm x 4,5 cm, uma vez. C. PRESILHA: 38 cm x 4 cm, uma vez.
MONTAGEM:
• Faça a montagem do bolso americano nas peças da frente, de acordo com Dicas de Costura.
• Prenda as palas nas bordas superiores das costas. Vire as folgas da costura sobre o avesso das peças das costas e prenda com pespontos duplos.
• Feche as laterais, unindo frente e costas. Vire as folgas das costuras laterais para o avesso das costas e prenda com pespontos rentes.
• Para fazer as pregas, vinque as bolsas na linha do centro, avesso sobre avesso. Pesponte, pelo direito, a 3,5 cm da borda vincada. Bata a prega a ferro, abrindo o fundo ao meio. Torne a pespontar rente às bordas vincadas. Alinhave o fundo da prega nas bordas superiores e inferiores dos bolsos.
• Vire as bainhas superiores dos bolsos para o avesso e prenda com pespontos.
• Embainhe as bordas laterais e inferiores dos bolsos, bata a ferro e alinhave. Prenda a parte "fêmea" pressões nos lugares marcados nos bolsos. Aplique os bolsos nos lugares marcados nas laterais do modelo com pespontos duplos nas bordas laterais e inferiores.
• Una as abas, duas a duas, direito sobre direito. Costure as bordas laterais e inferiores. Revire as abas. Faça pespontos duplos nas bordas costuradas. Pregue o "macho" das pressões nas abas. Costure as bordas superiores das abas nos lugares marcados. Revire as abas para baixo e prenda com pespontos a 0,7 cm das bordas superiores.
• Una as peças da frente e as peças das costas com uma costura pelo centro, sem fechar a abertura superior da frente.
• Faça a montagem do zíper com braguilha na abertura central da frente. Faça pespontos duplos sobre as costuras do centro da frente e das costas, prendendo as folgas no avesso.
• Prepare cinco presilhas e alinhave uma das pontas nos lugares marcados.
• Abra as casas na parte interna do cós, para o passador.
• Faça a montagem do cós batido, de acordo com Dicas de Costura, na borda superior do modelo. Vire as presilhas sobre o cós, dobre as pontas e prenda com pespontos de reforço.
• Junte, frente e costas, com uma costura pelas entrepernas.
• Vire as bainhas inferiores para o avesso, embainhe as bordas e prenda com pespontos.
• Introduza uma tira de 58 cm de elástico no passador do cós. Pregue os botões na parte interna do cós, para o ajuste do elástico.
• Pregue a pressão maior, para o fechamento do cós.

Mod. 424

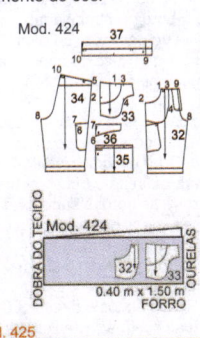

Mod. 424
0.40 m x 1.50 m FORRO

Mod. 425
FORRO
0.50 m x 1.50 m (4 anos)
0.70 m x 1.50 m (6 anos)
0.80 m x 1.50 m (8/10 anos)

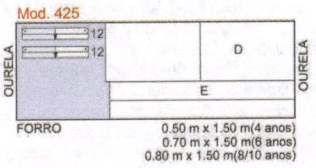

MOLDE 054

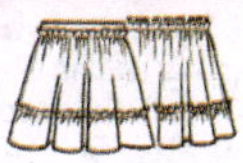

✂✂
SAIA
4/6/8/10 ANOS
PEÇA: 12
LINHA DO MOLDE EM VERMELHO
4 ANOS ──────
6 ANOS ─ ─ ─ ─
8 ANOS ━━━━━
10 ANOS ••••••

FOLHA F
SUGESTÃO DE TECIDO: tule. FORRO: tafetá.
METRAGEM: Tecido – 1,00 m (4 anos), 1,20m (6 anos) e 1,40 m (8/10 anos) x 1,40 m. Forro – 0,50 m(4 anos), 0,70 m (6 anos) e 0,80 m (8/10 anos) x 1,50 m.
AVIAMENTOS: 40 cm (4/6 anos) e 50 cm (8/10 anos) x 2 cm de elástico caseado; três botões de 1,2 cm.
COMO CORTAR: distribua as peças no tecido e no forro, observando as planilhas de corte. Saia com 24 cm (4 anos), 31 cm ((6 anos), 38 cm (8 anos) e 44 cm (10 anos) de comprimento.
PEÇA: 12. CÓS: corte duas vezes com o tecido dobrado na linha do centro. A. PRIMEIRO BABADO EXTERNO: 20 cm x 1,03 m (4 anos), 24 cm x 1,06 m (6 anos), 30 cm x 1,09 m (8 anos) e 35 cm x 1,12 m (10 anos) duas vezes no tule. B. SEGUNDO BABADO EXTERNO: 8 cm x 1,43 m (4 anos), 10 cm x 1,47 m (6 anos), 11 cm x 1,50 m (8 anos) e 12 cm x 1,53 m (10 anos) duas vezes no tule. C. BABADO INTERNO: 20 cm x 53 cm (4 anos), 24 cm x 56 cm (6 anos), 30 cm x 60 cm (8 anos) e 35 cm x 63 cm (10 anos) duas vezes no tule. D. BABADO MAIOR INTERNO: 17 cm x 42 cm (4 anos), 21 cm x 45 cm (6 anos), 27 cm x 48 cm (8 anos) e 31 cm x 51 cm (10 anos) duas vezes no tafetá. E. BABADO MENOR INTERNO: 6 cm x 90 cm (4 anos), 8,5 cm x 94 cm (4 anos), 9 cm x 97 cm (8 anos) e 1,00 m x 1,00 m (10 anos) duas vezes no tafetá.
MONTAGEM:
• Una os babados, dois a dois, com uma costura pelas bordas laterais.
• Una as peças do cós com uma costura pelas bordas laterais, deixando livres os trechos das aberturas. Embainhe as bordas das aberturas e prenda com pespontos.
• Franza as bordas superiores dos babados menores o suficiente para a montagem nas bordas inferiores dos babados maiores de tafetá e tule. Prenda as bordas franzidas dos babados inferiores nos babados maiores, direito sobre direito.
• Franza a borda superior do babado interno de tule e do babado de tafetá até alcançar a mesma medida do cós.
• Una as bordas superiores do babado interno de tule e do babado de tafetá com alinhavos.
• Costure o direito da borda da parte interna do cós pelo avesso das bordas superiores dos babados. Vinque os babados, avesso sobre avesso. Pesponte rente à borda vincada. Embainhe a borda da parte externa do cós sobre o direito da costura de montagem, bata a ferro e prenda com pespontos rentes.
• Franza o babado externo de tule a 1,5 cm da borda superior. Aplique o tule na borda inferior do cós com uma costura sobre o franzido.
• Faça uma bainha fina presa com pespontos na borda inferior do babadinho de tafetá.
• Separe uma tira de elástico de 38 cm (4/6 anos) e 42 cm (8/10 cm). Introduza no cós das costas.
• Pregue os botões internamente, para o ajuste do elástico.

Mod. 425

Mod. 425
FORRO
0.50 m x 1.50 m (4 anos)
0.70 m x 1.50 m (6 anos)
0.80 m x 1.50 m (8/10 anos)

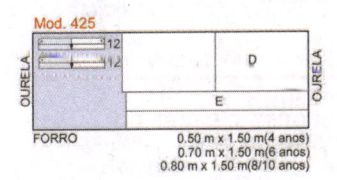

Mod. 425
TECIDO
1.00 m x 1.50 m (Tam. 4 anos)
1.20 m x 1.50 m (Tam. 6 anos)
1.40 m x 1.50 m (Tam. 8/10 anos)

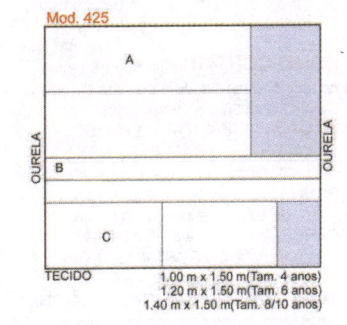

MOLDE 055

✂✂✂
COLETE
TAMANHO 8/12 FOLHA F
TAMANHO 6/10 FOLHA G
PEÇAS: 1 a 3
LINHA DO MOLDE EM AZUL
6/8 ANOS ─ ─ ─ ─
10/12 ANOS ━━━━━

SUGESTÃO DE TECIDO: poliéster e linho.
METRAGEM: Poliéster: 0,60 m (6/8 anos) e 0,70 m (10/12 anos) x 1,50 m. Linho: 0,60 m (6/8/10/12 anos) x 1,50 m.
AVIAMENTOS: sete botões de 1,7 cm; 10 cm de entretela.
COMO CORTAR: distribua as peças nos tecidos, observando as planilhas de corte. Colete com 41 cm (6 anos), 43 cm (8 anos), 45 cm (10 anos) e 47 cm (12 anos) de comprimento. Marque mais três casas na peça da frente, mantendo uma distância de 6,5 cm (6 anos), 6,9 cm (8 anos), 7,2 cm (10 anos) e 7,6 cm (12 anos).
PEÇAS: 1. FRENTE: corte quatro vezes no poliéster. 2. ABA: corte quatro vezes no poliéster e duas vezes na entretela. 3. COSTAS: separe a peça na linha marcada. Corte o trecho central duas vezes com o linho dobrado na linha do centro. Corte o trecho lateral quatro vezes no poliéster. A. ALÇA: 42 cm x 6 cm, duas vezes no linho.
PEÇAS: 1. FRENTE: corte quatro vezes no poliéster. 2. ABA: corte quatro vezes no tecido e duas vezes na entretela. 3. COSTAS: separe a peça na linha marcada. Corte o trecho central duas vezes com o linho dobrado na linha do centro. Corte o trecho lateral duas vezes no poliéster. A. ALÇA: 40 cm x 6 cm, duas vezes no linho.
MONTAGEM:
• Feche as pences.
• Una as abas, duas a duas, direito sobre direito, com uma costura pelas bordas laterais e inferiores. Revire as abas. Pesponte rente às bordas costuradas.
• Costure as bordas superiores das abas pelo direito dos lugares indicados nas peças da frente externa Vire as aba para baixo e prenda com pespontos a 0,8 cm da costura da borda superior.
• Vinque as alças ao meio na direção do comprimento, direito sobre direito. Una as bordas maiores com uma costura, deixando livres uma das bordas menores. Revire as alças.
• Junte as peças laterais e centrais das costas com uma costura, prendendo as alças nos lugares indicados nas costuras das peças externas.
• Feche os ombros, unindo as peças externas e internas, separadamente.
• Junte as peças externas e internas, direito sobre direito, com uma costura pelas bordas do decote, dos traspasses do abotoamento, das cavas e pelas bordas inferiores.
• Para revirar as peças, introduza a frente entre as costuras dos ombros, saindo pelas aberturas laterais.
• Feche as laterais das peças externas unindo as bordas com uma costura, direito sobre direito. Da mesma maneira, costure as laterais internas, deixando uma abertura em cada costura.
• Embainhe as bordas das aberturas laterais internas e prenda com uma costura.
• Pesponte, pelo direito, rente às bordas do modelo.
• Abra as casas e pregue os botões.

Mod. 426

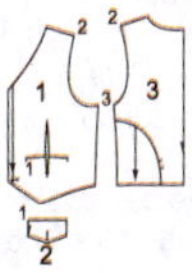

MOLDE 056

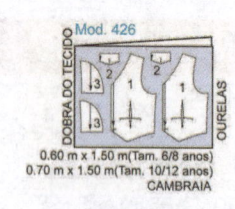

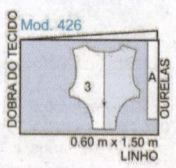

✂✂✂
SAIA
6 ANOS
PEÇAS: 18 a 21
LINHA DO MOLDE EM PRETO

FOLHA H
SUGESTÃO DE TECIDO: tricoline. FORRO: poliéster.
METRAGEM: tecido – 0,60 m x 1,50 m. Forro – 0,70 m x 1,50 m.
AVIAMENTOS: um zíper invisível de 12 cm; 50 cm x 2 cm de elástico perfurado; 70 cm x 1 cm de fita de gorgorão; 50 cm x 2,3 cm de fita de gorgorão; 0,60 m x 1,40 m de tule point d'esprit; dois botões de 1,2 cm.
COMO CORTAR: distribua as peças no tecido e no forro, observando as planilhas de corte. Saia com 32 cm de comprimento.
PEÇAS: 18. FRENTE E COSTAS EXTERNAS: para a frente, corte a peça uma vez com o tecido dobrado na linha do centro. Para as costas, corte a peça duas vezes no tecido. 19. CÓS DA FRENTE: corte duas vezes com o tecido dobrado na linha do centro. 20. CÓS DAS COSTAS: corte quatro vezes. 21. FRENTE E COSTAS INTERNAS: corte duas vezes com o forro dobrado na linha do centro. A. BABADO INTERNO: 4,50 m x 11 cm, uma vez no tule, com emendas. B. LAÇO: 24 cm x 5,5 cm, uma vez no tule. C. PONTAS DO LAÇO: 24 cm x 4 cm, uma vez no tule.
MONTAGEM:
• Feche as laterais das peças de tecido e de forro, separadamente, unindo frente e costas.
• Una as costas externas com uma costura pelo centro, sem fechar a abertura superior.
• Vinque as pregas da saia externa, direito sobre direito, na direção das setas, deixando A sobre B. Bata as pregas a ferro e prenda as bordas superiores com alinhavos.
• Feche as laterais do cós, unindo as peças externas e internas, separadamente.
• Abra as casas na parte interna do cós das costas, para a passagem do elástico.
• Junte as partes externas e internas do cós, direito sobre direito, com uma costura pelas bordas superiores.
• Revire o cós, avesso sobre avesso. Costure as bordas do cós pelo direito da borda superior externa.
• Faça a montagem do zíper invisível na abertura central das costas externas. Para arrematar, vire as folgas superiores do zíper sobre o avesso das costas, embainhe as bordas e prenda com pontos à mão.
• Chuleie as bordas superiores e o contorno da abertura superior das costas do forro.
• Faça as bainhas inferiores do tecido e do forro.
• Una as tiras do babado interno de tule com uma costura pelas laterais, formando um círculo.
• Franza a borda inferior do babado o suficiente para a montagem no lugar marcado no forro.
• Aplique o babado pelo direito do lugar indicado no forro com pespontos pela borda superior franzida.
• Prenda o direito da borda superior do forro no avesso do modelo com pespontos sobre a costura de montagem do cós nas peças inferiores. Vire as folgas da costura de montagem do forro sobre o cós e prenda com pespontos.
• Separe uma fita com 65 cm. Embainhe as pontas da fita. Aplique a fita com pespontos rentes às bordas, sobre a borda inferior do cós
• Alinhave uma fita do laço de gorgorão pelo centro da tira do laço de tule. Una as pontas do laço com uma costura no centro das tiras. Franza o centro do laço até 1 cm. Prenda as tiras das pontas de gorgorão e de tule por debaixo do laço. Reforce o centro do laço colando um retalho da fita.
• Prenda o laço com um alfinete de segurança no cós da frente.
• Pregue os botões nos lugares indicados internamente no cós das costas. Introduza o elástico pelas aberturas do cós, para ajuste nos botões. Mod. 427

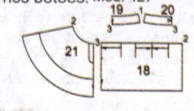

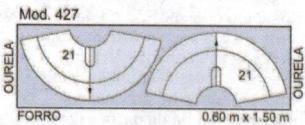

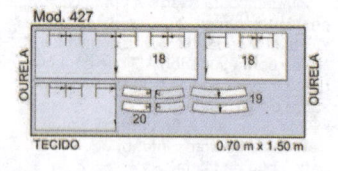

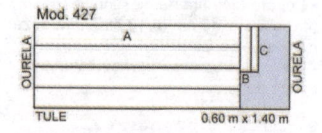

MOLDE 057

✂✂✂
CAMISA
6 ANOS
PEÇAS: 22 a 30
LINHA DO MOLDE EM VERMELHO

FOLHA H
SUGESTÃO DE TECIDO: tricoline.
METRAGEM: 1,10 m x 1,50 m.
AVIAMENTOS: doze botões de pressão; três botões de 1,2 cm; 30 cm de entretela; 80 cm x 0,7 cm de cadarço (capuz); 20 cm x 1,5 cm de cadarço (decote).
COMO CORTAR: distribua as peças no tecido, observando a planilha de corte. Camisa com 50 cm de comprimento.
PEÇAS: 22. FRENTE. 23. BOLSO. 27. LATERAL DO CAPUZ. 29. MANGA: corte as peças duas vezes. 24. ABA. 30. PUNHO: corte as peças quatro vezes no tecido e duas vezes na entretela. 25. CARCELA: corte duas vezes no tecido e na entretela. 26. COSTAS: corte uma vez com o tecido dobrado na linha do centro. 28. PARTE CENTRAL DO CAPUZ: corte duas vezes com o tecido dobrado na linha do centro. A. ACABAMENTO DA ABERTURA: 16 cm x 3 cm, duas vezes.

MONTAGEM:
• Vire as bainhas superiores dos bolsos para o avesso, embainhe as bordas e prenda com pespontos.
• Vire 1 cm das bordas laterais e inferiores dos bolsos. Aplique os bolsos nos lugares indicados nas peças da frente com pespontos a 0,6 cm das bordas laterais e inferiores.
• Una as abas, duas a duas, direito sobre direito, com uma costura pelas bordas laterais e inferiores. Revire as abas. Pesponte a 0,7 cm das bordas costuradas. Prenda as bordas superiores das abas com uma costura nos lugares indicados nas peças da frente. Vire as abas para baixo e pespontos a 0,5 cm da costura.
• Feche os ombros, unindo frente e costas.
• Costure o direito das bordas das partes externas das carcelas pelo direito das peças da frente.
• Prenda o direito das bordas da parte central interna do capuz pelo avesso das peças laterais do capuz. Em seguida, costure o direito e uma das bordas da parte externa pelo direito de uma das costuras de montagem. Revire as peças centrais, avesso sobre avesso. Embainhe a borda da parte externa pelo direito da costura de montagem, bata a ferro e prenda com alinhavos. Pesponte, pelo direito, rente às bordas da parte central, prendendo a borda embainhada.
• Abra a casa do passador do capuz.
• Vire a bainha da frente do capuz para o avesso, embainhe a borda e prenda com pespontos.
• Costure o capuz pelo direito do decote.
• Embainhe as bordas dos acabamentos das carcelas. Vire os acabamentos das carcelas pelo direito da frente, sobre o capuz. Costure as bordas superiores.
• Arremate as folgas da costura do decote, prendendo o cadarço mais largo.
• Revire as carcelas, avesso sobre avesso, bata a ferro e prenda com alinhavos. Pesponte, pelo direito, a 0,5 cm das bordas costuradas e vincadas das carcelas, prendendo a parte interna embainhada no avesso.
• Prenda o direito de uma das bordas das tiras dos acabamentos pelo avesso das aberturas das mangas. Dobre os acabamentos ao meio para o direito das mangas, embainhe a borda e prenda com pespontos. Vire o acabamento para o avesso da borda do traspasse externo da abertura e prenda com alinhavos na borda da manga.
• Monte as mangas nas cavas. Vire as folgas sobre o avesso das cavas da frente e das costas. Pesponte, pelo direito, a 0,7 cm das cavas, prendendo as folgas no avesso.
• Feche as laterais com uma costura a partir das bordas inferiores das mangas.
• Faça a montagem dos punhos nas mangas, de acordo com Dicas de Costura.
• Vire a bainha inferior para o avesso, embainhe a borda e prenda com pespontos.
• Prenda as pressões nas carcelas e nos punhos. Pregue os botões nos bolsos, para o fechamento das abas.

MOLDE 058

✂✂✂
CALÇA
6 ANOS
PEÇAS: 31 a 35
LINHA DO MOLDE EM PRETO

FOLHA H
SUGESTÃO DE TECIDO: jeans stretch. FORRO: popeline.
METRAGEM: Tecido – 0,90 m x 1,50 m. Forro – 0,30 m x 1,40 m. Molde para tecido com 20% de alongamento (veja em Dicas de Costura como calcular o alongamento).
AVIAMENTOS: um zíper metálico de 10 cm; um botão de 1,8 cm; três botões de 1,2 cm; 40 cm x 2 cm de elástico caseado; 10 cm de entretela; rebites.
COMO CORTAR: copie e espelhe, o fundo menor do bolso e o bolsinho. Distribua as peças no tecido e no forro, observando as planilhas de corte. Calça com 71 cm de comprimento.
PEÇAS: 31. FRENTE. 33. COSTAS. 34. BOLSO DAS COSTAS.: separe a pala das costas na linha marcada. Corte as peças duas vezes no tecido. 32. FUNDO MAIOR DO BOLSO: corte duas vezes no forro. 35. CÓS: corte uma vez com o tecido e a entretela dobrados na linha do centro, sendo a borda do lado esquerdo da frente somente até a linha marcada. A. BRAGUILHA: 14,5 cm x 8 cm, uma vez. B. ACABAMENTO: 12,5 cm x 4,5 cm, uma vez. C. PRESILHA: 35 cm x 4,5 cm, uma vez.

MONTAGEM:
• Faça a montagem do bolso americano nas peças da frente, de acordo com Dicas de Costura, prendendo o bolsinho no espelho do fundo do fundo maior do bolso do lado direito.
• Vire as bainhas superiores dos bolsos das costas para o avesso. Prenda as bainhas com pespontos. Embainhe as bordas laterais e inferiores dos bolsos. Prenda os bolsos nos lugares marcados nas peças das costas com pespontos pelas bordas laterais inferiores embainhadas.
• Prenda as palas nas bordas superiores das costas.
• Una as peças da frente e as peças das costas, separadamente, com uma costura pelo centro. Na frente, faça a costura a partir da marcação do final da abertura.
• Monte o zíper com braguilha na abertura do centro da frente, de acordo com Dicas de Costura. Faça pespontos duplos nas costuras do centro da frente e das costas, prendendo as folgas no avesso.
• Junte frente e costas com uma costura pelas laterais. Pesponte rente às costuras, prendendo as folgas no avesso das costas. Feche as entrepernas, unindo frente e costas.
• Prepare cinco presilhas.
• Abra as casas nos lugares marcados na parte interna do cós, para introduzir o elástico de ajuste.
• Faça a montagem do cós batido na borda superior, prendendo as presilhas, de acordo com Dicas de Costura.
• Vire as bainhas inferiores para o avesso e prenda com pespontos.
• Abra a casa, para o fechamento do cós.
• Aplique os rebites nas peças da frente

e das costas, para reforço das aberturas dos bolsos.
• Introduza uma tira de elástico de 40 cm no passador das costas para o ajuste do cós.
• Pregue os botões, sendo os botões menores internamente.

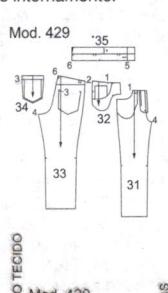

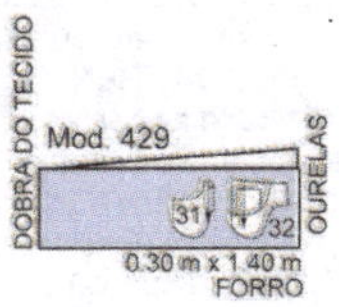

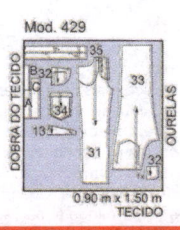

MOLDE 059

✂✂✂
BERMUDA
10 ANOS
PEÇAS: 38 a 42
LINHA DO MOLDE EM PRETO
....
FOLHA E SUGESTÃO DE TECIDO: sarja.
METRAGEM: 0,90 m x 1,50 m.
AVIAMENTOS: um zíper de 10 cm; dois botões de 1,8 cm; três de 1,2 cm; 50 cm x 2 cm de elástico caseado.
COMO CORTAR: copie o fundo menor do bolso e o acabamento da frente. Distribua as peças no tecido, observando a planilha de corte. Bermuda com 48 cm de comprimento.
PEÇAS: 38. FRENTE. 39. VIVO DA ABERTURA. 40. FUNDO MAIOR DO BOLSO. 41. COSTAS: corte as peças duas vezes. 42. ACABAMENTO DAS COSTAS: corte uma vez com o tecido dobrado na linha do centro. A. BRAGUILHA: 15 cm x 10 cm, uma vez. B. ACABAMENTO DA BRAGUILHA: 14 cm x 5,5 cm, uma vez. C. VIVO DAS COSTAS: 15 cm x 6 cm, duas vezes. D. FUNDO DO BOLSO DAS COSTAS: 20 cm x 15 cm, duas vezes. E. PRESILHA: 7 cm x 4,5 cm cinco vezes.
MONTAGEM:
• Vinque os vivos da abertura, avesso sobre avesso. Alinhave as bordas dos vivos pelo direito das bordas da abertura da frente.
• Costure o direito do fundo menor do bolso no avesso da abertura, prendendo as bordas dos vivos. Vire as folgas da costuras para o avesso dos fundos do bolso e prenda com pespontos rentes. Revire o fundo do bolso para o avesso. Bata a ferro. Pesponte rente à borda da abertura.
• Embainhe as bordas laterais internas dos fundos menores dos bolsos. Aplique as bordas embainhadas dos fundos dos bolsos com pespontos sobre os fundos maiores. Una os fundos menores e maiores dos bolsos, direito sobre direito, com uma costura contornando as bordas.
• Una as bordas dos fundos do bolso e do centro da frente com alinhavos.

• Faça a montagem do falso bolso com vivo duplos nos lugares marcados nas peças das costas, de acordo com Dicas de Costura.
• Una as peças da frente e das costas, separadamente, com uma costura pelo centro, sem fechar a abertura superior da frente.
• Junte frente e costas das peças e dos acabamentos, separadamente, com uma costura pelas laterais.
• Monte o zíper com braguilha na abertura central da frente, de acordo com Dicas de Costura.
• Para reforço, pesponte rente às costuras centrais da frente e das costas, prendendo as folgas sobre o avesso das peças do lado esquerdo.
• Abra as casas nos lugares marcados nos acabamentos da frente, para introduzir o elástico de ajuste.
• Embainhe as bordas da frente dos acabamentos superiores. Prenda o direito dos acabamentos com uma costura pelo direito das bordas superiores da frente e das costas. Vire as folgas da costura para o avesso dos acabamentos. Prenda com pespontos rentes.
• Revire os acabamentos para o avesso e prenda com pespontos.
• Junte frente e costas pelas entrepernas.
• Faça as bainhas inferiores.
• Abra a casa no centro da frente. Pregue os botões, prendendo os botões menores internamente, para o ajuste do elástico.
• Introduza uma tira de elástico de 42 cm no passador das costas para o ajuste superior.

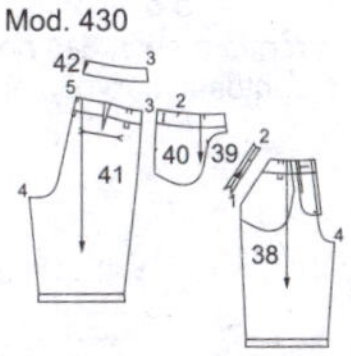

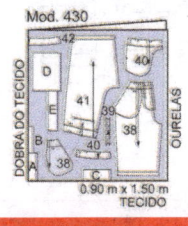

MOLDE 060

✂✂✂
VESTIDO
8 ANOS
PEÇAS: 43 a 45
LINHA DO MOLDE EM VERMELHO
....
FOLHA E SUGESTÃO DE TECIDO: tule point d'esprit com barra. FORRO: liganete e tafetá.
METRAGEM: Tecido – 1,50 m x 1,50 m. Forro: Tafetá: 1,00 m x 1,50 m. Liganete: 0,90 m x 1,60 m.
AVIAMENTOS: um zíper invisível de 25 cm; um par de fivelas com strass de 1,5 cm de diâmetro; 0,50 m x 1,40 m de tule de náilon.
COMO CORTAR: distribua as peças no tecido, no forro e no reforço, observando as planilhas de corte. Vestido com 67 cm de comprimento.
PEÇAS: 43. FRENTE SUPERIOR. 44. COSTAS SUPERIORES: separe as peças nas linhas marcadas. Corte as palas uma vez com o tecido dobrado na linha do centro. Corte o trecho inferior de cada peça uma vez com o tecido, o tafetá e a liganete dobrados na linha do centro. 45. MANGA: corte duas vezes no tecido. A. FRENTE E COSTAS INFERIORES: 70 cm x 42 cm, duas vezes no tecido, no tafetá,

no tule e na liganete. B. LAÇO: 9 cm x 12 cm, duas vezes no tecido e no tafetá. C. PRESILHA: 7 cm x 6 cm, duas vezes no tecido e no tafetá. D. VIÉS DO DECOTE: 50 cm x 3 cm, uma vez no tafetá. E. VIÉS DAS MANGAS: 32 cm x 3 cm, duas vezes no tafetá.
MONTAGEM:
• Para completar as peças superiores externas, alinhave o tafetá pelo avesso do tecido da frente e das costas superiores.
• Junte as partes superiores externas e internas, direito sobre direito, com uma costura pelas bordas superiores, prendendo as palas da frente e das costas. Revire as peças, avesso sobre avesso. Alinhave as bordas das cavas.
• Junte frente e costas das palas com uma costura pelos ombros.
• Monte as mangas nas cavas.
• Junte frente e costas das peças superiores com uma costura pela lateral direita, a partir das bordas inferiores das mangas.
• Arremate o decote e as bordas inferiores das mangas com a montagem do viés de rolo, de acordo com Dicas de Costura
• Una as tiras das peças inferiores, duas a duas, com uma costura pelas laterais, sem fechar a abertura superior esquerda.
• Alinhave o forro de tafetá pelo avesso do tule point d'esprit e o tule de náilon pelo avesso do tafetá.
• Franza as bordas superiores de todas as peças inferiores o suficiente para a montagem nas peças superiores. Reserve a saia de liganete.
• Junte as peças superiores e inferiores com uma costura, direito sobre direito, sem prender ainda a liganete.
• Faça a montagem do zíper invisível na abertura lateral esquerda.
• Costure o direito das bordas das peças de liganete pelo avesso da costura de união das peças superiores e inferiores. Prenda as bordas da abertura do forro pelo avesso das folgas do zíper. Revire o forro para o avesso das peças.
• Alinhave o forro pelo avesso das tiras de tule do laço e presilhas. Vinque os laços ao meio no comprimento, direito sobre direito. Una as bordas maiores do laço e das presilhas com uma costura. Deixe uma abertura, para revirar nos laços. Centralize as costuras dos laços. Feche as bordas menores. Revire os laços e as presilhas.
• Introduza as fivelas nas presilhas.
• Prepare os laços, prendendo as presilhas e prenda sobre as costuras dos ombros.
• Faça uma bainha fina presa com pespontos nas bordas inferiores do tafetá e da liganete.

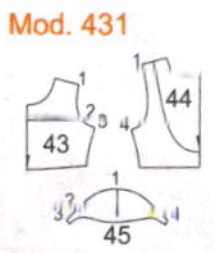

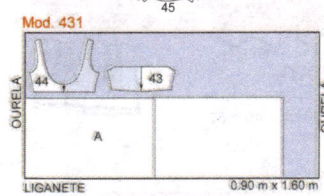

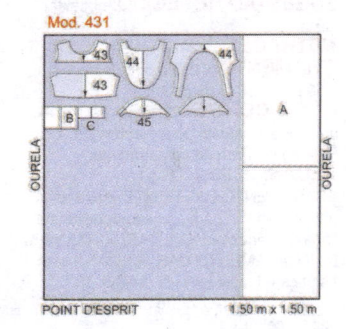

MODA MOLDES NO FACEBOOK

Curta a página da revista no Face e faça parte da nossa família!

Confira ideias, lançamentos e informações de corte e costura. Você também troca dicas com outras leitoras da *Moda Moldes!*

www.revistaonline.com.br

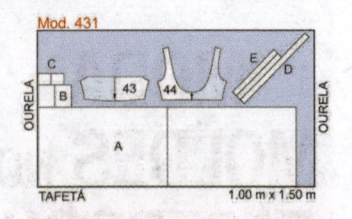

MOLDE 061

CAMISA 
6 ANOS
PEÇAS: 48 a 57
LINHA DO MOLDE EM PRETO

FOLHA G
SUGESTÃO DE TECIDO: chambray e flanela.
METRAGEM: Chambray – 1,10 m x 1,40 m. Flanela – 0,50 m x 1,40 m.
AVIAMENTOS: onze botões de 1,2 cm; 20 cm de entretela.
COMO CORTAR: distribua as peças nos tecidos, observando as planilhas de corte. Camisa com 45 cm de comprimento.
PEÇAS: 48. FRENTE. 49. BOLSO. 55. MANGA. 56. CARCELA DA MANGA: separe a frente nas linhas marcadas. Corte a pala da frente quatro vezes e as peças restantes duas vezes. 50. ABA. Corte quatro vezes. 51. CARCELA: corte uma vez em cada tecido. 52. COSTAS: separe a peça na linha marcada. Corte a pala duas vezes e o trecho inferior uma vez, sempre com o tecido dobrado na linha do centro. 53. COLARINHO. 54. PÉ DE COLARINHO: corte cada peça uma vez em cada tecido e na entretela dobrados na linha do centro. 57. PUNHO: corte duas vezes em cada tecido e na entretela. A. ACABAMENTO DO BOLSO: 12 cm x 4 cm, duas vezes.

MONTAGEM:
• Una as peças centrais e laterais da frente com uma costura. Bata a costura a ferro, virando as folgas sobre o avesso das peças centrais e prenda com pespontos duplos.
• Vinque os bolsos na linha do centro, avesso sobre avesso. Pesponte, pelo direito, a 1,2 cm da borda vincada, formando uma prega. Bata a prega a ferro, abrindo fundo ao meio. Alinhave as bordas superiores inferiores do bolso.
• Prenda o direito do acabamento com uma costura pelo direito da borda superior do bolso. Revire o acabamento para o avesso do bolso e prenda com pespontos.
• Embainhe as bordas laterais e inferiores dos bolsos. Aplique os bolsos nas peças da frente com pespontos duplos pelas bordas laterais e inferiores.
• Una as abas, duas a duas, direito sobre direito, com uma costura pelas bordas laterais e inferiores. Revire as abas. Faça pespontos duplos nas bordas costuradas. Prenda as abas nos lugares marcados nas peças da frente.
• Feche os ombros das palas, unindo as peças externas e internas, separadamente.
• Junte as palas das costas, direito sobre direito, com uma costura pelas bordas inferiores, prendendo a borda superior das costas. Revire as palas, avesso sobre avesso. Faça pespontos duplos sobre a costura.
• Costure o direito das bordas das partes internas das palas da frente pelo direito das bordas superiores da frente. Embainhe as bordas das partes externas das palas sobre o avesso da frente e prenda com pespontos duplos.
• Costure o direito das bordas das partes internas das carcelas pelo avesso das bordas da frente. Vinque as carcelas, avesso sobre avesso. Pesponte rente às bordas vincadas. Embainhe as bordas das partes externas das carcelas pelo direito da costura de montagem, bata a ferro e prenda com pespontos rentes.
• Aplique o cadarço sobre a carcela do lado direito, de acordo com a indicação.
• Faça a montagem do colarinho simples no decote, de acordo com Dicas de Costura.
• Vinque as pregas das mangas, direito sobre direito, na direção das setas. Bata as pregas a ferro e prenda com alinhavos.
• Embeba as bordas superiores das mangas no trecho marcado. Monte as mangas nas cavas. Faça pespontos duplos nas cavas, prendendo as folgas.
• Feche as laterais com uma costura a partir das bordas inferiores das mangas.
• Monte as carcelas nas aberturas das mangas e faça a montagem dos punhos, de acordo com Dicas de Costura.
• Faça a bainha inferior.
• Abra as casas e pregue os botões.

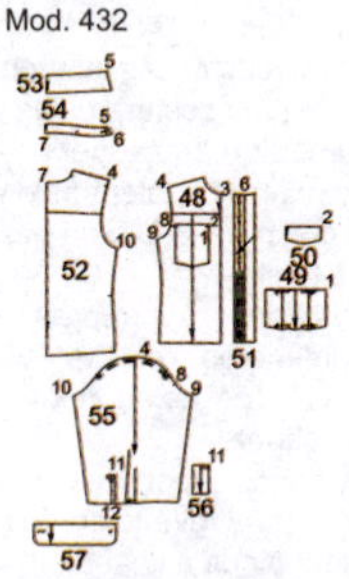

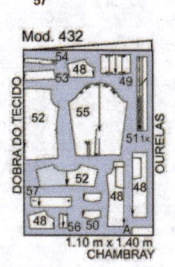

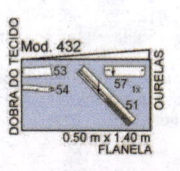

MOLDE 062

BATA
6 ANOS
PEÇAS: 46 a 52
LINHA DO MOLDE EM PRETO

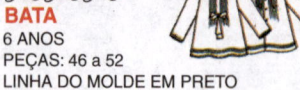

FOLHA E
SUGESTÃO DE TECIDO: poliéster misto.
METRAGEM: 1,20 m x 1,50 m.
AVIAMENTOS: cinco botões de 1 cm; 0,50 m x 1,50 m de cetim.
COMO CORTAR: distribua as peças no tecido, observando a planilha de corte. Bata com 47 cm de comprimento.
PEÇAS: 46. FRENTE. 51. ACABAMENTO DA FRENTE: corte as peças uma vez com o tecido dobrado na linha do centro. 49. COSTAS. 50. MANGA. 52. ACABAMENTO DAS COSTAS: corte as peças duas vezes. 47. LAÇO. 48. PONTA DO LAÇO: corte as peças uma vez no cetim.

MONTAGEM:
• Para fazer as preguinhas, vinque as peças da frente e das costas nas linhas marcadas, avesso sobre avesso. Pesponte, pelo direito, a 0,8 cm das bordas vincadas. Bata as pregas a ferro na direção das laterais (pregas superiores) e na direção das bordas superiores (pregas horizontais inferiores) das peças.
• Feche os ombros das peças e dos acabamentos, separadamente, unindo frente e costas.
• Monte os acabamentos nas peças, direito sobre direito, com uma costura pelas bordas dos traspasses e do decote. Bata a costura a ferro, virando as folgas sobre o avesso dos acabamentos e prenda com pespontos rentes. Revire os acabamentos para o avesso e prenda com alinhavos nas cavas.
• Franza as bordas superiores das mangas até 9 cm no trecho marcado.
• Monte as mangas nas cavas.
• Feche as laterais com uma costura a partir das bocas das mangas.
• Faça as bainhas das mangas e da borda inferior.
• Abra as casas e pregue os botões.
• Vinque a peça das pontas e o laço, direito sobre direito, coincidindo os números de montagem. Costure as bordas das peças, deixando uma abertura. Revire as peças, embainhe as bordas da abertura e prenda com pontos à mão.
• Vinque o laço na direção das setas. Bata a ferro e prenda o centro da peça com pontos à mão. Envolva o laço com a peça das pontas. Prenda a peça das pontas e o laço com pontos à mão no centro da frente.

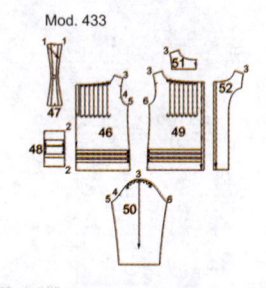

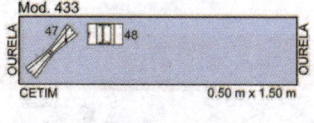

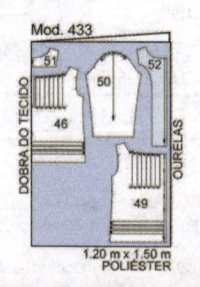

MOLDE 063

MACAQUINHO 
8 ANOS
PEÇAS: 46 a 57
LINHA DO MOLDE EM PRETO

FOLHA F
SUGESTÃO DE TECIDO: malha ponto roma.
METRAGEM: Tecido – 1,20 m x 1,60 m. Molde para malha com 30% de alongamento (veja em Dicas de Costura como calcular o alongamento).
AVIAMENTOS: dez botões de 1,5 cm; um zíper metálico de 7 cm; 20 cm de entretela; linha para malha e agulha ponta bola.
COMO CORTAR: distribua as peças na malha, observando a planilha de corte. Macaquinho com 62 cm de comprimento.
PEÇAS: 46. FRENTE SUPERIOR CENTRAL. 56. ABA: corte as peças quatro vezes no tecido e duas vezes na entretela. 47. FRENTE SUPERIOR LATERAL. 49. COSTAS SUPERIORES LATERAL. 53. FRENTE INFERIOR. 54. COSTAS INFERIORES. 55. BOLSO: corte as peças duas vezes. 48. COSTAS SUPERIORES CENTRAL. 57. FAIXA: corte as peças uma vez com o tecido dobrado na linha do centro. 50. PALA DAS COSTAS. 51. CÓS DA FRENTE. 52. CÓS DAS COSTAS: corte as peças duas vezes com o tecido dobrado na linha do centro. A. FUNDO E ACABAMENTO DO FALSO BOLSO: 10 cm x 4 cm, duas vezes. B. VIÉS DAS CAVAS: 26 cm x 3 cm, duas vezes. C. PRESILHA: 45 cm x 4 cm, uma vez.

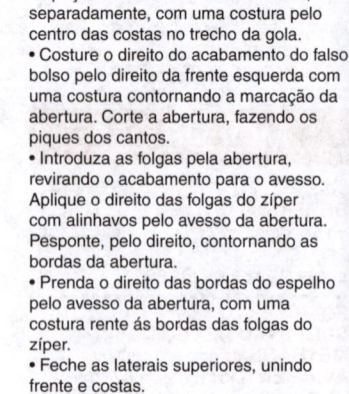

MONTAGEM:
• Prenda as peças centrais nas peças laterais da frente e das costas.
• Una as peças centrais da frente e as peças dos acabamentos da frente, separadamente, com uma costura pelo centro das costas no trecho da gola.
• Costure o direito do acabamento do falso bolso pelo direito da frente esquerda com uma costura contornando a marcação da abertura. Corte a abertura, fazendo os piques dos cantos.
• Introduza as folgas pela abertura, revirando o acabamento para o avesso. Aplique o direito das folgas do zíper com alinhavos pelo avesso da abertura. Pesponte, pelo direito, contornando as bordas da abertura.
• Prenda o direito das bordas do espelho pelo avesso da abertura, com uma costura rente ás bordas das folgas do zíper.
• Feche as laterais superiores, unindo frente e costas.
• Prenda o direito de uma das bordas do viés com uma costura pelo direito das cavas. Revire o viés para o avesso, embainhe a borda e prenda com pespontos.
• Una as peças externas e internas centrais da frente, direito sobre direito, com uma costura pelas bordas dos traspasses e pelas bordas superiores do trecho da gola.
• Revire as peças. Feche os ombros, unindo frente e costas das peças externas e dos acabamentos, separadamente.
• Costure o trecho da gola da frente externa pelo direito do decote das costas. Faça a mesma montagem no decote das costas dos acabamentos.
• Costure a pala na borda superior das costas. Vire as folgas da costura sobre o avesso da pala e prenda com pespontos a 0,7 cm
• Prenda o direito dos acabamentos pelo direito das cavas da frente e das costas. Revire os acabamentos para o avesso.
• Pesponte a 0,7 cm das bordas dos traspasses e da gola. Faça o traspasse do abotoamento, coincidindo a linha do centro. Alinhave as bordas traspassadas.
• Una as peças inferiores da frente e das costas, separadamente, com uma costura pelo centro.
• Feche as laterais inferiores e das peças do cós, prendendo as partes externas e internas do cós, separadamente.
• Vire as bainhas inferiores para o avesso, embainhe as bordas e prenda com pespontos.
• Vinque os bolsos nas linhas marcadas, avesso sobre avesso. Vinque A sobre B., formando uma prega no centro do bolso. Bata a ferro e prenda com alinhavos.
• Vire as bainhas superiores dos bolsos

para o avesso e prenda com pespontos.
• Embainhe as bordas laterais e inferiores dos bolsos. Aplique os bolsos nas peças da frente com pespontos rentes às bordas laterais e inferiores.
• Una as abas, duas a duas, direito sobre direito com uma costura pelas bordas laterais e inferiores. Revire as abas. Pesponte a 0,7 cm das costuras. Costure as bordas superiores das abas nos lugares marcados. Vire as abas sobre os bolsos e pesponte a 0,7 cm das bordas superiores.
• Vinque a tira das presilhas ao meio no comprimento, direito sobre direito. Una as bordas maiores com uma costura. Revire a tira e separe em cinco partes iguais. Alinhave as pontas superiores das presilhas nos lugares marcados no cós.
• Junte as peças externas e internas do cós, direito sobre direito, com uma costura pelas bordas superiores, prendendo as bordas das peças superiores. Revire o cós. Costure as bordas inferiores do cós pelo direito das peças inferiores da frente e das costas, prendendo as pontas inferiores das presilhas.
• Vinque a faixa ao meio no comprimento, direito sobre direito. Una as bordas com uma costura, deixando uma abertura. Revire a faixa, embainhe as bordas da abertura e prenda com pontos à mão. Introduza a faixa nas presilhas.
• Abra as casas e pregue os botões.

Corte cada peça uma vez com o tecido, o forro e a entretela dobrados na linha marcada. 47. COSTAS SUPERIORES: corte duas vezes no tecido e quatro vezes no forro. 48. ALÇA: corte duas vezes no tecido. 49. BABADOS INFERIORES: copie os babados nas linhas marcadas. Frente – Corte cada babado uma vez com o tecido dobrado na linha do centro. Costas – Corte cada babado duas vezes. 50. FRENTE INFERIOR INTERNA: para a frente, corte a peça duas vezes no forro, formando peças inteiras. Para as costas, corte a mesma peça quatro vezes no forro. BABADO DE ARMAÇÃO: 1,30 m (8/10 anos) x 22 cm, duas vezes no tule.
MONTAGEM:
• Vinque as alças, direito sobre direito. Una as bordas externas das alças com uma costura, deixando livres as bordas de montagem. Revire as alças.
• Para completar as peças superiores externas, alinhave uma das peças de forro pelo avesso do tecido das peças superiores.
• Junte frente e costas com uma costura pelos ombros, prendendo as peças externas e internas, separadamente.
• Junte as peças superiores externas e internas, direito sobre direito, com uma costura pelas bordas do decote, prendendo as alças nos lugares indicados nas costas. Com outra costura, una as peças pelas bordas das cavas.
• Alinhave o forro pelo avesso do tecido.
• Vinque as abas, avesso sobre avesso. Bata a ferro. Una as abas com alinhavos pelas bordas laterais. Alinhave as abas pelo direito das bordas da frente superior externa.
• Costure a frente nas laterais superiores das costas, prendendo as peças externas e internas, separadamente.
• Faça as costuras centrais das peças inferiores das costas de tecido e de forro, separadamente, sem fechar a abertura superior.
• Junte frente e costas inferiores com uma costura pelas laterais.
• Arremate as bordas inferiores do tecido e de forro com overloque ou pontos de ziguezague miúdos.
• Franza as bordas superiores dos babados externos o suficiente para a montagem das peças superiores.
• Una os babados com alinhavos pelas bordas superiores e da abertura central das costas. Para completar as peças inferiores externas, alinhave a primeira camada de forro pelo avesso dos babados de tecido.
• Monte as peças superiores nas peças inferiores, prendendo as partes externas e internas.
• Faça a montagem do zíper invisível na abertura central das costas externas, de acordo com Dicas de Costura prendendo o direito das bordas das peças internas pelo avesso das folgas do zíper.
• Franza a borda superior das tiras do babado de tule o suficiente para a montagem na borda superior do forro inferior interno.
• Aplique as bordas superiores franzidas dos babados com uma costura sobre o forro.

Mod. 434

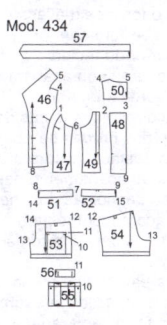

Mod. 434
1,20 m x 1,60 m

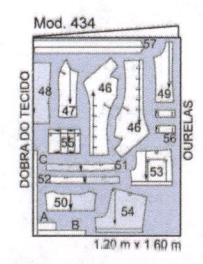

MOLDE 064
✂✂✂
VESTIDO
TAMANHO 8/10
PEÇAS: 45 a 50
LINHA DO MOLDE EM PRETO
8 ANOS ••••••••••••••
10 ANOS - - - -
FOLHA H
SUGESTÃO DE TECIDO: musseline de seda. FORRO: tafetá.
METRAGEM: Tecido – 3,60 m (8 anos) e 4,00 m (10 anos) x 1,40 m. Forro – 1,80 m (8 anos) e 2,00 m (10 anos) x 1,50 m.
AVIAMENTOS: um zíper invisível de 20 cm; 0,50 m x 2,40 m de tule de armação.
COMO CORTAR: distribua as peças no tecido e no forro, observando as planilhas de corte. Vestido com 38 cm (8 anos) e 42 cm (10 anos) de comprimento.
PEÇAS: 45. FRENTE SUPERIOR: corte uma vez com o tecido e duas vezes com o forro dobrados na linha do centro. 46. ABA DA FRENTE: copie as peças menores nas linhas marcadas totalizando três peças.

Mod. 435

Mod. 435 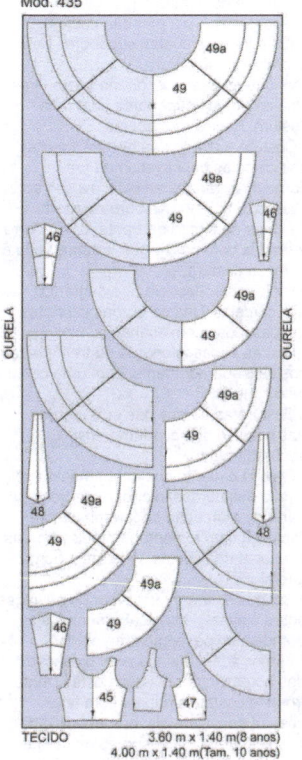
3,60 m x 1,40 m (8 anos)
4,00 m x 1,40 m (Tam. 10 anos)

Mod. 435

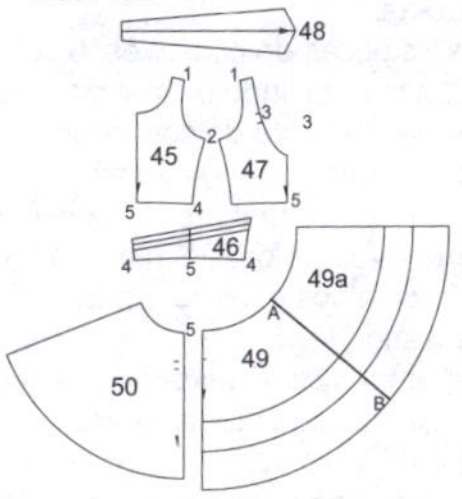

Mod. 435 TAM. 10 anos
FORRO 1,80 m x 1,50 m (Tam. 8 anos)
2,00 m x 1,50 m (Tam. 10 anos)

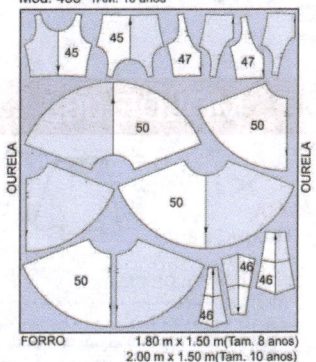

MOLDE 065
✂✂✂
MACAQUINHO 
4/6/8 ANOS
PEÇA: 36
LINHA DO MOLDE EM AZUL
4 ANOS ————
6 ANOS - - - -
8 ANOS • • • •
FOLHA H
SUGESTÃO DE TECIDO: linho misto
METRAGEM: 1,50 m (4 anos), 1,70 m (6 anos) e 1,80 m (8 anos) x 1,50 m.
AVIAMENTOS: 60 cm (4 anos), 70 cm (6/8 anos) x 1 cm de elástico; lastex.
COMO CORTAR: copie as peças, de acordo com o tamanho escolhido. Distribua as peças no tecido, observando a planilha de corte. Macaquinho com 38 cm (4 anos), 46 cm (6 anos) e 50 cm (8 anos) de comprimento.
PEÇA: 36. FRENTE E COSTAS: corte duas vezes com o tecido dobrado na linha do centro. A. ALÇAS: 70 cm x 1 cm, quatro vezes em viés.
MONTAGEM:
• Junte frente e costas com uma costura pelas laterais e, com outra costura, pelas bordas das entrepernas.
• Prepare as alças de rolo conforme Dicas de Costura.

REVISTA MODA MOLDES

Moldes exclusivos para você costurar já!

Moda&Moldes

Vestidos, saias, camisas, blazers e muitas outras peças incríveis estão presentes em toda edição. Adquira a sua agora!

Já nas bancas!

On line EDITORA
www.revistaonline.com.br

- Vire o passador superior para o avesso, embainhe a borda e prenda com pespontos, prendendo também as alças nos lugares marcados. Deixe uma abertura.
- Pesponte o trecho superior com lastex nos lugares marcados, de acordo com Dicas de Costura. Não faça ainda os pespontos sobre o passador. Para ajustar o ponto da máquina, faça um teste com um retalho de 20 cm do próprio tecido, reduzindo-o a 10 cm.
- Introduza uma tira de elástico de 54 cm (4 anos), 62 cm (6 anos) e 70 cm (8 anos) no passador superior. Una as pontas do elástico com uma costura.
- Pesponte o passador com lastex, fechando a abertura que serviu para introduzir o elástico.
- Faça as bainhas inferiores.

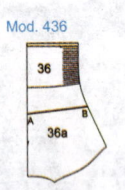

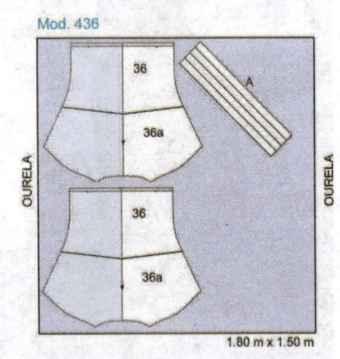

MOLDE 066

MACAQUINHO
6 ANOS
PEÇAS: 39 a 44
LINHA DO MOLDE EM VERDE

FOLHA H
SUGESTÃO DE TECIDO: seda poliéster.
METRAGEM: 1,00 m x 1,50 m.
AVIAMENTOS: seis botões de 1 cm; 70 cm x 3,5 cm de elástico; 10 cm de entretela.
COMO CORTAR: copie os acabamentos inferiores. Distribua as peças no tecido, observando a planilha de corte. Macaquinho com 62 cm de comprimento.
PEÇAS: 39. FRENTE SUPERIOR. 40. COSTAS SUPERIORES: 43. FRENTE INFERIOR. 44. COSTAS INFERIORES: corte as peças duas vezes. 41. CARCELA: corte duas vezes no tecido e na entretela. 42. CÓS: corte duas vezes com o tecido dobrado na linha do centro da frente. A. VIÉS DO DECOTE: 56 cm x 3 cm, uma vez. B. VIÉS DAS CAVAS: 37 cm x 3 cm, duas vezes. C. FAIXA: 80 cm x 4 cm, uma vez.
MONTAGEM:
- Una as costas superiores com uma costura pelo centro.
- Junte frente e costas com uma costura pelos ombros.
- Costure o direito de uma das bordas maiores das tiras de viés pelo avesso do decote e das cavas. Dobre o viés a 0,5 cm da costura sobre o direito do modelo, embainhe as bordas e prenda com pespontos sobre a primeira costura.
- Junte frente e costas superiores pelas laterais.
- Vinque as carcelas, direito sobre direito. Una as bordas superiores com uma costura. Revire as carcelas.
- Costure o direito das bordas internas das carcelas pelo avesso da frente. Torne a revirar as carcelas, avesso sobre avesso. Embainhe as bordas externas das carcelas no direito da frente, bata a ferro e prenda com pespontos, arrematando a primeira costura.
- Faça o traspasse do abotoamento das carcelas. Una as bordas inferiores traspassadas com alinhavos.
- Una as peças inferiores da frente e das costas, separadamente, com uma costura pelo centro.
- Costure as bordas das entrepernas das peças e dos acabamentos, separadamente.
- Prenda o direito dos acabamentos pelo direito das bordas inferiores da frente, a partir da marcação da farpinha lateral. Prossiga com a montagem pelas bordas inferiores das costas, indo até a borda lateral.
- Bata a costura a ferro, virando as folgas sobre o avesso dos acabamentos e prenda com pespontos rentes.
- Vire os acabamentos para o avesso das bordas inferiores das costas. Junte frente e costas inferiores com uma costura pelas laterais, prendendo o direito dos acabamentos inferiores da frente sobre o avesso das costas. Revire os acabamentos para o avesso da frente.
- Una as peças do cós com uma costura pelo centro das costas.
- Separe uma tira de 66 cm de elástico. Costure as bordas menores do elástico, unindo-as.
- Una as peças do cós, avesso sobre avesso, introduzindo o elástico. Costure as bordas maiores do cós, esticando o elástico o quanto for necessário.
- Costure as bordas do cós pelo direito das peças superiores e inferiores, sempre esticando o cós elástico o quanto for necessário.
- Prepare a alça. Prenda o centro da alça no lugar indicado no centro da frente do cós.
- Abra as casas e pregue os botões.

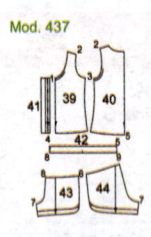

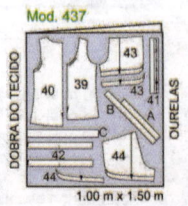

MOLDE 067

BLUSA
TAMANHO 6/8/10
PEÇAS: 37 e 38
LINHA DO MOLDE EM VERDE
6 ANOS
8 ANOS
10 ANOS

FOLHA H
SUGESTÃO DE TECIDO: malha viscose lisa e malha devorê.
METRAGEM: - Malha lisa - 0,70 m (6 anos) e 0,80 m (8/10 anos). Malha devorê - 0,30 m (6/8/10 anos). Sempre com 1,60 m. Molde para malha com 90% de alongamento (veja em Dicas de Costura como calcular o alongamento).
AVIAMENTOS: linha para malha e agulha ponta bola
COMO CORTAR: copie as peças, de acordo com os tamanhos escolhidos. Distribua as peças no tecido, observando a planilha de corte. Blusa com 42 cm (6 anos), 46 cm (8 anos) e 47 cm (10 anos) de comprimento.
PEÇAS: 37. FRENTE: corte uma vez com o tecido dobrado na linha do centro. 38. COSTAS: separe a pala na linha marcada. Corte a pala uma vez com o devorê e o trecho inferior uma vez com o a malha lisa dobrada na linha do centro. A. ACABAMENTO DO DECOTE: 48 cm x 3,5 cm, uma vez. B. ACABAMENTO DA CAVA: 43 cm x 3,5 cm, duas vezes.
MONTAGEM:
- Costure a pala pelo direito da borda superior das costas. Vire as folgas da costura sobre o avesso da parte inferior das costas e prenda com pespontos rentes.
- Feche um dos ombros, unindo frente e costas. Costure o direito da borda interna do acabamento pelo avesso do decote. Dobre o acabamento ao meio para o direito do decote, embainhe a borda e prenda com pespontos sobre a primeira costura.
- Feche o outro ombro.
- Arremate as cavas, prendendo as tiras dos acabamentos, de acordo com o acabamento do decote.
- Junte frente e costas com uma costura pelas laterais.
- Faça a bainha inferior.

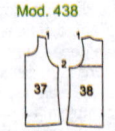

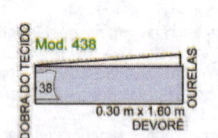

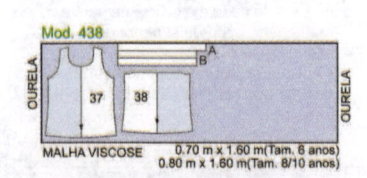

MOLDE 068

SAIA
TAMANHO 6/8/10
PEÇA: 51
LINHA DO MOLDE EM AZUL
6 ANOS
8 ANOS
10 ANOS

FOLHA H
SUGESTÃO DE TECIDO: seda.
FORRO: cetim.
METRAGEM: Tecido – 0,70 m (6 anos) e 0,80 m (8/10 anos) x 1,40 m. Forro - 0,60 m (6 anos) e 0,70 m (8/10 anos) x 1,50 m.
AVIAMENTOS: um zíper de 18 cm; * cm de entretela.
COMO CORTAR: copie as peças, de acordo com o tamanho escolhido. Copie o acabamento. Distribua as peças no tecido no tecido e no forro, observando as planilhas de corte. Corte o acabamento no tecido e na entretela. Saia com 29 cm (6 anos), 35 cm (8 anos) e 39 cm (10 anos) de comprimento.
PEÇA: 51. FRENTE E COSTAS: para a frente, corte a peça uma vez no tecido e no forro, formando peças inteiras. Para as costas, corte a peça duas vezes no tecido e no forro.
MONTAGEM:
- Prenda a entretela no avesso dos acabamentos.
- Faça a costura central das costas do tecido e do forro, separadamente, deixando livre a abertura superior.
- Junte frente e costas das peças de tecido, de forro e dos acabamentos, separadamente, com uma costura pelas laterais. Chuleie as bordas inferiores do acabamento.
- Alinhave o forro pelo avesso das bordas da abertura central das costas e borda superior do tecido.
- Costure o direito do acabamento pelo direito da borda superior.
- Prenda o direito das folgas do zíper pelo direito das bordas da abertura central das costas. Costure o direito das bordas do acabamento das costas pelo avesso das folgas do zíper. Revire os acabamentos para o avesso. Pesponte a 0,5 cm da borda superior do modelo.
- Faça uma bainha fina presa com pespontos nas bordas inferiores do tecido e do forro, separadamente.

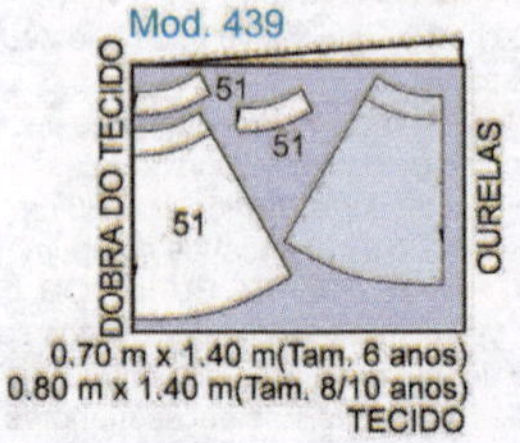

MOLDE 069

✂✂✂
VESTIDO
TAMANHO 42
PEÇAS: 31 a 33
LINHA DO MOLDE EM VERMELHO

FOLHA I
SUGESTÃO DE TECIDO: malha bandagem
METRAGEM: 1,10 m x 1,30 m. Molde para malha com 70% de alongamento na direção horizontal e 80% na direção vertical (veja em Dicas de Costura como calcular o alongamento).
AVIAMENTOS: 30 cm de tule de náilon stretch; 16 m x 0,5 cm de elástico; um zíper metálico de 50 cm; linha para malha e agulha ponta bola
COMO CORTAR: distribua as peças no tecido, observando a planilha de corte. Vestido com 88 cm de comprimento.
PEÇAS: 31. FRENTE E COSTAS SUPERIORES. 32. FRENTE E COSTAS INFERIORES: para frente, corte as peças uma vez com o tecido dobrado na linha do centro. Costas: corte a mesma peça duas vezes. 33. BABADO INFERIOR: corte duas vezes com o tecido dobrado na linha do centro. A. ACABAMENTO DO DECOTE: 81 cm x 3,5 cm, uma vez. B. ACABAMENTO DA CAVA: 39 cm x 3,5 cm, duas vezes. ENTREMEIO SUPERIOR: 73 cm x 8 cm, uma vez no tule. ENTREMEIO INFERIOR: 95 cm x 8 cm, uma vez no tule.
MONTAGEM:
• Faça a costura central das costas inferiores, deixando livre a abertura superior.
• Feche um dos ombros, unindo frente e costas.
• Prenda o direito de uma das bordas do acabamento com uma costura a 1 cm do avesso da borda do decote. Dobre acabamento ao meio para o direito do decote. Vire 1 cm da borda do acabamento para o avesso e prenda com pespontos sobre a primeira costura.
• Feche o outro ombro.
• Da mesma maneira, monte os acabamentos nas cavas.
• Junte frente e costas de todas as peças com uma costura pelas laterais.
• Para os entremeios, aplique, aproximadamente, nove tiras de elástico, horizontalmente, com pontos de ziguezague sobre o tule, mantendo a mesma distância entre cada aplicação.
• Feche as bordas menores dos entremeios com uma costura, direito sobre direito.
• Aplique os entremeios com pontos de ziguezague pelo direito das bordas das peças de malha, unindo-as de acordo com o modelo.
• Costura o direito das bordas da abertura central das costas pelo direito das folgas do zíper. Prenda as bordas superiores das folgas da abertura do centro das costas com alguns pespontos no avesso das peças.

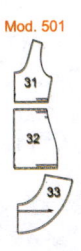

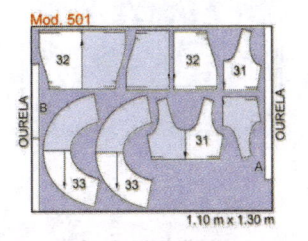

MOLDE 070

✂✂✂
VESTIDO
TAMANHO 40
PEÇAS: 31 a 34
LINHA DO MOLDE EM VERDE

FOLHA J
SUGESTÃO DE TECIDO: poliéster jacquard. FORRO: failete.
METRAGEM: Tecido – 1,20 m x 1,40 m. Forro – 1,10 m x 1,40 m.
AVIAMENTOS: um zíper invisível de 60 cm;
COMO CORTAR: distribua as peças no tecido e no forro, observando a planilha de corte. Vestido com 90 cm de comprimento.
PEÇAS: 31. FRENTE SUPERIOR. 33. FRENTE INFERIOR: corte as peças uma vez no forro. Separe as peças nas linhas marcadas. Corte cada parte uma vez no tecido. 32. COSTAS SUPERIORES. 34. COSTAS INFERIORES: corte as peças duas vezes no tecido e no forro.
MONTAGEM:
• Feche as pences.
• Faça as costuras de união das peças superiores e inferiores da frente externa, unindo as peças nas linhas de corte.
• Junte frente e costas das peças superiores de tecido e de forro, separadamente, com uma costura pelos ombros e, com outra costura, pelas laterais.
• Junte tecido e forro, separadamente, com uma costura pelas bordas do decote. Bata a costura a ferro, virando as folgas sobre o avesso do forro e prenda com pespontos rentes.
• Em seguida, una, tecido e forro, pelas bordas das cavas.
• Revire as peças, avesso sobre avesso.
• Prendendo tecido e forro inferiores, separadamente, faça a costura central das costas, sem fechar a abertura inferior.
• Feche as laterais inferiores, unindo frente e costas.
• Prenda as peças superiores nas inferiores, unindo tecido e forro, separadamente.
• Faça a montagem do zíper invisível na abertura central das costas externas, de acordo com Dicas de Costura. Prenda o direito das bordas do forro pelo avesso das folgas do zíper.
• Revire o forro para o avesso do tecido.
• Faça as bainhas inferiores.

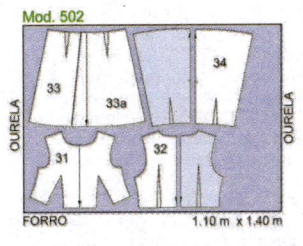

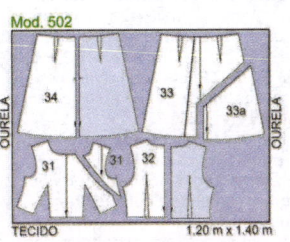

MOLDE 071

✂✂✂
VESTIDO
TAMANHO 38
PEÇAS: 34 a 36
LINHA DO MOLDE EM AZUL

FOLHA I
SUGESTÃO DE TECIDO: crepe. FORRO: cetim.
METRAGEM: Tecido – 1,40 m x 1,50 m. Forro – 1,10 m x 1,50 m.
AVIAMENTOS: um zíper invisível de 55 cm; quatro aplicações de renda sutache.
COMO CORTAR: distribua as peças no tecido e no forro, observando as planilhas de corte. Vestido com 86 cm de comprimento.
PEÇAS: 34. FRENTE: corte uma vez com o forro dobrado na linha do centro. Para a parte externa, separe a peça na linha lateral inferior marcada. Elimine o trecho lateral. Corte o restante da peça uma vez com o tecido dobrado na linha do centro. 35. COSTAS: corte duas vezes no forro. Para a parte externa, separe a peça na linha lateral inferior marcada. Elimine o trecho lateral. Corte o restante da peça duas vezes no tecido. 36. NESGA LATERAL: corte duas vezes com o tecido dobrado na linha do centro.
MONTAGEM:
• Feche as pences.
• Faça a costura central das costas do tecido e do forro, separadamente, deixando livre a abertura superior.
• Junte frente e costas com uma costura pelos ombros e, com outra costura, pelas laterais, deixando livres as bordas de montagem das nesgas nas peças de tecido.
• Faça uma bainha fina presa com pespontos nas bordas inferiores das nesgas. Monte as nesgas nas bordas laterais inferiores do tecido, de acordo com os números de junção, prendendo o direito das bainhas inferiores sobre o avesso das nesgas.

Revire as bainhas para o avesso das peças maiores da frente e das costas. Prenda as bainhas com pontos invisíveis.
• Junte tecido e forro, direito sobre direito, com uma costura pelas bordas do decote. Vire as folgas da costura sobre o avesso do forro e prenda com pespontos a 0,7 cm.
• Prossiga com a montagem unindo tecido e forro pelas bordas das cavas.
• Em seguida, una as peças pelas bordas dos contornos das aberturas laterais.
• Faça a montagem do zíper invisível na abertura central das costas externas, de acordo com Dicas de Costura. Prenda o direito das bordas do forro pelo avesso das folgas do zíper. Revire o forro para o avesso do tecido.
• Faça a bainha inferior do forro.
• Prenda as aplicações com pespontos no contorno das aberturas laterais.

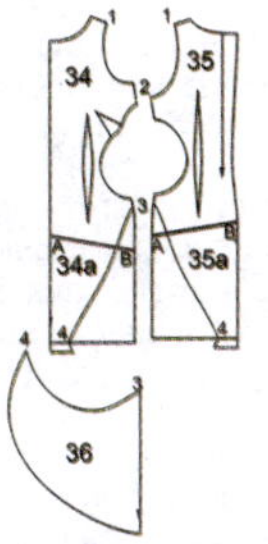

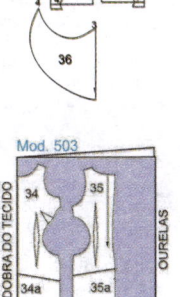

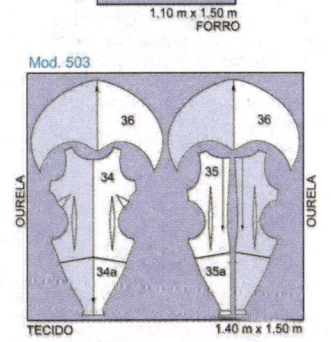

MOLDE 072

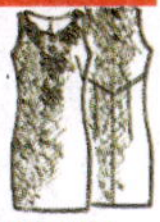

✂✂✂
VESTIDO
TAMANHO 44
PEÇAS: 35 a 38
LINHA DO MOLDE EM VERMELHO

FOLHA J
SUGESTÃO DE TECIDO: renda. FORRO: tafetá.
METRAGEM: Tecido – 1,10 m x 1,40 m. Forro – 1,00 m x 1,50 m.
AVIAMENTOS: um zíper invisível de 60 cm; uma aplicação de renda guipure.
COMO CORTAR: distribua as peças no tecido e n forro, observando as planilhas de corte. Vestido com 90 cm de comprimento.
PEÇAS: 35. FRENTE: separe a pala central na linha marcada. Corte

a pala uma vez com a renda e o forro dobrados na linha do centro. Corte a peça maior duas vezes na renda e no forro. 36. **MOLDE BÁSICO PARA A APLICAÇÃO:** copie a peça. Utilize o molde para adquirir uma aplicação de guipure com contorno aproximado. 37. **PALA DAS COSTAS:** corte duas vezes na renda. 38. **COSTAS:** corte duas vezes na renda e no forro. A. **VIÉS DO DECOTE DAS COSTAS:** 16 cm x 3 cm, duas vezes no forro. B. **VIÉS DAS CAVA:** 53 cm x 3 cm, duas vezes no forro.

MONTAGEM:
• Feche as pences.
• Una as peças da frente e das costas de renda e de forro, separadamente, com uma costura pelo centro, sem fechar a abertura superior das costas.
• Junte a renda e o forro da pala central da frente, direito sobre direito, com uma costura pelas bordas superiores. Revire as peças.
• Junte a renda e o forro da frente, direito sobre direito, com uma costura pelas bordas da frente, prendendo as bordas da pala, de acordo com a numeração de montagem. Revire a renda e o forro da frente, avesso sobre avesso.
• Una a renda e o forro inferiores das costas, direito sobre direito. Costure as bordas superiores das peças, prendendo as palas das costas. Revire o forro para o avesso das costas.
• Costure o direito do viés pelo direito do decote das costas.
• Costure a frente nos ombros das costas.
• Prenda a aplicação de guipure pelo direito do modelo.
• Faça a montagem do zíper invisível na abertura superior das costas.
• Vire o viés para o avesso do decote das costas, embainhe a borda e prenda com pespontos.
• Costure o direito do viés sobre o direito das cavas. Junte frente e costas com uma costura pelas laterais, prendendo tecido e forro, separadamente, antes de alcançar a borda inferior do modelo.
• Vire o viés para o avesso da cava e embainhe a borda e prenda com pespontos.
• Faça as bainhas inferiores.

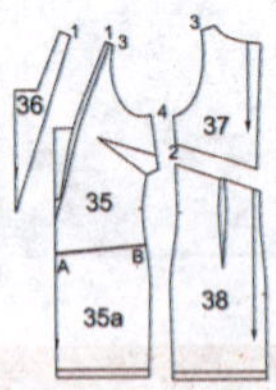

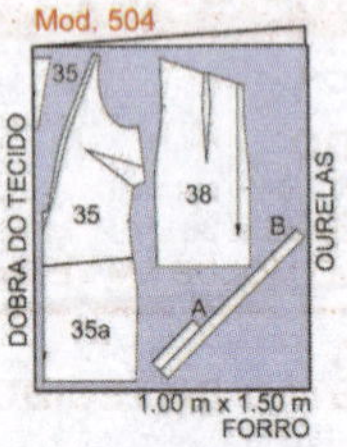

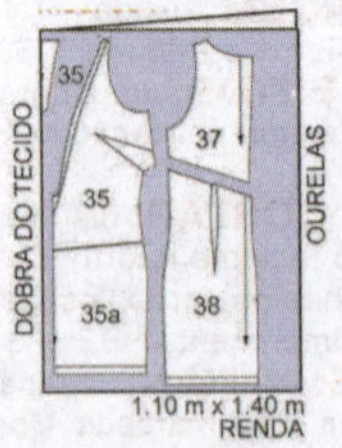

MOLDE 073

VESTIDO
TAMANHO 40
PEÇAS: 36 a 40
LINHA DO MOLDE EM PRETO

FOLHA L
SUGESTÃO DE TECIDO: algodão misto brocado e cetim
METRAGEM: Brocado - 2,10 m x 1,40 m. Cetim - 0,30 m x 1,50 m.
AVIAMENTOS: um zíper invisível de 55 cm; 10 cm de entretela; miçangas, pérolas e pedrarias.
COMO CORTAR: distribua as peças no tecido, observando a planilha de corte. Vestido com 90 cm de comprimento.
PEÇAS: 36. FRENTE. 37. COSTAS. 40. ACABAMENTO DAS COSTAS: corte as peças duas vezes no brocado. 38. GOLA: corte duas vezes com o cetim e uma vez com a entretela dobrados na linha do centro. 39. ACABAMENTO DA FRENTE: corte uma vez com o brocado dobrado na linha do centro.

MONTAGEM:
• Feche as pences dos acabamentos da frente e das costas.
• Una as peças da frente e das costas com uma costura coincidindo os números 1, 3, 5 e 7 de montagem. Vinque as pregas da frente e das costas, direito sobre direito, na direção das setas, deixando A sobre B. Bata a ferro, abrindo os fundos as pregas ao meio. Prenda o centro das bordas superiores dos fundos das pregas com pespontos sobre o avesso das costuras das pences.
• Faça a costura central da frente e das costas, deixando livre a abertura superior das costas.
• Junte frente e costas das peças e dos acabamentos, separadamente, com uma costura pelos ombros e laterais.
• Prenda o direito dos acabamentos pelo direito do decote e, com outra costura, pelas bordas das cavas.
• Faça a montagem do zíper invisível na abertura central das costas, de acordo com Dicas de Costura. Costure o direito das bordas dos acabamentos das costas pelo avesso das folgas do zíper. Revire os acabamentos para o avesso.
• Vire a bainha inferior para o avesso e prenda com pespontos.
• Prenda a entretela no avesso da parte interna da gola. Una as peças da gola, direito sobre direito, com uma costura pelas bordas, deixando uma pequena abertura, para revirar. Revire a gola, avesso sobre avesso. Embainhe as bordas da abertura e prenda com pontos à mão.
• Aplique as miçangas, pérolas e pedrarias na parte externa da gola.
• Prenda a gola com pontos à mão pelo direito do decote, coincidindo os números de junção.

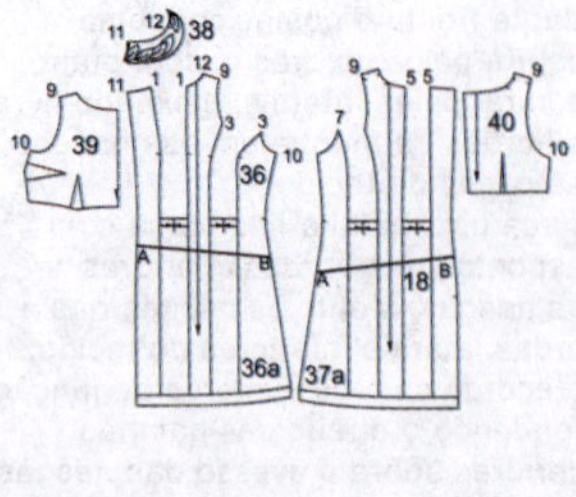

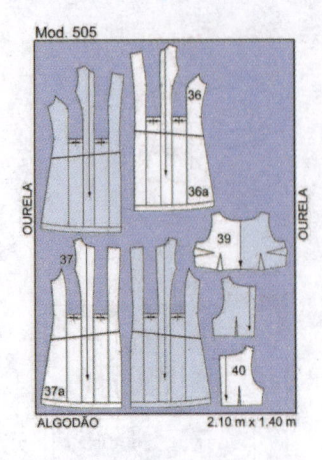

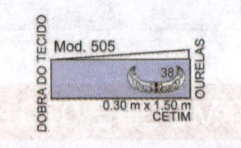

MOLDE 074

VESTIDO
TAMANHO 42
PEÇAS: 45 a 50
LINHA DO MOLDE EM VERMELHO

FOLHA K
SUGESTÃO DE TECIDO: tweed. FORRO: failete.
METRAGEM: Tecido – 1,20 m x 1,50 m. Forro – 1,10 m x 1,40 m.
AVIAMENTOS: Um zíper invisível de 40 cm; spikes, chatons e paetês prateados.
COMO CORTAR: copie os acabamentos, o fundo menor do bolso e o espelho do fundo maior. Distribua as peças no tecido e no forro, observando as planilhas de corte. Vestido com 90 cm de comprimento.
PEÇAS: 45. FRENTE SUPERIOR: corte uma vez com o tecido e o forro dobrados na linha do centro. 46. COSTAS SUPERIORES. 49. COSTAS INFERIORES: corte cada peça duas vezes no tecido e no forro. 47. FRENTE INFERIOR EXTERNA. 50. FRENTE INFERIOR INTERNA: corte uma vez com o tecido (externa) e o forro (interna) dobrados na linha do centro. 48. FUNDO MAIOR DO BOLSO: corte duas vezes no forro.

MONTAGEM:
• Feche as pences.
• Junte frente e costas das peças superiores de tecido, de forro e dos acabamentos, separadamente, com uma costura pelas bordas dos ombros e, com outra costura, pelas laterais.
• Embainhe as bordas inferiores dos acabamentos. Bata a ferro. Aplique o avesso dos acabamentos pelo direito do forro com uma costura rente às bordas embainhadas.
• Junte as peças externas e internas, direito sobre direito, com uma costura pelas bordas do decote. Vire as folgas da costura sobre o avesso das peças internas e prenda com pespontos rentes. Em seguida, una as peças pelas bordas das cavas.
• Revire as peças avesso sobre avesso. Bata a ferro.
• Chuleie as bordas internas dos acabamentos das aberturas dos bolsos e dos espelhos dos fundos maiores dos bolsos. Aplique o avesso dos acabamentos e dos espelhos pelo direito dos fundos menores e maiores dos bolsos com pespontos rentes às bordas chuleadas.
• Monte o direito do fundo menor do bolso no direito da peça da frente com uma costura pela borda da abertura. Revire o fundo menor do bolso para o avesso da frente.
• Una os fundos menor e maior do bolso, direito sobre direito, com uma costura contornando as bordas.
• Faça a costura central das costas do tecido e do forro, separadamente, deixando livre a abertura superior.
• Junte frente e costas inferiores com uma costura pelas laterais, prendendo tecido e forro, separadamente.
• Junte as peças superiores e inferiores com uma costura.
• Faça a montagem do zíper invisível na abertura superior das costas externas, de acordo com Dicas de Costura.
• Costure o direito das bordas dos acabamentos e do forro pelo avesso das folgas do zíper. Torne a revirar as peças.
• Faça as bainhas inferiores.
• Aplique os spikes, chatons, cristais e paetês no modelo.

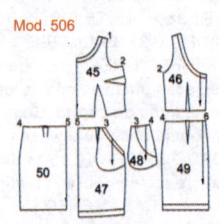

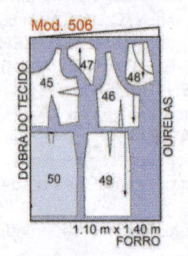

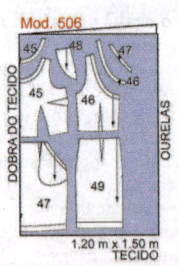

MOLDE 075

BLUSA
TAMANHO 44
PEÇAS: 51 a 54
LINHA DO MOLDE EM VERDE

FOLHA K
SUGESTÃO DE TECIDO: viscose chifonada
METRAGEM: 2,10 m x 1,40 m.
AVIAMENTOS: quatro alças de 25 cm com strass.
COMO CORTAR: distribua as peças no tecido, observando a planilha de corte. Blusa com 69 cm de comprimento.
PEÇAS: 51. FRENTE: corte uma vez com o tecido dobrado na linha do centro. 52. COSTAS: separe a pala na linha marcada. Corte a pala duas

vezes. 53. BABADO LATERAL. 54. MANGA: corte as peças duas vezes. A. VIÉS DO DECOTE: 75 cm x 3 cm, uma vez. B. PUNHO: 27 cm x 10 cm, duas vezes.

MONTAGEM:
• Vinque as pregas do decote da frente, direito sobre direito, na direção das setas, deixando A sobre B. Bata as pregas a ferro. Prenda a prega central com uma costura pelo avesso no trecho marcado. Alinhave os fundos das pregas no decote.
• Faça uma bainha fina presa com pesponto nas bordas dos babados das costas, deixando livres as bordas de montagem nas bordas superiores das costas, das cavas e das laterais das costas.
• Alinhave o avesso dos babados pelo direito das bordas superiores, das cavas e laterais das costas.
• Prenda as palas nas bordas superiores das costas e nos ombros da frente.
• Franza as bordas superiores das mangas no trecho marcado. Monte as mangas nas cavas.
• Junte frente e costas, com uma costura pelas laterais, a partir das bordas inferiores das mangas.
• Faça o acabamento do decote com a montagem do viés de rolo, de acordo com Dicas de Costura.
• Feche as bordas menores dos punhos, formando dois círculos.
• Franza as bordas inferiores das mangas o suficiente para a montagem dos punhos.
• Costure o direito das bordas das partes internas dos punhos pelo avesso das bordas franzidas das mangas. Vinque os punhos, avesso sobre avesso. Embainhe as bordas das partes externas dos punhos pelo direito das mangas, bata a ferro e prenda com pesponto rentes.
• Faça a bainha inferior.
• Prenda as alças de strass com pontos à mão sobre os punhos.

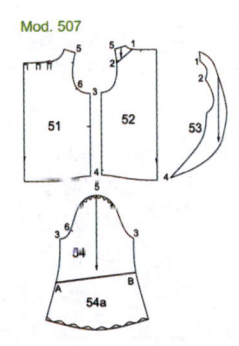

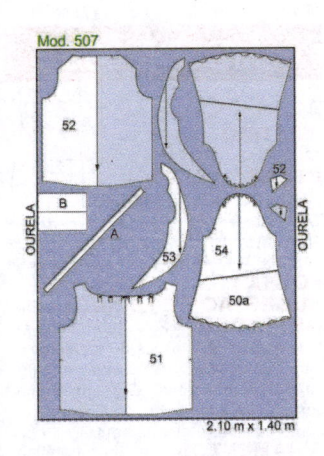

MOLDE 076

SAIA
TAMANHO 40/44
FOLHA I
TAMANHO 38/42
FOLHA J
PEÇA: 1
LINHA DO MOLDE EM AZUL
TAM. 38/40
TAM. 42/44
SUGESTÃO DE TECIDO: tule stretch. FORRO: liganete.
METRAGEM: Tecido – 0,60 m x 1,40 m. Forro – 0,60 m x 1,60 m. Molde para tecido com 100% e forro com 80% de alongamento (veja em Dicas de Costura como calcular o alongamento).
AVIAMENTOS: 70 cm (tam. 38) e 80 cm (tam. 40/42/44) x 4 cm de elástico de embutir; miçangas e canutilhos; linha para malha e agulha ponta bola.
COMO CORTAR: copie as peças, de acordo com o tamanho escolhido. Distribua as peças no tecido e no forro, observando as planilhas de corte. Saia com 39 cm de comprimento.
PEÇAS: 1. FRENTE E COSTAS: corte duas vezes com o tecido e o forro dobrados na linha do centro.
MONTAGEM:
• Junte frente e costas das peças de tecido e de forro, separadamente, com uma costura pelas laterais.
• Chuleie o forro pelo avesso da borda superior do tecido.
• Separe uma tira de elástico de 68 cm (tam. 38), 72 cm (tam. 40), 76 cm (tam. 42) e 80 cm (tam. 44). Una as pontas do elástico com uma costura, formando um círculo. Costure o elástico pelo avesso da borda superior do modelo, prendendo tecido e forro. Ao costurar sobre o elástico, estique-o para manter a elasticidade.
• Vire o elástico e o passador superior para o avesso do modelo e prenda com pontos de ziguezague, esticando o quanto for suficiente.
• Vire as bainhas inferiores para o avesso e prenda com pesponto duplos.
• Borde a frente do modelo com miçangas e canutilhos.

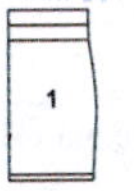

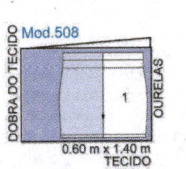

MOLDE 077

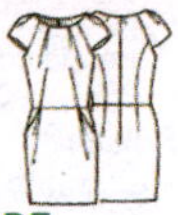

VESTIDO
TAMANHO 42
PEÇAS: 23 a 30
LINHA DO MOLDE EM VERDE

FOLHA K
SUGESTÃO DE TECIDO: poliéster stretch. FORRO: cetim stretch.
METRAGEM: Tecido – 1,30 m x 1,50 m. Forro – 1,10 m x 1,50 m.
AVIAMENTOS: um zíper invisível de 60 cm.
COMO CORTAR: copie os acabamentos inferiores. Distribua as peças no tecido e no forro, observando as planilhas de corte. Vestido com 94 cm de comprimento.
PEÇAS: 23. FRENTE SUPERIOR EXTERNA. 27. FRENTE INFERIOR EXTERNA: corte uma vez com o tecido dobrado na linha do centro. 24. COSTAS SUPERIORES: separe a peça na linha marcada. Corte cada parte duas vezes no tecido e no forro. 25. MANGA EXTERNA. 28. FUNDO EXTERNO DO BOLSO: corte as peças duas vezes no tecido. 26. MANGA INTERNA: corte duas vezes no forro. 29. COSTAS INFERIORES E FRENTE INTERNA: para frente interna, corte a peça uma vez com o forro dobrados na linha do centro. Para as costas, corte a peça duas vezes no tecido e no forro. 30. FRENTE SUPERIOR INTERNA: corte uma vez com o forro dobrado na linha do centro.
MONTAGEM:
• Feche as pences.
• Vinque as pregas da frente superior externa e das mangas externas nas linhas marcadas, deixando A sobre B. Bata as pregas a ferro e prenda com alinhavos nas bordas das peças.
• Faça a costura de união da frente e costas das mangas de forro.
• Prendendo o tecido e o forro com costuras separadas, prenda as peças centrais nas peças laterais das costas superiores. Junte frente e costas, com uma costura pelas laterais.
• Una tecido e forro das mangas, direito sobre direito, com uma costura pelas bordas superiores. Bata a costura a ferro, virando as folgas sobre o avesso do forro e prenda com pesponto rentes.
• Em seguida, prenda o forro nas bordas inferiores das mangas de tecido. Revire as mangas.
• Una tecido e forro da frente e das costas, direito sobre direito, com uma costura pelas bordas do decote. Vire as folgas da costura sobre o avesso do forro e prenda com pesponto rentes.
• Prossiga com a costura pelas bordas das cavas, prendendo as mangas, coincidindo os números de junção.
• Una os fundos dos bolsos, direito sobre direito. Costure as bordas inferiores. Revire o fundo interno do bolso na linha indicada para o avesso da frente. Bata a ferro.
• Vinque as pregas da frente inferior de tecido, direito sobre direito, na direção das setas. Bata as pregas a ferro e prenda com alinhavos na borda da peça.
• Prendendo tecido e forro, separadamente, faça a costura do centro das costas inferiores, deixando livre a abertura superior. Feche as laterais inferiores, deixando uma abertura em uma das costuras do forro.
• Prenda as peças superiores nas inferiores.
• Faça a montagem do zíper invisível na abertura central das costas do tecido, de acordo com Dicas de Costura. Prenda o direito das bordas do forro pelo avesso das folgas do zíper.
• Junte frente e costas dos acabamentos inferiores com uma costura pelas laterais. Prenda o direito dos acabamentos pelo direito das bordas inferiores do tecido. Vire as folgas da costura sobre o avesso dos acabamentos e prenda com pesponto rentes.
• Junte tecido e forro, direito sobre direito, com uma costura pelas bordas inferiores.
• Revire as peças, vincando os acabamentos para o avesso.
• Feche a abertura lateral do forro.

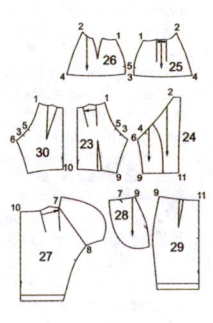

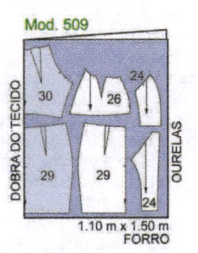

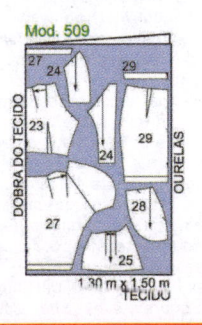

MOLDE 078

VESTIDO
TAMANHO 42
PEÇAS: 23 a 30/A
LINHA DO MOLDE EM VERDE

FOLHA I
SUGESTÃO DE TECIDO: seda. FORRO: failete.
METRAGEM: Tecido – 2,00 m x 1,40 m. Forro – 1,20 m x 1,40 m.
AVIAMENTOS: um zíper invisível de 35 cm; três botões de 1 cm; colchetes; 10 cm de entretela.
COMO CORTAR: distribua as peças no tecido e no forro, observando as planilhas de corte e deixando a linha guia sobre o mesmo tipo de listra do tecido. Vestido com 52 cm de comprimento, a partir da saia.
PEÇAS: 23. FRENTE SUPERIOR CENTRAL 24. FRENTE SUPERIOR

LATERAL. 25. COSTAS SUPERIORES CENTRAL. 26. COSTAS SUPERIORES LATERAL: corte as peças duas vezes no tecido e no forro. 27. BABADO: corte duas vezes no tecido. 28. PALA DA FRENTE: corte duas vezes com o tecido e a entretela dobrados na linha do centro. 29. PALA DAS COSTAS: corte quatro vezes no tecido e na entretela. 30. FRENTE E COSTAS INFERIOR CENTRAL: para a frente, corte uma vez com o tecido e o forro dobrados na linha do centro. Para as costas, corte duas vezes no tecido e no forro. 30/A. FRENTE E COSTAS INFERIORES LATERAL: corte quatro vezes. A. VIÉS DAS CAVAS: 52 cm x 3 cm, duas vezes. A. FAIXA: 82 cm x 11 cm, uma vez.

MONTAGEM:
- Feche os ombros e as laterais superiores das peças externas e internas, separadamente, unindo frente e costas.
- Faça uma bainha de lenço nas bordas externas dos babados.
- Franza as bordas internas dos babados o suficiente para a montagem nos lugares marcados.
- Prenda o direito dos babados com alinhavos sobre o direito das peças centrais externas da frente e das costas, coincidindo a numeração de montagem.
- Junte as peças centrais e laterais da frente e das costas com uma costura, prendendo os babados nos lugares marcados nas peças externas.
- Faça a costura central superior da frente externa e interna, separadamente.
- Junte tecido e forro, direito sobre direito, com uma costura pelas bordas da abertura do centro da frente e das costas. Bata as costuras virando as folgas sobre o avesso do forro e prenda com pespontos rentes.
- Revire o forro para o avesso do tecido. Una as bordas superiores e das cavas com alinhavos.
- Prenda a entretela no avesso das palas. Feche os ombros das partes externas e internas das palas, separadamente.
- Junte as partes externas e internas das palas, direito sobre direito, com uma costura pelas bordas externas, deixando livres as bordas de montagem na frente e nas costas.
- Costure o direito da borda da parte externa da pala pelo direito das peças da frente e das costas, coincidindo a numeração de montagem.
- Embainhe a borda da parte interna da pala sobre o avesso da costura e prenda com pontos à mão.
- Una as peças centrais e laterais inferiores da frente e das costas com uma costura. Junte frente e costas com uma costura pelas laterais.
- Faça a costura central das costas inferiores, deixando livre a abertura superior, para a montagem do zíper.
- Monte as peças superiores nas inferiores, prendendo o tecido e o forro, separadamente.
- Monte o zíper invisível na abertura central das costas inferiores, de acordo com Dicas de Costura. Prenda o direito das bordas do forro pelo avesso das folgas do zíper. Revire as peças.
- Feche as bordas menores do viés com uma costura, formando dois círculos. Arremate as cavas com a montagem do viés de rolo, de acordo com Dicas de Costura.
- Faça uma bainha de lenço nas bordas inferiores.
- Abra as casas e pregue os botões, para o fechamento da pala.

- Vinque o cinto ao meio no comprimento, direito sobre direito. Una as bordas externas com uma costura. Revire a faixa, embainhe as bordas da abertura e prenda com pontos à mão.
- Pregue os colchetes, para o fechamento do cinto, calculando o local ideal na prova.

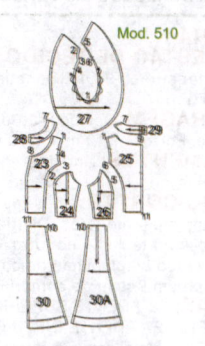

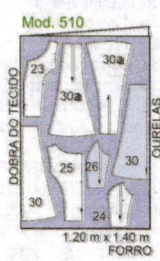

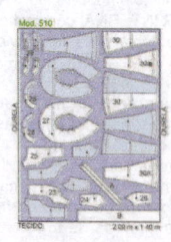

Mod. 510

Mod. 510

1.20 m x 1.40 m FORRO

Mod. 510

2.00 m x 1.40 m TECIDO

MOLDE 079

VESTIDO
TAMANHO 38
PEÇAS: 2 a 12
LINHA DO MOLDE EM PRETO

FOLHA I
SUGESTÃO DE TECIDO: chifon de seda, tweed e tule stretch. FORRO: cetim.
METRAGEM: Chifon – 0,70 m x 1,40 m. Tweed - 1,10 m x 1,50 m. Tule – 0,30 m x 1,40 m. Forro – 1,10 m x 1,50 m.
AVIAMENTOS: um zíper invisível de 55 cm; 60 cm de entretela; 0,30 cm de crepe georgete liso; uma fivela para cinto de 5,5 cm.
COMO CORTAR: distribua as peças nos tecidos e no forro, observando as planilhas de corte. Vestido com 93 cm de comprimento, a partir da cintura.
PEÇAS: 2. FRENTE SUPERIOR CENTRAL. 3. FRENTE SUPERIOR LATERAL DIREITA. 4. FRENTE SUPERIOR LATERAL ESQUERDA (SUPERIOR). 5. FRENTE SUPERIOR LATERAL ESQUERDA (INFERIOR): corte as peças uma vez no forro e na entretela, para reforço. 6. FRENTE SUPERIOR CENTRAL INTERNA: corte uma vez no forro dobrado na linha do centro.

7. FRENTE SUPERIOR LATERAL INTERNA: corte duas vezes no forro.
8. PALA DA FRENTE: corte uma vez no tule dobrado na linha do centro. 9. FRENTE INFERIOR CENTRAL: corte uma vez com o tecido e o forro dobrados na linha do centro. 10. FRENTE INFERIOR LATERAL. 11. COSTAS CENTRAIS.
12. COSTAS LATERAIS: corte as peças duas vezes no tecido e no forro. A. DRAPÊ CENTRAL: 34 cm x 75 cm, uma vez no tecido estampado.
B. DRAPÊ LATERAL DIREITO: 34 cm x 45 cm, uma vez no tecido estampado. C. DRAPÊ SUPERIOR LATERAL ESQUERDO: 20 cm x 57 cm, uma vez no tecido estampado.
D. DRAPÊ INFERIOR LATERAL ESQUERDO: 25 cm x 40 cm, uma vez. E. ACABAMENTO DO DECOTE DA PALA: 26 cm x 3 cm, uma vez no tule. F. ACABAMENTO DA CAVA DA PALA: 17 cm x 3 cm, duas vezes no tule. G. CINTO: 25 cm e 36 cm x 13 cm, uma vez, cada, no georgete liso e na entretela.

MONTAGEM:
- Prenda a entretela no avesso das peças.
- Faça pregas verticais presas com alinhavos nas tiras dos drapês reduzindo as larguras das tiras até 28 cm (A), 19 cm (B), 21 cm (C) e 15 cm (D). Bata as pregas a ferro.
- Prenda os drapês com alinhavos sobre as peças de reforço. Apare o excesso das bordas dos drapês, deixando livres as folgas para as costuras.
- Faça as costuras de união das peças superiores da frente, coincidindo os números de montagem, de maneira que o trecho inferior esquerdo seja preso por último.
- Prenda as peças laterais na frente superior central, na frente inferior e nas costas central, prendendo as peças de tecido e de forro, separadamente.
- Vinque os acabamentos ao meio no comprimento, avesso sobre avesso. Costure as bordas dos acabamentos pelo avesso do decote e das cavas da pala da frente. Dobre os acabamentos ao meio para o direito das bordas e prenda com pespontos rentes, arrematando a primeira costura.
- Junte as peças superiores e inferiores da frente com uma costura, prendendo as peças de tecido e de forro, separadamente.
- Faça a costura central das costas de tecido e de forro, separadamente, deixando livre a abertura superior.
- Vinque as tiras entreteladas do cinto ao meio no comprimento, direito sobre direito. Una as bordas com uma costura, deixando livre uma das bordas menores, para a montagem nas laterais do modelo. Revire os cintos, direito sobre avesso.
- Junte frente e costas das peças externas e internas, separadamente, com uma costura pelas laterais, prendendo a tira maior do cinto na lateral esquerda e a tira menor na lateral direita, de acordo com as marcações. Deixe uma abertura em uma das costuras laterais do forro.
- Junte tecido e forro, direito sobre direito, com uma costura pelas bordas superiores da frente, prendendo a pala no lugar indicado.
- Prossiga com a montagem, unindo tecido e forro pelas bordas das cavas das costas; pelos ombros da frente, prendendo os ombros da pala, e pelo decote. Vire as folgas da costura sobre o avesso do forro e prenda com pespontos rentes, até onde for possível.

- Junte tecido e forro, direito sobre direito, com uma costura pelas bordas inferiores.
- Faça a montagem do zíper invisível na abertura central das costas, de acordo com Dicas de Costura. Prenda o direito das bordas do forro sobre o avesso das folgas do zíper.
- Revire as peças, vincando a bainha inferior do tecido. Feche as abertura lateral do forro.
- Mande forrar a fivela e prenda na ponta da tira menor do cinto.

Mod. 511

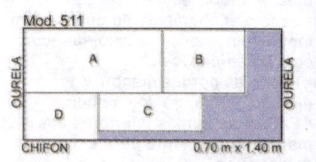

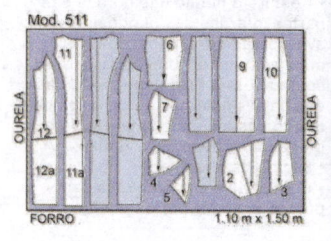

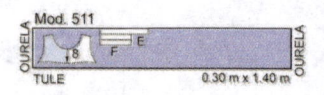

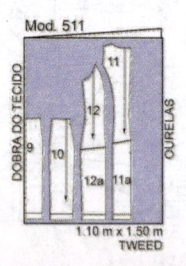

Mod. 511
CHIFON 0.70 m x 1.40 m

Mod. 511
FORRO 1.10 m x 1.50 m

Mod. 511
TULE 0.30 m x 1.40 m

Mod. 511
TWEED 1.10 m x 1.50 m

MOLDE 080

VESTIDO
TAMANHO 38/42/46
PEÇAS: 37 a 39
LINHA DO MOLDE EM AZUL
TAM. 38 ——
TAM. 42 — —
TAM. 46 ·····

FOLHA I
SUGESTÃO DE TECIDO: malha.
METRAGEM: 1,20 m (tam. 38) e 1,30 m (tam. 42/46) x 1,50 m. Molde para malha com 80% de alongamento na direção horizontal e 40% na direção vertical (veja em Dicas de Costura como calcular o alongamento).
AVIAMENTOS: um zíper metálico

de 55 cm; 10 cm de malha lisa; linha para malha e agulha ponta bola.
COMO CORTAR: copie as peças, de acordo com o tamanho escolhido. Distribua as peças no tecido, observando a planilha de corte. Vestido com 57 cm de comprimento, a partir da saia.
PEÇAS: 37. FRENTE SUPERIOR: corte uma vez com o tecido dobrado na linha do centro. 38. COSTAS SUPERIORES: corte duas vezes. 39. FRENTE E COSTAS INFERIORES: corte duas vezes com o tecido dobrado na linha do centro. A. ACABAMENTO DO DECOTE: 58 cm (tam. 38), 62 cm (tam. 42) e 64 cm (tam. 46) x 3 cm, uma vez na malha liso. B. ACABAMENTO DA CAVA: 37 cm (tam. 38), 45 cm (tam. 42) e 53 cm (tam. 46) x 3 cm, duas vezes na malha lisa. C. VIVO DA CINTURA: 69 cm (tam. 38), 77 cm (tam. 42) e 85 cm (tam. 46) x 3 cm, uma vez na malha lisa.
MONTAGEM:
• Feche as pences.
• Junte frente e costas superiores com uma costura pelos ombros e laterais.
• Feche as laterais inferiores.
• Feche as bordas menores dos acabamentos das cavas com uma costura, direito sobre direito, formando círculos.
• Vinque os vivos da cintura ao meio no comprimento, avesso sobre avesso. Costure as bordas dos vivos pelo direito do decote, das cavas e das bordas da cintura das peças superiores.
• Prenda as peças superiores nas inferiores.
• Costure o avesso das bordas da abertura central das costas pelo avesso das folgas do zíper. Vire as folgas sobre o direito das costas. Prenda com alinhavos. Pesponte, pelo direito, contornando as bordas das folgas do zíper.
• Vire a bainha inferior para o avesso e prenda com pespontos duplos.

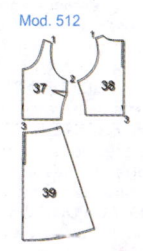

Mod. 512

Mod. 512

1.20 m x 1.50 m (Tam. 38)
1.30 m x 1.50 m (Tam. 42/46)

MOLDE 081

✂✂✂✂
VESTIDO
TAMANHO 40
PEÇAS: 2 a 11
LINHA DO MOLDE EM PRETO

FOLHA J
SUGESTÃO DE TECIDO: poliéster jacquard. FORRO: tafetá.
METRAGEM: Tecido – 2,10 m x 1,40 m. Forro – 1,10 m x 1,50 m.
AVIAMENTOS: um zíper invisível de 50 cm; quatro botões de 1,2 cm; 10 cm de entretela.
COMO CORTAR: copie o acabamento do abotoamento. Distribua as peças no tecido e no forro, observando as planilhas de corte. Vestido com 90 cm de comprimento.
PEÇAS: 2. FRENTE SUPERIOR MAIOR (DIREITA) 3. FRENTE SUPERIOR MENOR (ESQUERDA). 4. COSTAS SUPERIORES DIREITA. 5. COSTAS SUPERIORES ESQUERDA. 6. FRENTE INFERIOR ESQUERDA. 7. COSTAS INFERIORES DIREITA. 8. COSTAS INFERIORES ESQUERDA: corte as peças uma vez no tecido e no forro. 9. FRENTE EXTERNA INFERIOR E SOBRESSAIA DIREITA. 10. COSTAS EXTERNAS INFERIORES E SOBRESSAIA ESQUERDA: corte as peças duas vezes no tecido. 11. FRENTE INFERIOR INTERNA: corte uma vez no forro. A. CARCELA DO ABOTOAMENTO: 11 cm x 7 cm, uma vez no tecido e na entretela.
MONTAGEM:
• Feche as pences.
• Una as duas peças da frente com uma costura, coincidindo o número de junção.
• Faça a costura de união das peças superiores das costas, sem fechar a abertura para a montagem do zíper.
• Junte frente e costas superiores com uma costura unindo o ombro direito e as laterais, prendendo o tecido e o forro, separadamente.
• Vinque a carcela, direito sobre direito. Costure as bordas menores da peça. Revire a carcela.
• Prenda o forro na borda inferior do acabamento do abotoamento do ombro esquerdo da frente.
• Junte tecido e forro, direito sobre direito, pelas bordas do decote. Revire as folgas da costura sobre o avesso do forro e prenda com pespontos rentes.
• Prossiga com a montagem, unindo frente e costas pelas bordas da abertura do abotoamento do ombro esquerdo, prendendo a carcela no ombro das costas.
• Finalmente, una as peças pelas bordas das cavas. Revire as peças, avesso sobre avesso.
• Junte frente e costas das peças da sobressaia com uma costura pela lateral direita (lateral menor) coincidindo os números 9 e 8.
• Junte as peças da sobressaia, direito sobre direito, com uma costura pelas bordas inferiores. Revire as peças.
• Vire a banha inferior do forro das costas para o avesso e prenda com pespontos.
• Faça uma bainha de lenço na borda inferior da frente interna.
• Junte frente e costas do forro inferior com uma costura pela lateral direita.
• Faça a costura de união das duas partes do forro inferior da peça inferior da frente esquerda, prendendo o forro na borda da frente inferior de forro até o lugar marcado.
• Junte tecido e forro da frente inferior esquerda, direito sobre direito. Costure as bordas inferiores e do traspasse interno. Revire a peça.
• Alinhave o direito do forro inferior das costas na borda lateral da frente esquerda, sobre o forro.
• Junte frente e costas das peças inferiores com uma costura pela lateral direita, prendendo tecido e forro com a mesma costura, deixando o direito da borda da bainha inferior do tecido das costas sobre o avesso da frente.
• Costure as bordas da lateral direita da sobressaia na borda lateral direita das costas de tecido, prendendo o direito da bainha inferior das peças pelo avesso da frente.
• Vire a bainha inferior das costas para o avesso.
• Vinque a sobressaia nas linhas marcadas nos traspasses da frente e das costas.
• Una as bordas superiores das peças inferiores de tecido com alinhavos, coincidindo as costuras da lateral direita.
• Faça o traspasse da sobressaia sobre as peças inferiores da frente e das costas. Alinhave as bordas superiores traspassadas.
• Monte as peças superiores nas inferiores, prendendo o tecido e o forro, separadamente, nas peças das costas.
• Faça a montagem do zíper invisível na abertura do centro das costas externas, de acordo com Dicas de Costura. Prenda o direito das bordas do forro sobre o avesso as folgas do zíper. Revire as peças, avesso sobre avesso.
• Abra as casas e pregue os botões.

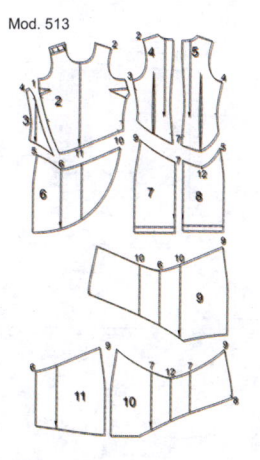

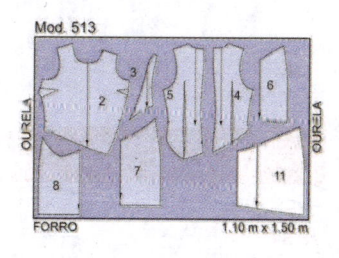

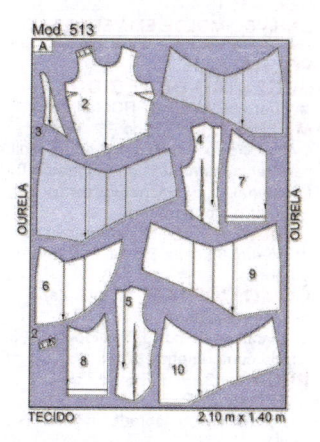

Mod. 513

Mod. 513
FORRO 1.10 m x 1.50 m

Mod. 513
A
TECIDO 2.10 m x 1.40 m

MOLDE 082

✂✂✂
SAIA
TAMANHO 44
PEÇAS: 46 a 49
LINHA DO MOLDE EM PRETO

FOLHA I
SUGESTÃO DE TECIDO: renda guipure e shantung. FORRO: microfibra.
METRAGEM: Renda – 1,30 m x 0,90 m. Shantung – 0,40 m x 1,40 m. Forro – 1,00 m x 1,50 m.
AVIAMENTOS: um zíper invisível de 20 cm; 10 cm de entretela; seis rebites; colchetes.
COMO CORTAR: distribua as peças na renda, no shantung e no forro, observando as planilhas de corte. Saia com 43 cm de comprimento.
PEÇAS: 46. FRENTE: corte duas vezes com o forro dobrado na linha do centro. Separe a peça nas linhas marcadas. Corte a faixa lateral e o trecho superior lateral duas vezes no shantung e o forro dobrados na linha do centro. Corte o trecho maior uma vez com a renda dobrada na linha do centro. 47. COSTAS: corte uma vez com a renda e duas vezes com o forro dobrados na linha do centro. 48. CÓS DA FRENTE. 49. CÓS DAS COSTAS: corte as peças duas vezes com o tecido e a entretela dobrados na linha do centro.
MONTAGEM:
• Prenda a entretela no avesso das peças.
• Aplique os rebites nos lugares marcados nas faixas laterais da frente.
• Costure o direito das bordas das faixas laterais superiores da frente nas peças de renda e nas peças laterais superiores, coincidindo a numeração de montagem. Bata as costuras a ferro, virando as folgas sobre o avesso das faixas e prenda com pespontos rentes.
• Faça uma bainha fina presa com pespontos nas bordas inferiores da frente e das costas da primeira camada de forro.
• Para completar as peças externas, alinhave a primeira camada de forro pelo avesso das bordas laterais e superiores da renda da frente e das costas.
• Feche as pences.
• Junte frente e costas das peças externas e internas, separadamente, com uma costura pelas laterais, deixando livre a abertura superior esquerda.
• Junte frente e costas do cós com uma costura pela lateral direita.
• Junte as partes externas e internas do cós, direito sobre direito, com uma costura pelas bordas superiores. Bata a costura a ferro virando as folgas sobre o avesso da parte interna do cós e prenda com pespontos rentes.
• Costure o direito da borda da parte externa do cós pelo direito das peças externas e o direito da parte interna sobre o direito do forro.
• Bata as costuras a ferro, virando as folgas sobre o avesso do cós e prenda com pespontos rentes.
• Faça a montagem do zíper invisível na abertura externa lateral esquerda, de acordo com Dicas de Costura.
• Prenda o direito das bordas das peças internas no avesso das folgas do zíper. Revir as peças, avesso sobre avesso.
• Pregue os colchetes, para o fechamento da abertura lateral.
• Faça a bainha inferior da segunda camada de forro.

155

MOLDE 083

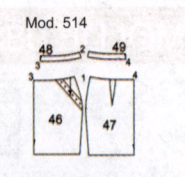

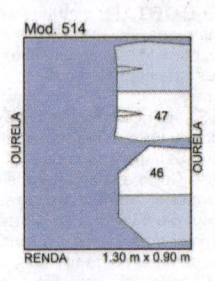

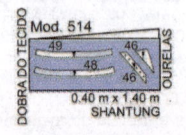

✂✂✂
VESTIDO
TAMANHO 38
PEÇAS: 41 a 44
LINHA DO MOLDE EM PRETO

FOLHA J
SUGESTÃO DE TECIDO: seda poliéster e crepe. FORRO: failete.
METRAGEM: Tecido – 1,20 m (seda) e 0,40 m (crepe) x 1,50 m. Forro – 1,10 m x 1,40 m.
AVIAMENTOS: um zíper metálico de 55 cm.
COMO CORTAR: distribua as peças nos tecido e no forro, observando as planilhas de corte. Vestido com 87 cm de comprimento.
PEÇAS: 41. FRENTE: corte uma vez com o tecido e o forro dobrados na linha do centro. **42. PALA DO OMBRO:** corte duas vezes no crepe. **43. COSTAS:** corte duas vezes no tecido e no forro. **44. MANGA:** separe a peça na linha marcada. Corte o trecho superior duas vezes no crepe e o trecho inferior duas vezes na seda. A. VIÉS: 54 cm x 3 cm, uma vez.
MONTAGEM:
• Una as peças de tecido e de forro das costas, separadamente, com uma costura pelo centro, sem fechar a abertura superior.
• Junte frente e costas do tecido e do forro, separadamente, com uma costura pelas laterais.
• Junte tecido e forro da frente e das costas, direito sobre direito, com uma costura pelas bordas superiores, prendendo as bordas da frente e das costas das palas.
• Prenda o direito das bordas da abertura central das costas do tecido pelo direito das folgas do zíper.

Costure o direito do forro pelo avesso das folgas. Revire o forro para o avesso do tecido. Una as bordas do decote com alinhavos.
• Faça as costuras de união das partes superiores das mangas.
• Feche as laterais das mangas. Monte as mangas nas cavas.
• Arremate o decote com a montagem do viés de rolo, de acordo com Dicas de Costura.
• Faça a bainha das mangas e das bordas inferiores.

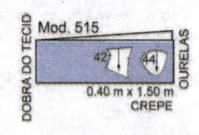

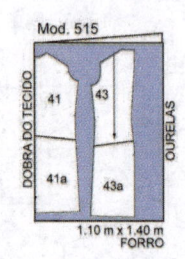

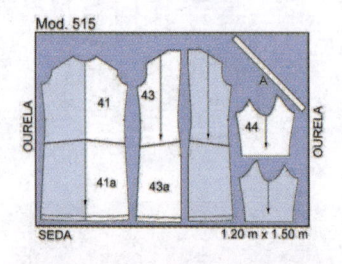

MOLDE 084

✂✂✂
VESTIDO
TAMANHO 40
PEÇAS: 12 a 20
LINHA DO MOLDE EM VERMELHO

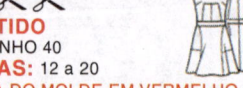

FOLHA J
SUGESTÃO DE TECIDO: jacquard stretch. FORRO: failete.
METRAGEM: Tecido – 1,30 m x 1,40 m. Forro – 1,10 m x 1,40 m. Molde para tecido com 30% de alongamento (veja em Dicas de Costura como calcular o alongamento).
AVIAMENTOS: um zíper invisível de 55 cm; 80 cm x 3,5 cm de fita de gorgorão.
COMO CORTAR: distribua as peças no tecido e no forro, observando as planilhas de corte. Vestido com 88 cm de comprimento.
PEÇAS: 12. FRENTE SUPERIOR EXTERNA (SUPERIOR): corte uma vez com o tecido dobrado na linha do centro. **13. FRENTE SUPERIOR EXTERNA (INFERIOR CENTRAL):** corte duas vezes no tecido. **14. COSTAS SUPERIORES:** corte duas vezes no tecido e no forro. **15. CÓS:** corte uma vez com o tecido e o forro dobrados na linha do centro. **16. FRENTE E COSTAS INFERIORES CENTRAIS EXTERNAS:** para a frente, corte uma vez com o tecido dobrado na linha do centro. Para as costas, corte duas vezes no tecido. **17. FRENTE E COSTAS INFERIORES LATERAIS (SUPERIOR):** corte quatro vezes. **18. FRENTE E COSTAS INFERIORES LATERAIS (INFERIOR):** corte duas vezes com o tecido dobrado na linha lateral. **19. FRENTE SUPERIOR INTERNA:** corte uma vez no forro, formando uma peça inteira. **20. FRENTE E COSTAS INFERIORES INTERNAS:** para a frente, corte uma vez com o forro dobrado na linha do centro. Para as costas, corte duas vezes no forro.
MONTAGEM:
• Feche as pences.
• Una as peças centrais superiores com uma costura pelo centro da frente.
• Faça a costura de união das peças superiores da frente, coincidindo a numeração de montagem.
• Junte frente e costas das peças superiores de tecido e de forro, separadamente, com uma costura pelos ombros.
• Una as peças superiores de tecido e de forro, direito sobre direito, com uma costura pelas bordas do decote.. Vire as folgas da costura sobre o avesso do forro e prenda com pespontos rentes. Em seguida, una as peças pelas bordas das cavas.
• Feche as laterais superiores, prendendo tecido e forro, separadamente.
• Revire o forro para o avesso do tecido. Bata a ferro.
• Junte frente e costas do trecho superior lateral da saia externa do vestido com uma costura pelas laterais.
• Junte os trechos superiores e inferiores laterais da saia externa com uma costura.
• Faça a costura central das peças inferiores das costas de tecido e de forro, deixando livre a abertura para a montagem do zíper.
• Prenda as peças laterais na frente e nas costas centrais.
• Feche as laterais do forro, unindo frente e costas.
• Costure o direito das bordas do cós de tecido pelo avesso das bordas das peças superiores e inferiores.
• Aplique a fita de gorgorão pelo direito do vestido, sobre as folgas da costura de montagem nas peças superiores e inferiores.
• Monte o cós no forro do vestido, direito sobre direito.
• Faça a montagem do zíper invisível na abertura do centro das costas externas, prendendo o direito das bordas do forro pelo avesso das folgas do zíper de acordo com Dicas de Costura.
• Torne a revirar o forro para o avesso do tecido.
• Faça as bainhas inferiores.

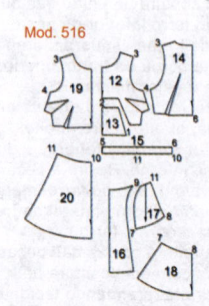

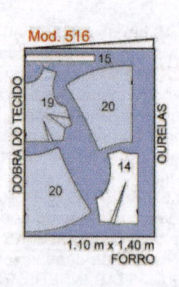

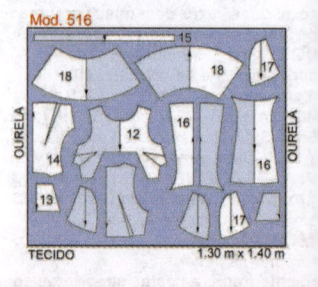

MOLDE 085

✂✂✂
SHORT-SAIA
TAMANHO 38
PEÇAS: 45 a 49
LINHA DO MOLDE EM VERMELHO

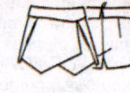

FOLHA J
SUGESTÃO DE TECIDO: algodão stretch. FORRO: tafetá.
METRAGEM: Tecido – 1,10 m x 1,40 m. Forro – 0,60 m x 1,50 m. Molde para tecido com 20% de alongamento (veja em Dicas de Costura como calcular o alongamento).
AVIAMENTOS: um zíper invisível de 20 cm; 20 cm de entretela.
COMO CORTAR: copie o fundo interno do bolso marcado na peça da frente. Distribua as peças no tecido e no forro, observando as planilhas de corte. Short com 35 cm de comprimento.
PEÇAS: 45. FRENTE INTERNA. 47. COSTAS: corte as peças duas vezes no tecido. **46. FRENTE EXTERNA:** corte duas vezes no tecido e no forro. **48. CÓS:** corte uma vez com o tecido, o forro e a entretela dobrados na linha do centro. **49. ABA DO CÓS:** corte uma vez no tecido, no forro e na entretela.
MONTAGEM:
• Feche as pences.
• Junte frente e costas com uma costura pelas entrepernas.
• Faça uma bainha fina presa com pespontos no trecho inferior lateral das costas e nas bordas inferiores da frente e das costas.
• Una as peças da frente e das costas, direito sobre direito, pelas bordas do centro da frente, gancho e centro das costas, deixando livre a abertura superior das costas.
• Junte tecido e forro da frente externa, direito sobre direito, com uma costura pelas bordas, deixando livres as bordas de montagem. Revire as peças, avesso sobre avesso. Bata a ferro.
• Costure o direito do fundo interno pelo direito da borda da abertura da peça da frente, prendendo a frente externa e interna. Vire as folgas da costura sobre o avesso do fundo do bolso e prenda com pespontos rentes. Faça piques nas folgas no início e no final da abertura. Revire o fundo do bolso para o avesso da frente.
• Costure o direito das peças externas

e internas da frente pelo direito das peças das costas, coincidindo a numeração de montagem, deixando livre a abertura do bolso.
• Una os fundos do bolso, direito sobre direito, com uma costura contornando as bordas.
• Junte tecido e forro da aba do cós, direito sobre direito, com uma costura pelas bordas superiores. Vire as folgas sobre o avesso do forro e prenda com pespontos rentes. Feche as laterais menores do cós. Revire a aba, avesso sobre avesso.
• Junte as partes externas e internas do cós, direito sobre direito, com uma costura pelas superiores, prendendo as bordas inferiores da aba.
• Prenda o direito da borda da parte externa do cós pelo direito da borda superior do modelo.
• Faça a montagem do zíper invisível na abertura central das costas, a partir da borda superior do cós.
• Embainhe a borda inferior do forro do cós. Bata a ferro. Costure o direito das bordas do forro do cós pelo avesso das folgas do zíper. Revire o forro para o avesso, bata a ferro e prenda com alinhavos. Pesponte, pelo direito, rente à costura de montagem do cós, prendendo a borda inferior embainhada do forro no avesso.
• Pesponte a borda superior do cós, rente à costura de montagem da aba.

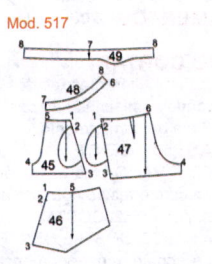

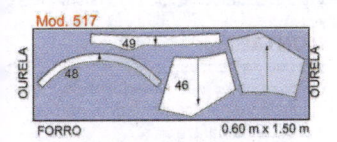

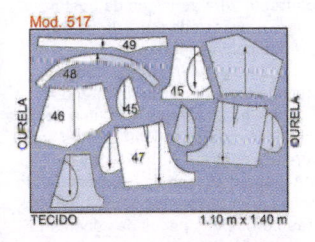

Mod. 517

MOLDE 086

✂✂✂✂
VESTIDO
TAMANHO 38
PEÇAS: 1 a 11
LINHA DO MOLDE EM PRETO

FOLHA K
SUGESTÃO DE TECIDO: seda.
FORRO: cetim.
METRAGEM: Tecido – 1,10 m x 1,40 m. Forro – 0,90 m x 1,50 m.
AVIAMENTOS: um zíper invisível de 55 cm; 30 cm de entretela.
COMO CORTAR: copie os acabamentos inferiores. Distribua as peças no tecido e no forro, observando as planilhas de corte.

Vestido com 94 cm de comprimento.
PEÇAS: 1. FRENTE SUPERIOR. 2. FRENTE INTERMEDIÁRIA. 5. RECORTE INFERIOR LATERAL: corte as peças duas vezes no tecido e uma vez na entretela. 3. FRENTE SUPERIOR LATERAL ESQUERDA. 7. FRENTE SUPERIOR LATERAL DIREITA: corte as peças uma vez no tecido e no forro. 4. FRENTE INFERIOR ESQUERDA. 6. FRENTE SUPERIOR CENTRAL E INFERIOR DIREITA: corte as peças e os acabamentos inferiores uma vez no tecido. 8. COSTAS SUPERIORES: separe a peça na linha marcada. Corte cada trecho duas vezes no tecido e no forro. 9. COSTAS INFERIORES: corte duas vezes no tecido e no forro. Corte o acabamento inferior duas vezes no tecido. 10. FRENTE INTERNA SUPERIOR CENTRAL: corte uma vez no forro. 11. FRENTE INTERNA INFERIOR: corte uma vez no forro, formando uma peça inteira.
MONTAGEM:
• Prenda a entretela no avesso das peças.
• Costure os reforços laterais inferiores nas peças do lado direito e esquerdo da frente, coincidindo a numeração de montagem, da seguinte maneira:
• Para facilitar as costuras dos cantos, faça piques nas folgas, sem ultrapassar a linha de costura. Costure uma das bordas das peças, indo até o canto. Com a agulha enfiada no tecido, levante o pé da máquina. Gire o tecido. Abaixe o pé da máquina e prossiga com a costura na outra borda até alcançar a borda da peça.
• Bata as costuras a ferro. Pesponte, pelo direito, a 0,5 cm das costuras, prendendo as folgas.
• Junte as peças laterais superiores da frente externas e as peças inferiores externas, coincidindo os números 3 e 11 de junção.
• Prossiga com a montagem, unindo a peça maior da frente (peça 49) nas peças do lado esquerdo (peças 46 e 47).
• Costure a frente maior (peça 49) na frente superior intermediária coincidindo a linha do centro da frente. Vire as folgas sobre o avesso da frente intermediária e prenda com pespontos a 0,5 cm. Faça a mesma costura nas peças internas, coincidindo os números 3 e 6.
• Monte a frente lateral superior direita na frente central e intermediária, coincidindo os números 7 e 3 de junção.
• Prenda as peças laterais internas superiores na frente central, coincidindo os números 6 e 5 no lado esquerdo e o número 3 no lado direito.
• Em seguida, costure a frente superior na frente intermediária, unindo as partes externas e internas, separadamente. Bata as costuras a ferro, abrindo as folgas. Pesponte as peças externas, pelo direito, a 0,5 cm da costura, prendendo as folgas no avesso.
• Junte frente e costas das peças externas e internas, separadamente, com uma costura pelos ombros.
• Prenda as peças laterais nas costas superiores centrais externas e internas.
• Faça a costura central das costas inferiores, deixando livre a abertura para a montagem do zíper.
• Junte as peças superiores e inferiores das costas de tecido com uma costura.
• Feche as laterais externas. Una os acabamentos inferiores da frente e das costas com uma costura,

formando um círculo. Costure o direito do acabamento pelo direito da borda inferior do tecido. Bata a costura a ferro, virando as folgas sobre o avesso do acabamento e prenda com pespontos rentes.
• Junte frente e costas das peças internas superiores e inferiores, separadamente, com uma costura pelas laterais. Deixe uma abertura em uma das costuras laterais do forro.
• Junte as peças externas e internas, direito sobre direito, com uma costura contornando o decote e, com outra costura, pelas cavas. Revire as peças. Pesponte a 0,5 cm das bordas do decote da frente.
• Prenda as peças superiores nas inferiores internas.
• Faça a montagem do zíper invisível na abertura central das costas, de acordo com Dicas de Costura. Prenda o direito das bordas do forro pelo avesso das folgas do zíper.
• Prenda o forro nas bordas dos acabamentos inferiores do tecido.
• Torne a revirar as peças, vincando a bainha inferior do tecido. Feche a abertura lateral do forro.

Mod. 518

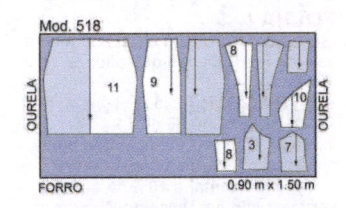

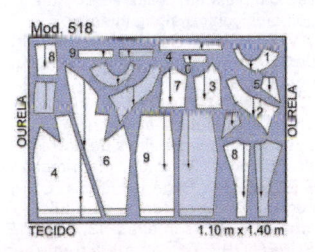

MOLDE 087

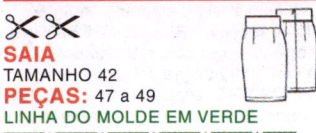

✂✂
SAIA
TAMANHO 42
PEÇAS: 47 a 49
LINHA DO MOLDE EM VERDE

FOLHA L
SUGESTÃO DE TECIDO: malha cirê.
METRAGEM: 0,90 m x 1,50 m (molde para malha com 50% de alongamento (veja em Dicas de Costura como calcular o alongamento).

AVIAMENTOS: um zíper invisível de 25 cm; 10 cm de entretela; 90 cm de viés; linha para malha e agulha ponta bola.
COMO CORTAR: distribua as peças no tecido, observando a planilha de corte. Saia com 58 cm de comprimento.
PEÇAS: 47. FRENTE: corte uma vez, formando uma peça inteira. 48. COSTAS: corte duas vezes. 49. CÓS: corte duas vezes no tecido e na entretela, formando peças inteiras, sendo a peça interna a partir da linha marcada.
MONTAGEM:
• Feche as pences.
• Una as peças das costas com uma costura pelo centro, sem fechar a abertura superior.
• Junte frente e costas com uma costura pelas laterais.
• Arremate a borda inferior da parte interna do cós com a montagem do viés de rolo, de acordo com Dicas de Costura.
• Junte as peças do cós, direito sobre direito, com uma costura pelas bordas superiores. Vire as folgas da costura sobre o avesso da parte interna e prenda com pespontos rentes.
• Costure o direito da borda da parte externa do cós pelo direito da borda superior.
• Faça a montagem do zíper invisível na abertura central das costas, a partir da costura de união das peças do cós, de acordo com Dicas de Costura.
• Costure o direito da borda da parte interna do cós pelo avesso das folgas do zíper. Revire o cós, avesso sobre avesso. Pesponte, pelo direito, rente à costura de montagem do cós, prendendo a borda da parte interna no avesso.
• Faça a bainha inferior.

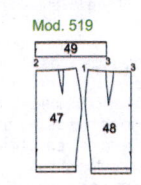

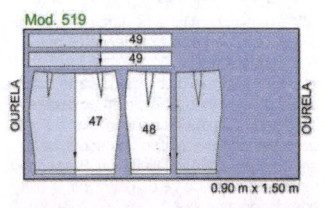

Mod. 519

MOLDE 088

✂✂✂
BLUSA
TAMANHO 44
PEÇAS: 21 a 28
LINHA DO MOLDE EM AZUL

FOLHA L
SUGESTÃO DE TECIDO: malha, organza e tricoline.
METRAGEM: Malha – 1,40 m x 1,50 m. Organza: 1,20 m x 1,40 m. Tricoline: 0,80 m x 1,50 m. Molde para malha com 60% de alongamento (veja em Dicas de Costura como calcular o alongamento).
AVIAMENTOS: catorze botões forrados de 1,2 cm; 10 cm de entretela.
COMO CORTAR: distribua as peças nos tecidos, observando as planilhas de corte. Blusa com 64 cm de comprimento.
PEÇAS: 21. FRENTE. 27. MANGA: corte as peças duas vezes. 22. JABÔ DA FRENTE. 28. JABÔ DA MANGA: corte cada peça quatro vezes na organza, sendo duas

peças da frente e da manga seguindo as linhas internas. 23. COSTAS: corte uma vez com o tecido dobrado na linha do centro. 24. CARCELA DO ABOTOAMENTO: corte duas vezes no tecido e na entretela. 25. COLARINHO: copie a gola menor seguindo as linhas marcadas. Corte a gola maior uma vez com a tricoline e a gola menor duas vezes com as organza, dobradas na linha do centro. 26. PÉ DE COLARINHO: corte duas vezes com a organza e uma vez com a entretela dobrados na linha do centro. A. VIÉS DO JABÔ DA FRENTE: 1,20 m e 1,30 m x 3 cm, duas vezes, cada. B. VIÉS DO JABÔ DA MANGA: 61 cm e 84 cm x 3 cm, duas vezes, cada. C. VIÉS DA ABERTURA: 15 cm x 3 cm, duas vezes. D. VIÉS INFERIOR DA MANGA: 22 cm x 3 cm, duas vezes. E. VIÉS PARA A GOLA: 31 cm e 33 cm x 3, duas vezes, cada. F. ALCINHA: 5 cm x 3 cm, duas vezes.

MONTAGEM:
- Prenda a entretela no avesso das peças.
- Costure a frente nos ombros das costas.
- Monte as mangas nas cavas.
- Junte frente e costas com uma costura pelas laterais a partir das bordas inferiores das mangas.
- Vire a bainha inferior para o avesso, embainhe a borda e prenda com pespontos.
- Prepare a alcinha conforme alça de rolo. Alinhave as pontas das alcinhas nos lugares marcados na borda da abertura da manga (a mais distante da borda lateral da manga).
- Arremate as bordas dos jabôs da frente, jabôs inferiores das mangas, aberturas das mangas, bordas laterais e superiores das golas com a montagem do viés em rolo, de acordo com Dicas de Costura.
- Franza as bordas internas dos jabôs da frente o suficiente para a montagem nas peças da frente.
- Una um jabô menor e outro maior da frente com alinhavos pelas bordas franzidas. Alinhave os jabôs pelo direito das peças a frente, coincidindo a numeração de montagem.
- Vinque as carcelas, direito sobre direito. Costure as bordas inferiores. Revire as carcelas. Costure o direito das bordas das partes internas das carcelas pelo avesso da frente. Embainhe as bordas externas das carcelas pelo direito da frente, bata a ferro e prenda com pespontos rentes.
- Una as peças do pé de colarinho, direito sobre direito, com uma costura pelas bordas laterais e superiores, prendendo as golas. Revire as peças.
- Costure o direito da borda da parte externa do pé de colarinho pelo direito do decote. Embainhe a borda da parte interna do pé de colarinho pelo avesso do decote, bata a ferro e prenda com alinhavos. Pesponte rente às bordas do pé de colarinho, prendendo as golas.
- Una os jabôs da manga com alinhavos, deixando o menor sobre o maior. Costure as bordas dos jabôs pelo direito das bordas inferiores das mangas.
- Arremate as folgas da costura dos jabôs prendendo uma tira de viés.
- Abra as casas e pregue os botões.

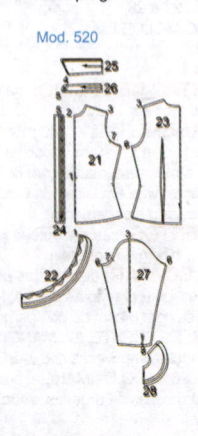

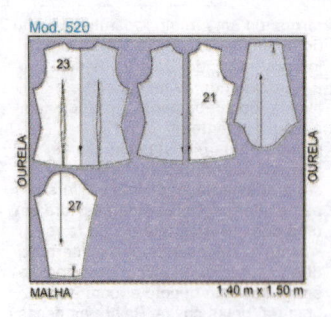

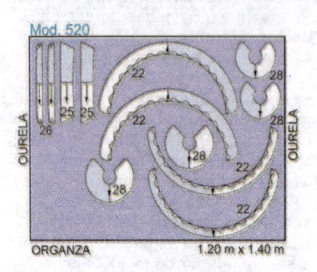

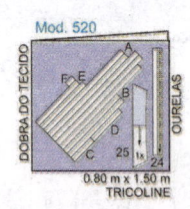

MOLDE 089

VESTIDO
TAMANHO 42
PEÇAS: 42 a 45
LINHA DO MOLDE EM PRETO

FOLHA I
SUGESTÃO DE TECIDO: malha devorê. FORRO: tule de náilon e jérsei.
METRAGEM: Tecido – 1,90 m x 1,60 m. Tule – 0,60 m x 1,40 m. Jérsei: 1,70 m x 1,50 m. Molde para tecido com 50% de alongamento na direção horizontal e 10% na direção vertical (veja em Dicas de Costura como calcular o alongamento).
AVIAMENTOS: um zíper invisível de 35 cm; linha para malha e agulha ponta bola.
COMO CORTAR: distribua as peças no tecido e no forro, observando as planilhas de corte. Vestido com 1,60 m de comprimento.
PEÇAS: 42. PALA DA FRENTE: corte uma vez no tecido e no tule, formando peças inteiras. 43. FRENTE SUPERIOR E CÓS: corte a frente superior uma vez com o tecido e duas vezes com o jérsei dobrados na linha do centro. Corte o cós da frente uma vez com o tecido dobrado na linha do centro. 44. FRENTE INFERIOR: corte uma vez com o tecido e o jérsei dobrados na linha do centro. 45. COSTAS: separe a peça na linha marcada. Corte o trecho superior uma vez com o tecido e o tule dobrados pelo centro. Corte o trecho inferior duas vezes no tecido e no jérsei.

MONTAGEM:
- Junte frente e costas com uma costura pelos ombros, prendendo as peças de tecido e de tule, separadamente.
- Una as peças externas e internas superiores das costas e das palas da frente, direito sobre direito, com uma costura pelas bordas do decote e, com outra costura, pelas cavas. Revire as peças, avesso sobre avesso.
- Alinhave uma das camadas do jérsei pelo avesso do tecido da frente superior. Reserve a segunda camada do forro para a parte interna.
- Junte as peças externas e internas superiores da frente, direito sobre direito. Costure as bordas superiores, prendendo a pala da frente. Prossiga com a costura pelas bordas das cavas.
- Introduza o cós da frente entre as peças externas e internas superiores e costure. Revire a frente, avesso sobre avesso.
- Revire a frente superior, avesso sobre avesso e as costas superiores, direito sobre direito. Introduza as bordas laterais da frente entre as bordas laterais das costas. Costure a lateral superior direita. Revire as costas, avesso sobre avesso.
- Faça a costura do centro das costas inferiores de tecido e de forro, separadamente.
- Junte frente e costas das peças inferiores externas e internas, separadamente, com uma costura pelas laterais, deixando livre a abertura superior esquerda.
- Junte as peças superiores e inferiores com uma costura, prendendo tecido e forro.
- Monte o zíper invisíveis na abertura lateral esquerda.
- Arremate as bordas inferiores com overloque

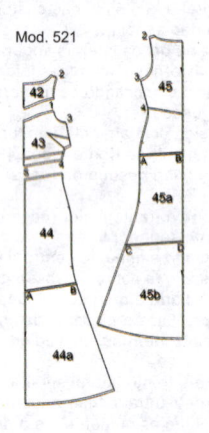

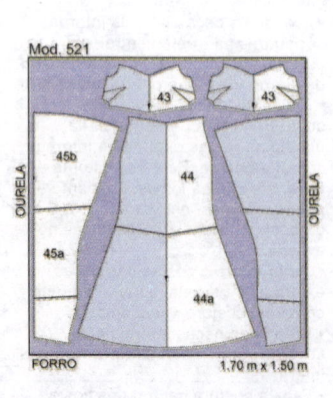

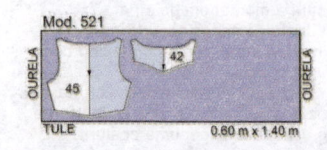

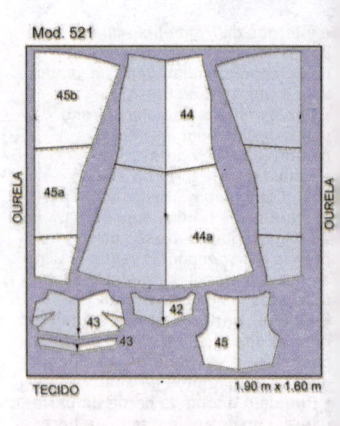

MOLDE 090

BLUSA
TAMANHO 42
PEÇAS: 50 a 53
LINHA DO MOLDE EM VERMELHO

FOLHA L
SUGESTÃO DE TECIDO: crepe e tule.
METRAGEM: Crepe – 1,00 m x 1,50 m. Tule – 0,60 m x 1,50 m.
AVIAMENTOS: 2,00 m x 5 cm de renda.
COMO CORTAR: distribua as peças nos diferentes tecidos, observando as planilhas de corte. Blusa com 63 cm de comprimento.
PEÇAS: 50. FRENTE. 51. PALA DA FRENTE E MANGA: corte as peças uma vez com o tecido dobrado na linha do centro. 52. COSTAS: corte duas vezes. 53. COSTAS CENTRAIS (BITOLA): copie e reserve a peça. A. VIÉS DO DECOTE: 33 cm x 3 cm, uma vez.

MONTAGEM:
- Feche as pences.
- Franza as bordas superiores da frente o suficiente para a montagem no trecho marcado na pala.
- Costure a pala as bordas superiores da frente. Vire as folgas da costura sobre o avesso da peça da frente e prenda com pespontos rentes.
- Corte três tiras de renda com a mesma medida do comprimento a bitola. Una as rendas com uma costura traspassando as rendas laterais sobre a renda central.
- Aplique o avesso da peça central de renda com pespontos sobre o direito das bordas das peças das costas de crepe.
- Vinque o viés do decote das costas ao meio no comprimento, avesso sobre avesso. Costure as bordas do viés sobre o direito do decote.
- Embainhe a borda do decote para o avesso e prenda com pespontos.
- Junte frente e costas com uma costura pelos ombros indo até as bordas inferiores das mangas, prendendo as bordas do viés sobre o avesso da frente. Vire o viés para o avesso do decote das costas e prenda com pespontos.
- Junte frente e costas com uma costura pelas laterais a partir das bordas inferiores das mangas.
- Pesponte rente às costuras de união das peças, prendendo as folgas no avesso.
- Faça a bainha inferior.

MOLDE 091

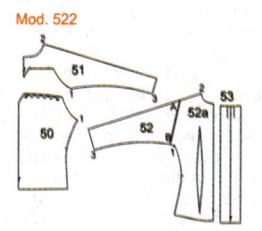

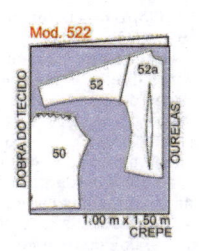

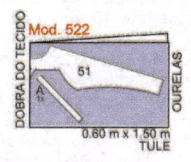

SAIA
TAMANHO 38/40/42
PEÇAS: 39 e 40
LINHA DO MOLDE EM VERDE
TAM. 38
TAM. 40
TAM. 42

FOLHA J
SUGESTÃO DE TECIDO: malha poliéster e couro sintético.
METRAGEM: Tam. 38/40/42: Malha – 0,70 m x 1,50 m. Couro: 0,70 m x 1,50 m. Molde para malha com 50% de alongamento (veja em Dicas de Costura como calcular o alongamento).
AVIAMENTOS: 80 cm x 4 cm de elástico.
COMO CORTAR: copie as peças, de acordo com o tamanho escolhido. Distribua as peças no tecido, observando a planilha de corte. Saia com 48 cm de comprimento.
PEÇAS: 39. FRENTE E COSTAS: corte duas vezes a malha dobrada na linha do centro. 40. LATERAL: corte duas vezes no couro, revirando o molde na linha do centro.
MONTAGEM:
• Prenda as peças laterais na frente e nas costas centrais. Vire as folgas das costuras sobre o avesso das peças laterais e prenda com pespontos a 0,7 cm.
• Separe uma tira de elástico de 68 cm (tam. 38), 72 cm (tam. 40) e 76 cm (tam. 42). Una as pontas do elástico com uma costura.
• Costure o elástico pelo direito da borda superior. Vire o elástico para o avesso e avesso do modelo e prenda com alguns pontos sobre as folgas das costuras de união das peças centrais e laterais.
• Vire a bainha inferior para o avesso e prenda com pespontos.

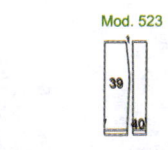

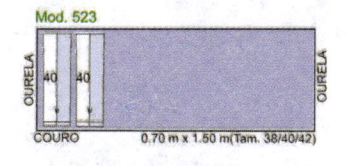

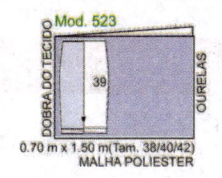

MOLDE 092

VESTIDO
TAMANHO 42
PEÇAS: 13 a 22
LINHA DO MOLDE EM VERMELHO

FOLHA I
SUGESTÃO DE TECIDO: linho. FORRO: cetim.
METRAGEM: Tecido – 1,30 m x 1,50 m. Forro – 1,10 m x 1,50 m.
AVIAMENTOS: um zíper invisível de 60 cm; 10 cm de entretela; correntes para as aplicações da frente.
COMO CORTAR: distribua as peças no tecido e no forro, observando as planilhas de corte. Vestido com 92 cm de comprimento.
PEÇAS: 13. FRENTE CENTRAL: corte uma vez com o tecido e o forro dobrados na linha do centro. 14. FRENTE LATERAL. 15. COSTAS CENTRAIS. 16. COSTAS LATERAIS. 17. ALÇA DA FRENTE. 18. ALÇA DAS COSTAS: corte as peças duas vezes no tecido e no forro. 19. APLICAÇÃO DA FRENTE. 20. APLICAÇÃO DAS COSTAS: corte as peças duas vezes no tecido. 21. GOLA DA FRENTE: corte duas vezes com o tecido e a entretela dobrados na linha do centro. 22. GOLA DAS COSTAS: corte quatro vezes no tecido e duas vezes na entretela.
MONTAGEM:
• Unindo tecido e forro, separadamente, prenda as peças centrais nas peças laterais da frente e das costas.
• Faça a costura central das costas, deixando livre a abertura superior.
• Junte frente e costas com uma costura pelas laterais.
• Desfie as bordas maiores das aplicações. Junte frente e costas das aplicações com uma costura pelas laterais.
• Feche os ombros do tecido e do forro, separadamente, unindo frente e costas.
• Junte frente e costas das peças da gola com uma costura, prendendo as partes externas e internas, separadamente.
• Junte tecido e forro das alças, direito sobre direito, com uma costura pelas bordas das cavas. Vire as folgas das costuras sobre o avesso do forro e prenda com pespontos rentes.
• Costure as alças pelo direito das bordas da frente e das costas, prendendo as peças externas e internas, separadamente.
• Alinhave o avesso das aplicações sobre o direito dos lugares marcados no decote externo da frente e das costas.
• Costure as peças externa e interna da gola nas bordas do decote externo e interno, separadamente, prendendo as bordas superiores das aplicações nas peças externas. Vire as folgas da costura das peças externas sobre o avesso do decote externo, bata a ferro e prenda com pespontos a 0,7 cm.
• Prossiga com a montagem, prendendo o tecido pelo direito das cavas do forro.
• Vire o avesso das aplicações sobre o direito das peças de tecido e prenda com pespontos a 1 cm das bordas desfiadas.
• Monte o zíper invisível na abertura central das costas externas, de acordo com Dicas de Costura. Prenda o direito das bordas das peças internas sobre o avesso das bordas folgas do zíper. Revire o forro para o avesso do tecido.
• Faça as bainhas inferiores.
• Aplique as correntes sobre as aplicações da frente.

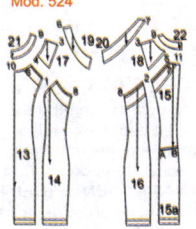

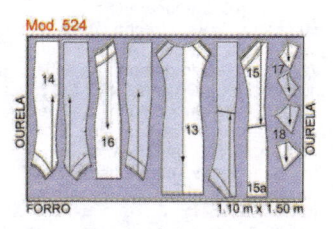

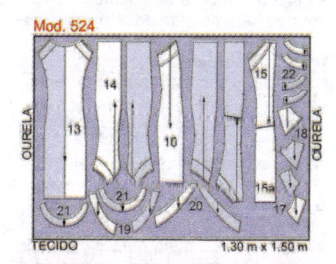

MOLDE 093

MACACÃO
TAMANHO 44
PEÇAS: 50 a 53
LINHA DO MOLDE EM VERDE

FOLHA J
SUGESTÃO DE TECIDO: malha viscose metalizada. FORRO: liganete.
METRAGEM: Tecido – 2,50 m x 1,80 m. Forro – 1,10 m x 1,60 m.
AVIAMENTOS: um zíper metálico de 35 cm; linha para malha e agulha ponta bola.
COMO CORTAR: distribua as peças no tecido e no forro, observando as planilhas de corte. Macacão com 1,47 m de comprimento.
PEÇAS: 50. FRENTE SUPERIOR: separe a pala na linha marcada. Corte a pala duas vezes com o tecido dobrado na linha do centro. Corte o trecho inferior do molde uma vez com o tecido e o forro dobrados na linha do centro. 51. COSTAS SUPERIORES: separe a peça na linha marcada. Corte a pala do decote quatro vezes no tecido. Corte o restante da peça duas vezes no tecido e no forro. 52. FRENTE INFERIOR. 53. COSTAS INFERIORES: corte as peças duas vezes no tecido e no forro.
MONTAGEM:
• Feche as pences.
• Costure as palas da frente e das costas nas bordas das peças superiores da frente e das costas, prendendo as partes externas e internas, separadamente.
• Costure os ombros das palas da frente nos ombros das costas, prendendo as peças externas e internas, separadamente.
• Em seguida, una as peças externas e internas, direito sobre direito, com uma costura pelas bordas do decote. Vire as folgas da costura sobre o avesso das peças internas e prenda com pespontos rentes.
• Prossiga com a montagem, unindo as peças pelas bordas das cavas. Revire a frente, avesso sobre avesso.
• Introduza as bordas laterais da frente entre as peças externas e internas das costas. Feche as laterais superiores, unindo frente e costas. Revire as costas, avesso sobre avesso.
• Prendendo tecido e forro, separadamente, una as peças inferiores da frente e das costas com uma costura pelo centro.
• Feche as laterais e as entrepernas, unindo frente e costas.
• Junte as peças superiores e inferiores com uma costura, prendendo as peças de tecido e forro, separadamente, onde for possível.
• Monte o zíper pelo direito das bordas da abertura central das costas externas, prendendo as bordas internas pelo avesso das folgas do zíper. Revire as peças, avesso sobre avesso.
• Faça as bainhas inferiores.

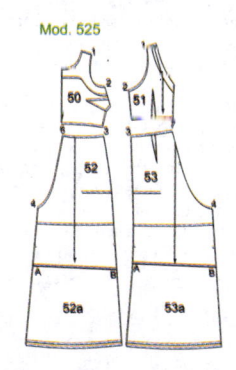

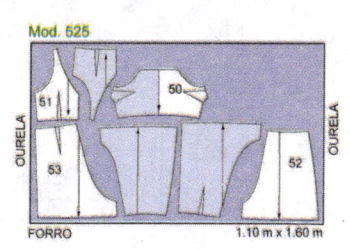

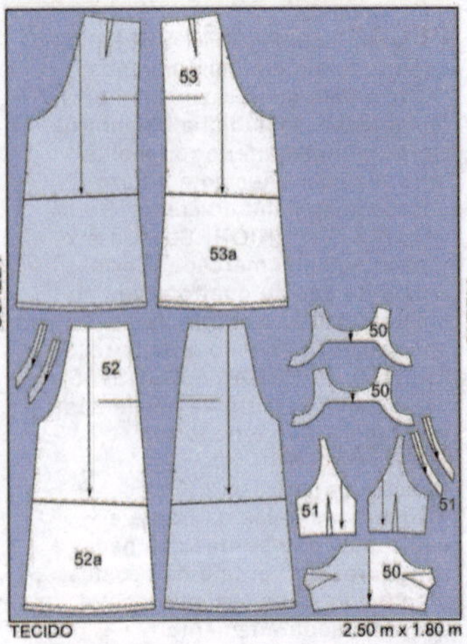

MOLDE 094

✂✂
CASACO
TAMANHO 54
PEÇAS: 55 a 57
LINHA DO MOLDE EM PRETO

FOLHA K
SUGESTÃO DE TECIDO:
viscocrepe
METRAGEM: 1,60 m x 1,60 m.
Molde para tecido com 100% de alongamento na direção horizontal e 60% na direção vertical (veja em Dicas de Costura como calcular o alongamento).
AVIAMENTOS: linha para malha e agulha ponta bola.
COMO CORTAR: copie as peças de acordo com o tamanho escolhido. Distribua as peças no tecido, observando a planilha de corte. Casaco com 69 cm de comprimento.
PEÇAS: 55. FRENTE: corte duas vezes. 56. COSTAS: copie o acabamento das costas. Corte a peça e o acabamento uma vez com o tecido dobrado na linha do centro. 57. MANGA: corte duas vezes com o tecido dobrado na linha do centro.
MONTAGEM:
• Prenda o direito do acabamento pelo direito do decote das costas.
• Feche os ombros, unindo frente e costas.
• Monte as mangas nas cavas.
• Junte frente e costas com uma costura pelas laterais, a partir das bordas inferiores das mangas.
• Vire o acabamento do decote, da abertura da frente e as bainhas das mangas para o avesso. Prenda com pespontos duplos.
• Em seguida, faça a bainha inferior, também presa com pespontos duplos.

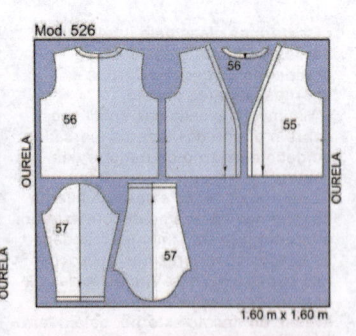

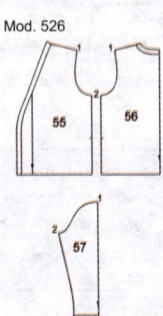

MOLDE 095

✂✂
VESTIDO
TAMANHO 48
PEÇAS: 59 e 60
LINHA DO MOLDE EM PRETO

FOLHA L
SUGESTÃO DE TECIDO:
viscocrepe
METRAGEM: 1,80 m x 1,60 m. Molde para tecido com 100% de alongamento na direção horizontal e 60% na direção vertical (veja em Dicas de Costura como calcular o alongamento).
AVIAMENTOS: linha para malha e agulha ponta bola; 30 cm x 5 cm de elástico.
COMO CORTAR: copie as peças, de acordo com o tamanho escolhido. Distribua as peças na malha, observando a planilha de corte. Vestido com 105 m de comprimento.
PEÇAS: 59. FRENTE (CENTRAL E LATERAL): separe a peça na linha marcada. Corte o trecho central uma vez com o tecido dobrado na linha do centro. Corte o trecho lateral duas vezes. 60. COSTAS: corte uma vez com o tecido dobrado na linha do centro. A. ACABAMENTO DO DECOTE: 74 cm x 3,5 cm, uma vez, sobre a listra verde da malha. B. ACABAMENTO DA CAVA: 45 cm x 3,5 cm, duas vezes sobre a listra verde da malha.
MONTAGEM:
• Aplique uma tira de elástico de 12 cm nos lugares marcados nas peças laterais da frente com pespontos rentes às bordas.
• Prenda as peças laterais na frente central.
• Junte frente e costas pelo ombro esquerdo.
• Vinque o acabamento ao meio no comprimento, avesso sobre avesso. Costure as bordas do acabamento pelo avesso do decote. Dobre o acabamento ao meio para o direito do decote e prenda com pespontos arrematando a primeira costura.
• Feche o ombro direito, unindo frente e costas.
• Monte os acabamentos nas cavas, conforme a montagem do acabamento no decote.
• Vire a bainha inferior para o avesso e prenda com pespontos duplos.

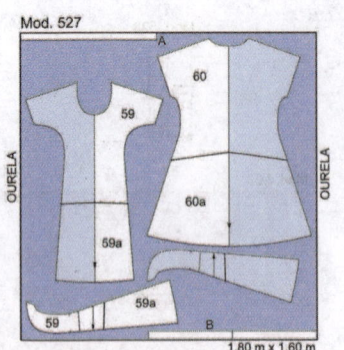

MOLDE 096

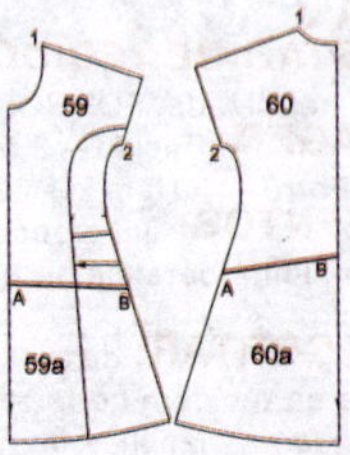

✂✂✂✂
BLAZER
TAMANHO 52
PEÇAS: 29 a 35
LINHA DO MOLDE EM VERDE

FOLHA L
SUGESTÃO DE TECIDO:
microfibra. FORRO: tafetá.
METRAGEM: Tecido – 1,80 m x 1,50 m. Forro – 1,50 m x 1,50 m.
AVIAMENTOS: sete botões de 1,5 cm e dois de 2 cm; um par de ombreiras; 40 cm de entretela.
COMO CORTAR: copie os acabamentos. Distribua as peças no tecido e no forro, observando as planilhas de corte. Corte os acabamentos, também na entretela. Blazer com 66 cm de comprimento.
PEÇAS: 29. FRENTE CENTRAL. 30. FRENTE LATERAL. 32. COSTAS (CENTRAL E LATERAL). 34. PARTE MAIOR DA MANGA. 35. PARTE MENOR DA MANGA: separe as costas na linha marcada. Corte todas as peças duas vezes no tecido e no forro. 31. ABA: corte quatro vezes no tecido e duas vezes na entretela. 33. GOLA: separe a peça na linha marcada. Corte cada parte duas vezes com o tecido e uma vez com a entretela dobrados na linha do centro. A. VIVO E ESPELHO: 20 cm x 5 cm, quatro vezes. B. FUNDO DO BOLSO: 30 cm x 20 cm, duas vezes no forro.
MONTAGEM:
• Feche as pences.
• Monte as peças laterais na frente e nas costas centrais, prendendo tecido e forro, separadamente.
• Faça a montagem do bolso com portinhola e vivo nos lugares marcados nas peças da frente, de acordo com as explicações de Dicas de Costura.
• Faça a costura central das costas de tecido e de forro, separadamente. Em seguida, junte frente e costas com uma costura pelas laterais, deixando uma abertura em uma das costuras laterais do forro.
• Vinque as costas de forro para o avesso na linha do centro das costas, formando uma prega. Prenda a prega com alinhavos na borda superior da peça.
• Feche os ombros das peças de tecido, de forro e dos acabamentos, separadamente.
• Faça as costuras de união das peças da gola e do pé da gola. Vire as folgas das costuras sobre o avesso do pé da gola e prenda com pespontos rentes.
• Una as peças da gola, direito sobre direito, com uma costura pelas bordas externas, deixando livre o decote. Revire a gola.
• Alinhave as bordas do pé da gola e da gola pelo direito do decote.
• Una as duas partes das mangas com uma costura pelas bordas laterais, coincidindo os números de junção, deixando livre a abertura inferior. Embeba as bordas superiores das mangas no trecho marcado.
• Monte as mangas nas cavas, coincidindo os números de junção.
• Costure as ombreiras nas folgas das costuras dos ombros do tecido.
• Costure o forro nas bordas internas dos acabamentos.
• Junte as peças externas e internas, direito sobre direito, com uma costura pelas bordas do decote, prendendo a gola; pelas bordas dos traspasses e bordas inferiores, aplicando o forro sobre a linha marcada na bainha do tecido, indo até a borda da bainha.
• Faça as costuras dos cantos inferiores do traspasse externo das mangas, unindo as bordas, direito sobre direito. Para arrematar o traspasse interno, vire a bainha inferior para o direito e prenda com uma costura na borda do traspasse. Revire o acabamento do traspasse externo e a bainha inferior da manga para o avesso.
• Prenda o forro com uma costura nas bordas das bainhas das mangas. Revire as peças. Feche a abertura lateral do forro.
• Abra as casas e pregue os botões.

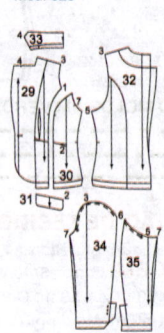

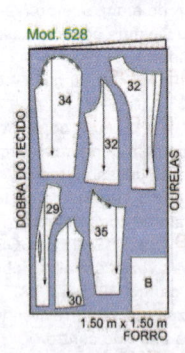

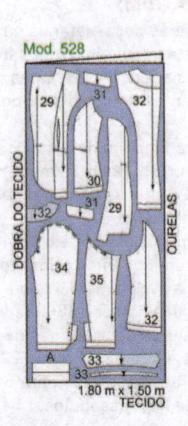

MOLDE 097

CALÇA
TAMANHO 46/50/54
PEÇAS: 58 e 59
LINHA DO MOLDE EM PRETO
TAM. 46 — - — - —
TAM. 50 —— —— ——
TAM. 54 •••••••••
FOLHA K
SUGESTÃO DE TECIDO: malha poliamida.
METRAGEM: 1,40 m (tam. 46/50) e 1,60 m (tam 54) x 1,60 m. Molde para malha com 30% de alongamento (veja em Dicas de Costura como calcular o alongamento).
AVIAMENTOS: 90 cm (tam. 46), 1,00 m (tam. 50) e 1,10 m (tam. 54) x 2 cm de elástico; linha para malha e agulha ponta bola.
COMO CORTAR: copie as peças de acordo com o tamanho escolhido. Distribua as peças no tecido, observando a planilha de corte. Calça com 27 cm (tam. 46), 29 cm (tam. 50) e 31 cm (tam 54) de altura de gancho e 1,06 m (tam. 46), 1,08 m (tam. 50) e 1,10 m (tam 54) de comprimento.
PEÇAS: 58. FRENTE. 59. COSTAS: corte as peças duas vezes.
MONTAGEM:
• Feche as pences. Vire as folgas na direção do centro da frente e das costas. Prenda as folgas com pespontos, de acordo com as indicações.
• Una as peças da frente e das costas, separadamente, com uma costura pelo centro.
• Junte frente e costas com uma costura pelas laterais.
• Separe um elástico de 86 cm (tam. 46), 94 cm (tam. 50) e 1,02 m (tam. 54). Una as pontas do elástico com uma costura. Costure o elástico pelo avesso da borda do passador superior, esticando o quanto for necessário. Vire o passador e o elástico para o avesso. Prenda com pespontos duplos.
• Vire as bainhas inferiores para o avesso e prenda com pespontos duplos.

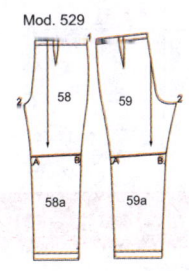

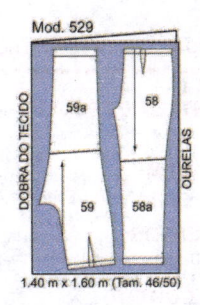

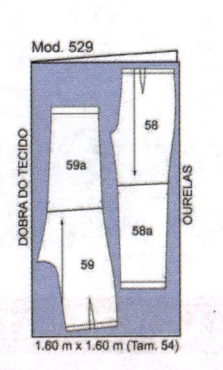

MOLDE 098

VESTIDO
TAMANHO 48/52/56
PEÇAS: 40 e 41
LINHA DO MOLDE EM VERDE
TAM. 48 ————
TAM. 52 —— —— ——
TAM. 56 •••••••••
FOLHA I
SUGESTÃO DE TECIDO: viscocrepe
METRAGEM: 2,00 m (tam. 48), 2,10 m (tam. 52) e 2,20 m (tam. 56) x 1,60 m. Molde para tecido com 100% de alongamento na direção horizontal e 60% na direção vertical (veja em Dicas de Costura como calcular o alongamento).
AVIAMENTOS: linha para malha e agulha ponta bola.
COMO CORTAR: copie as peças, de acordo com o tamanho escolhido. Prolongue as peças com as medidas das pontas das setas. Distribua as peças no tecido, observando a planilha de corte. Corte as peças, deixando uma folga de 2,5 cm na borda inferior, pousando a linha guia sobre o mesmo tipo de listra do tecido. Vestido com 85 cm de comprimento, a partir da cintura. Aumento do molde a partir de uma curva

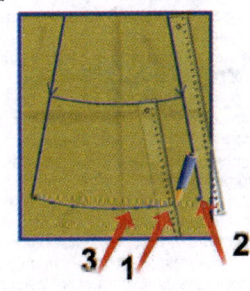

Prolongue as linhas laterais do molde com o auxílio de uma régua até alcançar as medidas indicadas junto à seta. Para traçar a borda inferior, marque o molde colocando a fita métrica ou a régua em ângulo reto à linha curvar marcada. Quanto maior for o número de marcações feitas (setas 1 e 2), melhor será para desenhar a curva da barra (seta 3).
PEÇAS: 40. FRENTE: corte uma vez com o tecido dobrado na linha do centro. 41. COSTAS: corte duas vezes. A. ACABAMENTO DO DECOTE: 78 cm x 3,5 cm, uma vez na listra vermelha da malha. B. ACABAMENTO DA CAVA: 57 cm x 3,5 cm, duas vezes na listra vermelha da malha.
MONTAGEM:
• Faça a costura central das costas.
• Junte frente e costas pelo ombro esquerdo.
• Vinque 0,5 cm de uma das bordas do acabamento para o avesso e prenda com pespontos a 0,5 cm da borda interno do decote. Dobre o acabamento ao meio para o direito do decote, embainhe 0,5 cm e prenda com pespontos arrematando a primeira costura.
• Feche o ombro direito, unindo frente e costas.
• Monte os acabamentos nas cavas, conforme a montagem do acabamento no decote.
• Vire 2,5 cm da borda inferior para o avesso e prenda com pespontos duplos.

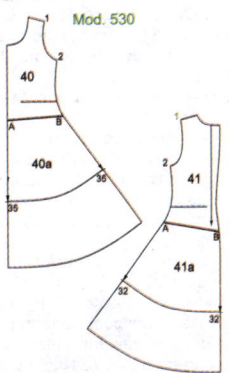

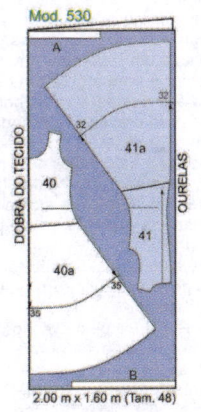

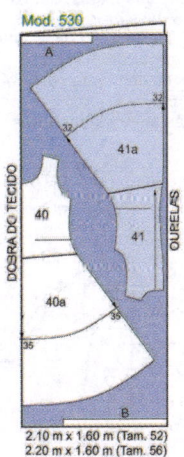

MOLDE 099

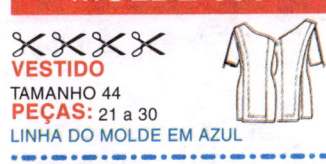

VESTIDO
TAMANHO 44
PEÇAS: 21 a 30
LINHA DO MOLDE EM AZUL
FOLHA J
SUGESTÃO DE TECIDO: linho.
FORRO: cetim.
METRAGEM: Tecido – 2,10 m x 1.50 m. Forro – 1,10 m x 1,50 m.
AVIAMENTOS: um zíper invisível de 40 cm; um zíper metálico de 30 cm; 10 cm de entretela.
COMO CORTAR: copie os acabamentos. Distribua as peças no tecido, observando a planilha de corte. Corte os acabamentos no tecido e na entretela. Vestido com 94 cm de comprimento.
PEÇAS: 21. FRENTE CENTRAL. 22. FRENTE LATERAL DIREITA. 23. FRENTE LATERAL ESQUERDA. 25. COSTAS CENTRAIS. 26. COSTAS LATERAIS ESQUERDA. 27. COSTAS LATERAIS DIREITA. 29. FRENTE DA MANGA. 30. COSTAS DA MANGA: corte as peças uma vez no tecido e no forro. 24. FRENTE EXTERNA. 28. COSTAS EXTERNAS: corte as peças uma vez no tecido.
MONTAGEM:
• Feche o ombro direito de todas as peças de tecido, forro e acabamentos, separadamente. Una os acabamentos do decote com uma costura, prendendo as peças da frente e das costas, separadamente.
• Prenda as peças da lateral direita na frente e nas costas centrais de tecido e de forro, separadamente.
• Embainhe as bordas das bainhas inferiores das peças externas. Vire as bainhas inferiores da frente e das costas externas para o direito.
• Embainhe as bordas internas dos acabamentos da frente e das costas externas. Costure o direito dos acabamentos pelo direito das bordas dos traspasses da frente e das costas externas.
• Revire os acabamentos e as bainhas inferiores para o avesso. Prenda com pespontos.
• Alinhave o avesso das peças externas pelo direito das bordas do decote e das bordas internas da frente e das costas centrais de tecido.
• Costure as peças laterais esquerdas nas peças laterais da frente e das costas, prendendo as peças de tecido e de forro, separadamente.
• Junte frente e costas das peças de tecido e de forro, separadamente, com uma costura pelas laterais, deixando livre a abertura superior esquerda.
• Junte frente e costas das mangas de tecido e de forro, separadamente, com uma costura pelas laterais, sem fechar as aberturas superiores. Deixe outra abertura em uma das costuras do forro.
• Junte tecido e forro das mangas, direito sobre direito, com uma costura pelas bordas inferiores. Vire o forro para o direito do tecido, vincando a bainha inferior.
• Introduza as bordas do zíper entre as bordas da abertura do tecido e do forro. Revire o forro e a bainha para o avesso do tecido. Pesponte rente à costura de montagem do zíper.
• Monte a manga na cava, prendendo tecido e forro, separadamente.
• Embainhe as bordas inferiores dos acabamentos do decote. Bata a ferro. Aplique o avesso dos acabamentos pelo direito do forro com pespontos rentes às bordas embainhadas.
• Junte as peças externas e internas, direito sobre direito, com uma costura pelas bordas do decote e, com outra costura pelas bordas inferiores.
• Faça a montagem do zíper invisível na abertura lateral esquerda, de acordo com Dicas de Costura. Prenda o direito das bordas do forro pelo avesso das folgas do zíper.
• Revire as peças externas e internas, avesso sobre avesso, vincando a bainha inferior do tecido.
• Feche a abertura lateral do forro.

vezes com o tecido e com o forro dobrados na linha do centro. A. VIÉS DO DECOTE EXTERNO: 60 cm x 3 cm, uma vez. B. VIÉS DA CAVA EXTERNA: 46 cm x 3 cm, duas vezes. C. VIÉS DOS OMBROS EXTERNOS: 10 cm x 3 cm, duas vezes. D. VIÉS DO DECOTE INTERNO: 30 cm (frente) e 25 cm (costas) x 3 cm, uma vez. E. VIÉS DAS CAVAS INTERNAS E ALÇAS: 82 cm x 3 cm, duas vezes.

MONTAGEM:
• Junte frente e costas das peças superiores externas com uma costura pelas bordas do ombro esquerdo. Arremate as folgas com a montagem do viés de rolo, de acordo com Dicas de Costura.
• Faça o acabamento do decote com o viés de rolo.
• Feche o ombro direito. Arremate as folgas da costura do ombro e as bordas das cavas com o viés de rolo.
• Feche as laterais externas, unindo frente e costas.
• Feche as pences.
• Feche as laterais internas, unindo frente e costas.
• Arremate o decote da frente, das costas e as cavas com a montagem do viés de rolo, deixando uma sobra de 45 cm para alças da frente e 5 cm para as alcinhas das costas.
• Feche as bordas das alças prosseguindo com os pespontos da montagem do viés nas cavas.
• Introduza um regulador em cada alça maior e uma argola em cada alcinha das costas. Vire as pontas da alcinha para o avesso e prenda com pespontos.
• Introduza a alça maior pela argola da alcinha menor das costas (de fora para dentro). Afrouxe a alça sobre o regulador e prenda a ponta por debaixo.
• Feche as laterais, unindo rente e costas do tecido e do forro inferiores, separadamente.
• Chuleie o forro pelo avesso da borda superior do tecido inferior.
• Junte as peças superiores e inferiores com uma costura. Chuleie as bordas das folgas, unindo-as para formar o passador.
• Introduza uma tira de elástico de 62 cm no passador. Prenda as pontas do elástico com uma costura. Feche a abertura.
• Faça as bainhas inferiores.

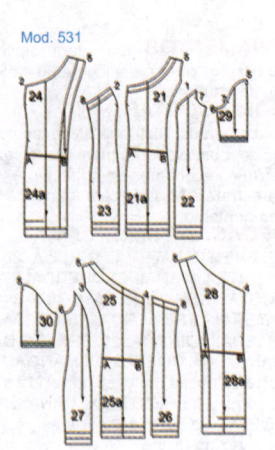

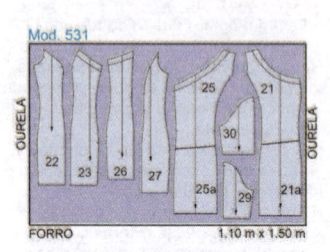

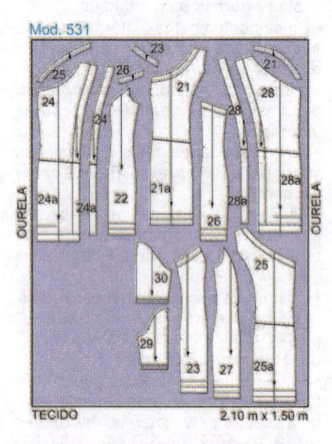

MOLDE 100

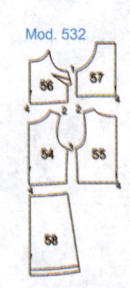

✂✂✂
VESTIDO
TAMANHO 38
PEÇAS: 54 a 58
LINHA DO MOLDE EM AZUL

FOLHA L
SUGESTÃO DE TECIDO: seda e tule de seda. FORRO: cetim.
METRAGEM: Tecido – 1,10 m (seda) e 0,60 m (tule) x 1,40 m. Forro – 0,60 m x 1,50 m.
AVIAMENTOS: 70 cm x 1 cm de elástico; dois reguladores e argolas para alça de 1 cm.
COMO CORTAR: distribua as peças nos tecidos e no forro, observando as planilhas de corte. Vestido com 42 cm de comprimento, a partir da cintura.
PEÇAS: 54. FRENTE SUPERIOR EXTERNA. 55. COSTAS SUPERIORES EXTERNA: corte as peças uma vez com o tule dobrado na linha do centro. 56. FRENTE SUPERIOR INTERNA. 57. COSTAS SUPERIORES INTERNA: corte as peças uma vez com a seda dobrada na linha do centro. 58. FRENTE E COSTAS INFERIORES: corte duas

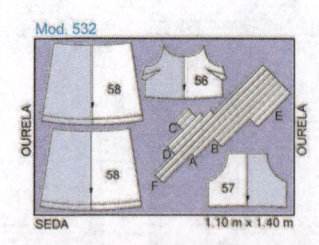

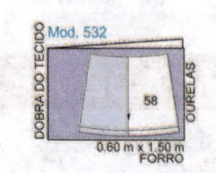

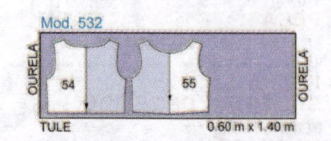

MOLDE 101

✂✂✂
VESTIDO
TAMANHO 42
PEÇAS: 31 a 37
LINHA DO MOLDE EM VERMELHO

FOLHA K
SUGESTÃO DE TECIDO: seda e poliéster misto. FORRO: cetim.
METRAGEM: 0,80 m (seda) e 1,00 m (poliéster) x 1,40 m. Forro – 1,20 m x 1,50 m.
AVIAMENTOS: um zíper invisível de 30 cm; 20 cm de entretela.
COMO CORTAR: copie os acabamentos. Distribua as peças nos tecidos e no forro, observando as planilhas de corte. Vestido com 96 cm de comprimento.
PEÇAS: 31. FRENTE SUPERIOR. 37. COSTAS INFERIORES: corte as peças duas vezes no tecido e no forro. 32. COSTAS SUPERIORES CENTRAL. 33. COSTAS SUPERIORES LATERAL: corte as peças duas vezes no tecido, no forro e na entretela. 34. ALÇA: corte duas vezes no tecido. 35. FRENTE INFERIOR DIREITA. 36. FRENTE INFERIOR ESQUERDA: corte as peças uma vez no tecido e no forro.

MONTAGEM:
• Vinque as pregas das peças superiores da frente e da frente inferior direita, direito sobre direito, na direção das setas. Bata as pregas a ferro e prenda com alinhavos nas bordas das peças.
• Prenda a entretela no avesso das peças superiores das costas.
• Junte as peças centrais e laterais das costas com uma costura, prendendo tecido e forro, separadamente.
• Feche as laterais, unindo as peças de tecido e de forro, separadamente.
• Vinque as alças, direito sobre direito. Una as bordas com uma costura, sem fechar as bordas de montagem. Revire as alças.
• Junte tecido e forro das peças superiores, direito sobre direito, com uma costura pelas bordas dos traspasses e decote da frente. Vire as folgas da costura sobre o avesso do forro e prenda com pespontos rentes. Prossiga com a montagem pelas bordas superiores, prendendo as alças; das cavas da frente e do decote das costas. Revire as peças, avesso sobre avesso.
• Feche as pences.
• Una as costas inferiores de tecido e de forro, separadamente, com uma costura pelo centro, deixando livre a abertura superior.
• Costure o forro das costas pelo direito da borda da bainha inferior das costas.
• Prenda os acabamentos pelo direito das bordas inferiores do forro da frente.
• Junte as peças inferiores da frente externas e internas, direito sobre direito, com uma costura pelas bordas dos traspasses da frente e pelas bordas inferiores. Vire as folgas da costura sobre o avesso dos acabamentos e prenda com pespontos rentes. Revire as peças.
• Feche as laterais inferiores, prendendo as peças externas e internas, separadamente. Deixe uma abertura em uma das costuras laterais do forro.
• Junte as peças superiores e inferiores com uma costura, unindo as partes externas e internas, separadamente.
• Monte o zíper invisível na abertura central das costas externas, de acordo com Dicas de Costura. Prenda o direito das bordas das peças internas pelo avesso das folgas do zíper.
• Revire as peças, vincando a bainha inferior das costas.
• Faça o traspasse da frente inferior, coincidindo a linha do centro. Prenda o traspasse com alguns pespontos a 1 cm da costura de união das peças superiores e inferiores.

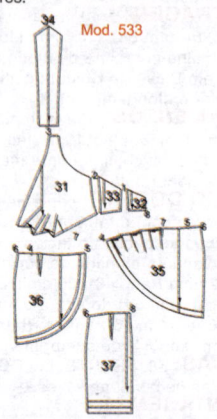

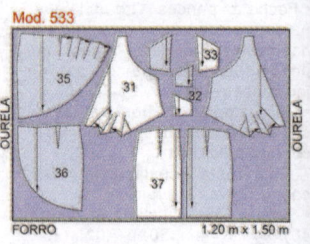

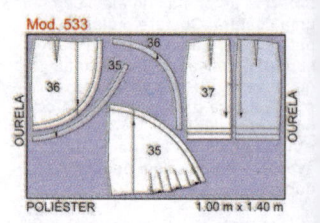

MOLDE 102

✂✂✂
MACACÃO
TAMANHO 40
PEÇAS: 11 a 20
LINHA DO MOLDE EM VERMELHO

FOLHA L
SUGESTÃO DE TECIDO: linho metalizado (tom claro) e poliéster metalizado (tom escuro). FORRO: helanca.
METRAGEM: 1,80 m (tom claro) e 0,60 m (tom escuro) x 1,40 m. Forro – 1,40 m x 1,60 m.
AVIAMENTOS: um zíper invisível de 40 cm; 40 cm de entretela; uma fivela para cinto de 3,5 cm; 10 cm de couro.
COMO CORTAR: copie os acabamentos. Distribua as peças no tecido e no forro, observando as planilhas de

corte. Macacão com 31 cm de altura de gancho e 1,50 m de comprimento.
PEÇAS: 11. FRENTE SUPERIOR CENTRAL – Separe a peça na linha marcada. Corte o trecho central quatro vezes no tecido de tom escuro e uma vez na entretela. 12. FRENTE SUPERIOR LATERAL. 13. COSTAS SUPERIORES LATERAL. 14. COSTAS SUPERIORES CENTRAIS – Corte cada peça duas vezes no tecido de tom claro, duas vezes no forro e na entretela. 15. ACABAMENTO DA FRENTE: corte duas vezes no tecido e na entretela. 16. PÉ DA GOLA. 17. GOLA: corte as peças duas vezes com o tecido de tom escuro e uma vez com a entretela dobrados na linha do centro. 18. FRENTE INFERIOR: corte duas vezes no tecido e no forro, sendo o tecido somente até a linha marcada na borda da abertura. 19. FUNDO DO BOLSO: copie o fundo menor do bolso a partir da linha marcada. Corte os fundos menores e maiores do bolso duas vezes no tecido. 20. COSTAS: corte duas vezes no tecido e no forro. A. CINTO: 94 cm x 5 cm, uma vez. B. PRESILHA: 10 cm x 5 cm, uma vez.
MONTAGEM:
• Prenda a entretela no avesso das peças.
• Faça as costuras das peças superiores externas e internas, separadamente, da seguinte maneira: junte as peças intermediárias e laterais superiores da frente e todas as peças superiores das costas, separadamente, coincidindo os números de costura.
• Em seguida, faça a costura central das costas e feche as laterais, unindo frente e costas.
• Faça as costuras de união dos acabamentos das peças centrais e laterais das costas. Una os acabamentos pelo centro das costas.
• Feche as laterais dos acabamentos, unindo frente e costas.
• Chuleie as bordas inferiores dos acabamentos. Aplique o avesso das bordas inferiores dos acabamentos com uma costura pelo direito das bordas superiores das peças de forro.
• Junte as peças intermediárias da frente na frente central com uma costura na linha de corte, prendendo as partes externas e internas, separadamente.
• Junte as partes externas e internas, direito sobre direito, com uma costura pelas bordas do decote da frente, deixando livre o trecho da abertura para a montagem do zíper.
• Com outra costura, una as peças pelas bordas das cavas e decote das costas. Vire as folgas das costuras sobre o avesso das peças internas e prenda com pespontos rentes. Revire as peças.
• Faça a montagem da gola e do pé da gola, de acordo com a explicação de montagem do colarinho simples em Dicas de Costura.
• Para fazer as nervuras, vinque a frente inferior na linha marcada, avesso sobre avesso. Pesponte rente às bordas vincadas.
• Costure o direito do fundo menor do bolso pelo direito da borda da abertura da frente. Revire o fundo menor do bolso para o avesso da frente. Bata a ferro.
• Una os fundos menores e maiores do bolso, direito sobre direito, com uma costura contornando as bordas.
• Feche as pences das costas inferiores.
• Junte frente e costas com uma costura pelas laterais e entrepernas.
• Enfie uma peça na outra coincidindo direito com direito do tecido. Costure as bordas do centro da frente, das costas e gancho, deixando sem costurar o trecho da abertura central da frente. Revire as peças.
• Junte as peças superiores e inferiores com uma costura, prendendo tecido e forro, separadamente.
• Faça a montagem do zíper invisível na abertura central da frente, conforme Dicas de Costura. Prenda o direito das bordas das internas pelo avesso das folgas do zíper. Revire as peças.
• Faça as bainhas inferiores.
• Mande fazer um cinto com fivela forrada em um armarinho.

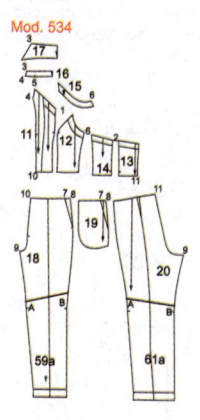

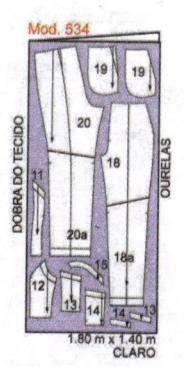

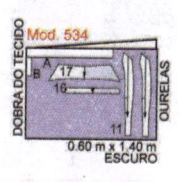

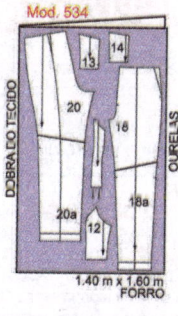

Mod. 534

Mod. 534

Mod. 534

Mod. 534

MOLDE 103
✂✂✂
VESTIDO
TAMANHO 44
PEÇAS: 41 a 46
LINHA DO MOLDE EM VERMELHO

FOLHA L
SUGESTÃO DE TECIDO: voal de seda. FORRO: helanca.
METRAGEM: Tecido – 1,80 m x 1,40 m. Forro – 1,10 m x 1,50 m. Molde para forro com 60% de alongamento (veja em Dicas de Costura como calcular o alongamento).
AVIAMENTOS: dois pares de argolas tipo meio aro para alça de 2 cm; 10 cm de entretela.
COMO CORTAR: distribua as peças no tecido, observando a planilha de corte. Vestido com 90 cm de comprimento.
PEÇAS: 41. FRENTE EXTERNA. 42. COSTAS EXTERNAS: corte as peças uma vez no tecido. 43. FRENTE SUPERIOR INTERNA. 46. COSTAS INTERNAS: corte as peças uma vez no forro. 44. FRENTE INFERIOR: corte uma vez no forro, formando uma peça inteira. 45. ABA DA CAVA: corte quatro vezes no tecido e duas vezes na entretela. A. ALÇA DA FRENTE: 18 cm x 6 cm, duas vezes. B. ALÇA DAS COSTAS: 44 cm x 6 cm, duas vezes.
MONTAGEM:
• Vinque as pregas do ombro esquerdo das peças de tecido, direito sobre direito, na direção das setas. Bata as pregas a ferro e prenda com alinhavos nas bordas das peças.
• Vinque as alças ao meio no comprimento, direito sobre direito. Una as bordas com uma costura, deixando livres as bordas de montagem. Revire as alças.
• Feche as pences, prendendo as alças nas costuras das pences da frente e das costas do tecido.
• Junte as peças superiores e inferiores da frente com uma costura.
• Feche os ombros e as laterais das peças de tecido e de forro, separadamente.
• Prenda a entretela no avesso de uma das peças de tecido da aba. Una as peças da aba, direito sobre direito, com uma costura pelas bordas, deixando livres as bordas de montagem nas cavas. Vire as folgas da costura sobre o avesso da parte interna e prenda com pespontos rentes.
• Revire as abas e prenda com alinhavos na cava direita, fazendo um traspasse das bordas inferiores, coincidindo a numeração de montagem.
• Junte tecido e forro, direito sobre direito, com uma costura pelas bordas do decote. Bata a costura a ferro, virando as folgas sobre o avesso do forro e prenda com pespontos rentes. Revire o forro para o avesso do tecido. Bata a ferro.
• Em seguida, junte tecido e forro, direito sobre direito, com uma costura pelas bordas das cavas da frente, indo com a costura até onde for possível nos ombros. Finalmente, retome a costura pelas cavas das costas, completando a montagem.
• Torne a revirar as peças, avesso sobre avesso.
• Faça uma bainha de lenço na borda inferior do tecido. Arremate a borda inferior do forro com uma bainha fina presa com pespontos.
• Prenda um par de argolas em cada ponta das alças da frente.

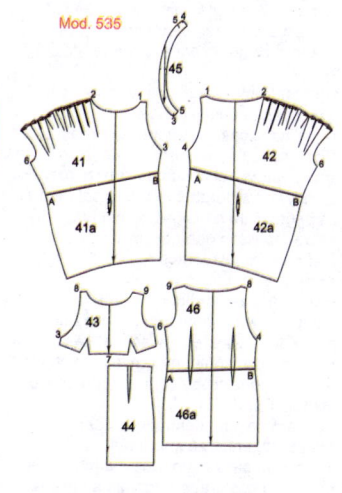

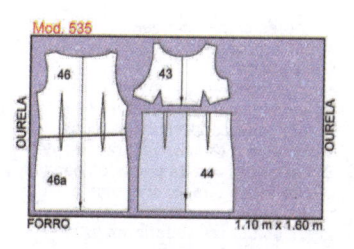

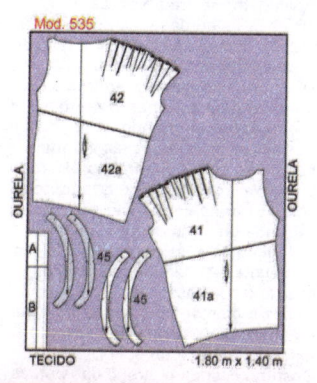

Mod. 535

Mod. 535

Mod. 535

MOLDE 104
✂✂✂
VESTIDO
TAMANHO 42
PEÇAS: 38 a 44
LINHA DO MOLDE EM AZUL

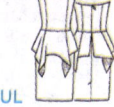

FOLHA K
SUGESTÃO DE TECIDO: linho. FORRO: tafetá.
METRAGEM: Tecido – 1,80 m x 1,50 m. Forro – 0,80 m x 1,50 m.
AVIAMENTOS: um zíper invisível de 35 cm; 90 cm x 1,5 c de elástico; 1,20 m de barbatana; 90 cm de entretela; 1,20 m de viés.
COMO CORTAR: distribua as peças no tecido e no forro, observando as planilhas de corte. Vestido com 1,00 m de comprimento, a partir da cintura.
PEÇAS: 38. FRENTE SUPERIOR CENTRAL: corte duas vezes com o tecido e a entretela dobrados na linha do centro. 39. FRENTE SUPERIOR LATERAL. 40. COSTAS SUPERIORES CENTRAL. 41. COSTAS SUPERIORES LATERAL: corte as peças quatro vezes no tecido e duas vezes na entretela. 42. PEPLUM: para a frente, corte a peça duas vezes com o tecido e a entretela dobrados na linha do centro. Para as costas, corte a peça quatro vezes no tecido e na entretela. 43. FRENTE INFERIOR: corte uma vez no tecido e no forro, formando peças inteiras. 44. COSTAS INFERIORES: corte duas vezes no tecido e no forro.
MONTAGEM:
• Prenda a entretela no avesso das peças superiores.
• Costure as peças laterais na frente e nas costas centrais.
• Junte frente e costas com uma costura pelas laterais.
• Bata as costuras a ferro, abrindo as folgas. Prenda uma tira de viés com pespontos nas bordas das folgas das costuras das peças que servirão de forro.
• Introduza as barbatanas nos passadores, deixando livres as folgas para as costuras superiores e inferiores.
• Feche as pences inferiores.
• Faça a costura central das costas inferiores, entre as aberturas.
• Junte, frente e costas das peças

inferiores com uma costura pelas laterais, prendendo o tecido e o forro, separadamente.
• Junte frente e costas das peças do peplum com uma costura pelas bordas laterais, prendendo as peças externas e internas, separadamente. Em seguida, una as peças do peplum, direito sobre direito, com uma costura pelas bordas externas, deixando livres as bordas superiores de montagem. Revire as peças.
• Prenda as bordas superiores do peplum com alinhavos pelo direito das bordas superiores do tecido inferior.
• Costure as peças superiores nas inferiores externas e internas, separadamente, prendendo as bordas do peplum entre as peças externas.
• Junte as peças superiores externas e internas, direito sobre direito, com uma costura pelas bordas superiores.
• Prenda uma tira de elástico de 82 cm com uma costura sobre as folgas do decote, esticando o elástico o quanto for necessário.
• Faça a montagem do zíper invisível na abertura do centro das costas externas, de acordo com Dicas de Costura. Prenda o direito das bordas das peças internas pelo avesso das folgas do zíper. Revire as peças.
• Embainhe as bordas das folgas da abertura inferior das costas para o avesso e prenda com pespontos.
• Vinque a folga do lado esquerdo da abertura inferior das costas para o direito e prenda com uma costura sobre o linha da dobra da bainha. Revire a folga para o avesso, vincando a bainha inferior.
• Prenda a bainha inferior externa com pontos invisíveis e a bainha inferior do forro com pespontos.

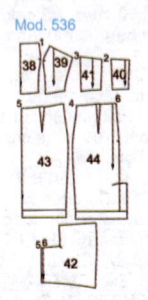

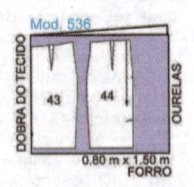

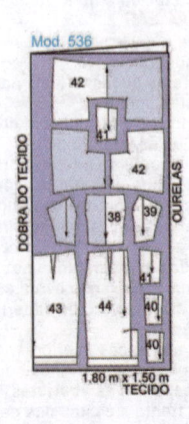

MOLDE 105

VESTIDO
TAMANHO 40
PEÇAS: 1 a 10
LINHA DO MOLDE EM PRETO

FOLHA L
SUGESTÃO DE TECIDO: renda de náilon. FORRO: cetim e tafetá.
METRAGEM: Tecido – 1,30 m x 1,40 m. Forro – 1,10 m x 1,50 m. Molde para renda com 20% de alongamento (veja em Dicas de Costura como calcular o alongamento).
AVIAMENTOS: um zíper invisível de 35 cm; dois botões de 1 cm;
COMO CORTAR: distribua as peças no tecido e nos forros, observando as planilhas de corte. Vestido com 1,00 m de comprimento, a partir da cintura.
PEÇAS: 1. FRENTE SUPERIOR CENTRAL. 2. FRENTE SUPERIOR LATERAL. 3. COSTAS SUPERIORES: corte as peças duas vezes na renda e no cetim. 4. PALA DA FRENTE: corte uma vez com a renda dobrada na linha do centro. 5. PALA DAS COSTAS. 6 - MANGA: corte as peças duas vezes na renda. 7. FRENTE INFERIOR EXTERNA: corte uma vez com a renda e o cetim dobrado na linha do centro. 8. COSTAS INFERIORES EXTERNAS: corte duas vezes na renda e no cetim. 9. FRENTE INFERIOR INTERNA: corte uma vez com o tafetá dobrado na linha do centro. 10. COSTAS INFERIORES INTERNA: corte duas vezes no tafetá. A. VIÉS DO DECOTE: 53 cm x 3,5 cm, uma vez no cetim. B. VIÉS DA MANGA: 34 cm x 3,5 cm, duas vezes no cetim. C. VIÉS DA ABERTURA: 25 cm x 3,5 cm, duas vezes no cetim. D. ALÇA: 6 cm x 2 cm, uma vez no cetim. E. VIÉS DAS CAVAS: 50 cm x 3 cm, duas vezes.
MONTAGEM:
• Junte frente e costas das palas com uma costura pelos ombros.
• Prenda o direito do viés com uma costura sobre o direito da borda da abertura central das costas da pala.. Vire o viés para o avesso da pala, embainhe a borda e prenda com pespontos.
• Prepare a alcinha. Faça o acabamento do decote conforme a explicação de viés de rolo, de acordo com Dicas de Costura, prendendo as pontas da alcinha na borda do lado direito da abertura.
• Para completar as peças externas, alinhave as peças superiores e inferiores de cetim pelo avesso da renda.
• Prenda as peças centrais nas peças laterais superiores da frente.
• Faça a costura central superior da frente.
• Junte, frente e costas superiores com uma costura pelas laterais.
• Una as peças superiores externas e internas, direito sobre direito, com uma costura pelas bordas superiores, prendendo a borda inferior da pala entre as peças. Vire as folgas da costura sobre o avesso das peças internas e prenda com pespontos rentes. Revire as peças.
• Arremate as bordas inferiores das mangas com a montagem do viés de rolo. Feche as laterais das mangas.
• Monte as mangas nas cavas. Arremate as folgas das cavas com a montagem do viés de rolo.
• Faça a costura central das costas inferiores, entre as aberturas.
• Junte as peças superiores e inferiores com uma costura, prendendo as peças externas e internas, separadamente.
• Faça a montagem do zíper invisível na abertura superior das costas externas, de acordo com Dicas de Costura.
• Pregue o botão, para o fechamento da abertura.
• Faça o arremate de uma fenda com traspasse na abertura inferior das costas, de acordo com Dicas de Costura.

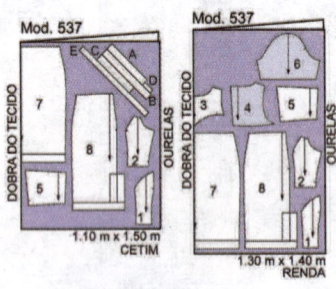

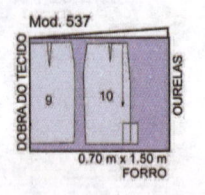

MOLDE 106

VESTIDO
TAMANHO 38
PEÇAS: 12 a 22
LINHA DO MOLDE EM AZUL

FOLHA K
SUGESTÃO DE TECIDO: helanca. FORRO: liganete.
METRAGEM: Tecido – 1,30 m x 1,60 m. Forro – 1,10 m x 1,60 m. Molde para tecido com 60% de alongamento na direção horizontal e 50% na direção vertical (veja em Dicas de Costura como calcular o alongamento).
AVIAMENTOS: um zíper invisível de 60 cm.
COMO CORTAR: distribua as peças no tecido e no forro, observando as planilhas de corte. Vestido com 84 cm de comprimento, a partir da cintura.
PEÇAS: 12. FRENTE SUPERIOR EXTERNA. 14. PALA DA FRENTE. 21. ACABAMENTO DA FRENTE: separe peça superior nas linhas marcadas. Corte todas as peças uma vez com o tecido dobrado na linha do centro. 13. INCRUSTAÇÃO DA FRENTE SUPERIOR. 16. COSTAS SUPERIORES EXTERNAS. 17. COSTAS INFERIORES EXTERNAS. 22. ACABAMENTO DAS COSTAS: separe as peças 16 e 17 nas linhas marcadas. Corte todas as peças duas vezes no tecido. 15. FRENTE INFERIOR EXTERNA: separe a peça na linha marcada. Corte o trecho central uma vez com o tecido dobrado na linha do centro. Corte o trecho lateral duas vezes no tecido. 18. FRENTE SUPERIOR INTERNA. 19. FRENTE INFERIOR INTERNA: corte as peças uma vez com o forro dobrado na linha do centro. 20. COSTAS INTERNAS: corte duas vezes no forro.
MONTAGEM:
• A cada costura de união das peças externas vire as folgas sobre o avesso e prenda com pespontos a 0,7 cm. Faça a montagem da seguinte maneira:
• Una todas as peças superiores da frente com uma costura nas linhas de corte.
• Prenda as incrustações nas peças, coincidindo o número de junção.
• Faça as costuras de união das peças centrais e laterais inferiores da frente externa e das peças superiores e inferiores das costas externas.
• Costure as palas nas peças superiores e inferiores da frente.
• Vinque as pregas da frente superior interna, direito sobre direito, na direção das setas. Prenda as pregas com alinhavos nas bordas inferiores das peças.
• Junte as peças superiores e inferiores da frente interna com uma costura.
• Faça a costura de união das peças das costas de tecido e de forro, separadamente, deixando livre a abertura superior.
• Chuleie as bordas inferiores dos acabamentos. Prenda o avesso dos acabamentos com alinhavos sobre o direito do forro. Pesponte rente às bordas inferiores dos acabamentos.
• Feche os ombros e as laterais, unindo frente e costas das peças externas e internas, separadamente.
• Una as peças externas e internas, direito sobre direito, com uma costura pelas bordas do decote e, com outra costura pelas bordas das cavas. Revire as peças.
• Faça a montagem do zíper invisível na abertura do centro das costas, de acordo com Dicas de Costura. Prenda ao direito das bordas das peças internas pelo avesso das folgas do zíper. Torne a revirar as peças.
• Faça as bainhas inferiores.

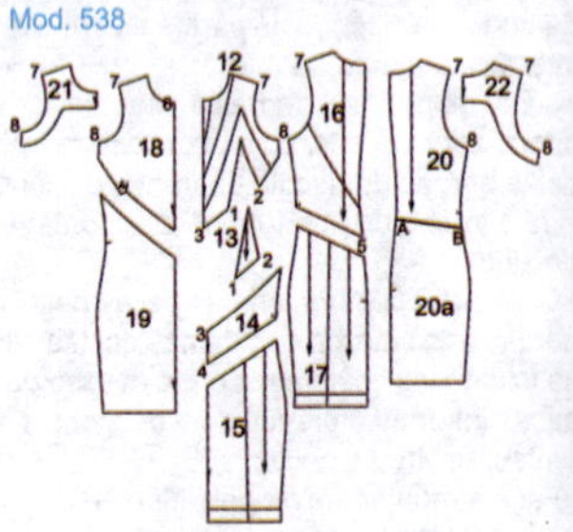

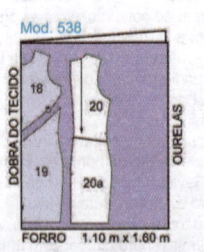

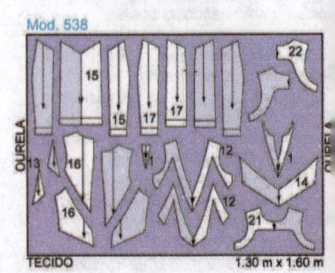

MOLDE 107

✂✂✂✂
VESTIDO
TAMANHO 40
PEÇAS: 35 a 42
LINHA DO MOLDE EM PRETO

FOLHA N

SUGESTÃO DE TECIDO: liganete. FORRO: helanca.
METRAGEM: Tecido – 2,10 m x 1,60 m. Forro – 1,60 m x 1,60 m. Molde para malha com 60% de alongamento (veja em Dicas de Costura como calcular o alongamento).
AVIAMENTOS: quatro botões de 1,5 cm tipo meia bola; linha para malha e agulha ponta bola; uma ferragem com strass de 4,5 cm x 2,5 cm.
COMO CORTAR: distribua as peças no tecido e no forro, observando as planilhas de corte. Vestido com 1,55 m de comprimento.
PEÇAS: 35. FRENTE CENTRAL SUPERIOR EXTERNA. 36. FRENTE LATERAL SUPERIOR EXTERNA. 37. FRENTE SUPERIOR INTERNA; separe a peça interna na linha marcada. Corte todas as peças duas vezes. 38. COSTAS SUPERIORES: corte duas vezes no tecido e no forro. 39. PALA DAS COSTAS: corte quatro vezes no tecido, sendo a borda do centro das costas da pala esquerda somente até a linha marcada. 40. FAIXA: corte uma vez com o tecido dobrado pelo centro. 41. CÓS: corte quatro vezes com o tecido dobrado na linha do centro. 42. FRENTE E COSTAS INFERIORES (EXTERNA E INTERNA): corte duas vezes com o tecido e o forro dobrados na linha do centro. A. ALCINHA: 18 cm x 2,5 cm, uma vez.

MONTAGEM:
• Para formar as pregas, vinque a frente superior central externa, direito sobre direito, nas linhas marcadas. Pesponte, pelo direito, de acordo com as indicações iniciais. Vire as pregas na direção do meio da frente e prenda com alinhavos pelas bordas superiores e inferiores.
• Junte as peças centrais e laterais externas com uma costura, coincidindo os números de junção.
• Prenda as palas nas bordas superiores da frente. Vire as folgas das costuras sobre o avesso das palas e prenda com pespontos a 0,7 cm.
• Costure as palas da frente nos ombros da parte externa da pala das costas. Prenda os ombros da frente superior interna nos ombros da parte interna da pala das costas.
• Faça as costuras centrais das peças superiores externas e de forro, separadamente.
• Prepare a tira das alcinhas das costas como alça de rolo, de acordo com Dicas de Costura. Separe a tira em três partes iguais.
• Costure as palas das costas nas bordas superiores das peças externas e internas das costas. Vire as folgas das costuras sobre avesso das costas externas e internas e prenda com pespontos a 0,7 cm.
• Junte frente e costas das peças externas e internas, separadamente, com uma costura pelas laterais.
• Junte as peças externas e internas, direito sobre direito, com uma costura pelas bordas do decote; contorno do abotoamento da pala das costas, prendendo as alcinhas, e contorno da abertura central das costas. Vire as folgas da costura sobre o avesso das peças internas e prenda com pespontos rentes.
• Em seguida, una as peças externas e internas, pelas bordas das cavas. Revire as peças superiores, avesso sobre avesso.
• Feche as laterais do cós, prendendo as partes externas e internas, separadamente.
• Franza a frente e as costas inferiores externas nos trechos marcados, o suficiente para a montagem no cós externo, de acordo com as marcações.
• Junte frente e costas das peças externas e de forro, separadamente, com uma costura pelas laterais.
• Una as partes externas e internas do cós, direito sobre direito, com uma costura pelas bordas superiores, prendendo as bordas das peças superiores.
• Revire o cós, avesso sobre avesso. Costure as bordas da parte externa e interna do cós pelo direito das peças inferiores externas. Prenda o direito das bordas do forro inferior pelo avesso das folgas da costura de montagem do cós nas peças inferiores externas. Revire o forro para o avesso do tecido.
• Una as bordas maiores com uma costura, direito sobre direito. Revire a faixa e centralize a costura, vincando a peça nas linhas marcadas.
• Franza as bordas laterais da faixa até alcançar as mesmas medidas das costuras laterais do cós. Faça os franzidos do centro da faixa reduzindo a tira até alcançar as mesmas medidas dos lugares marcados.
• Introduza a ferragem na faixa. Costure o direito das bordas laterais da faixa sobre as costuras laterais do cós.
• Aplique a faixa com pespontos sobre os franzidos centrais da parte externa do cós.
• Faça as bainhas inferiores.
• Pregue os botões, para o abotoamento da pala das costas.

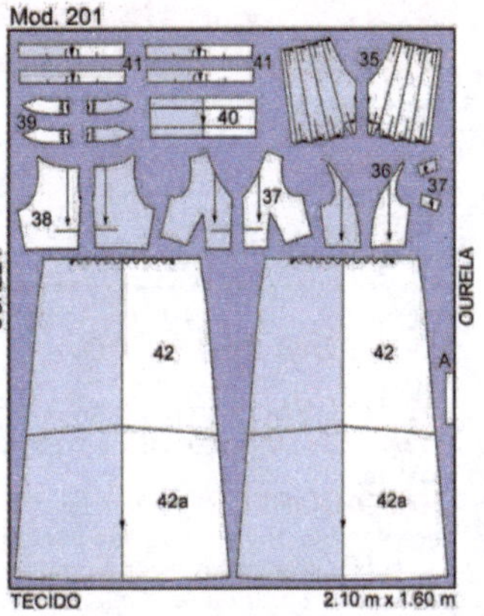

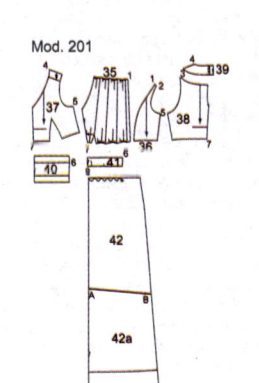

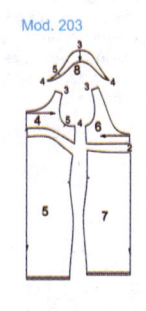

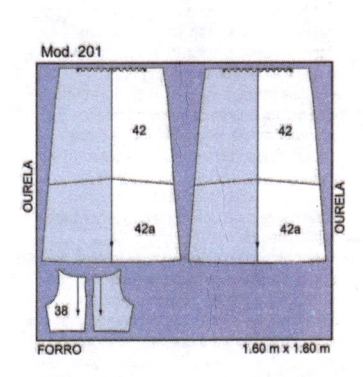

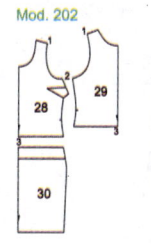

MOLDE 108

✂
VESTIDO
TAMANHO 36/40/44
PEÇAS: 28 a 30
LINHA DO MOLDE EM VERDE
TAM. 36 ▬▬▬
TAM. 40 ▬ ▬ ▬
TAM. 44 ▪▪▪▪▪

FOLHA M

SUGESTÃO DE TECIDO: malha prene
METRAGEM: 1,20 m (tam. 36/40/44) x 1,40 m. Molde para malha com 30% de alongamento (veja em Dicas de Costura como calcular o alongamento).
AVIAMENTOS: linha para malha e agulha ponta bola.
COMO CORTAR: copie as peças, de acordo com o tamanho escolhido. Distribua as peças no tecido, observando a planilha de corte. Vestido com 53 cm de comprimento, a partir da cintura.
PEÇAS: 28. FRENTE SUPERIOR: corte uma vez com o tecido dobrado na linha do centro. 29. COSTAS SUPERIORES: corte duas vezes. 30. FRENTE E COSTAS INFERIORES: separe o cós na linha marcada. Corte o cós e a parte inferior duas vezes com o tecido dobrado na linha do centro.

MONTAGEM:
• Faça a costura central das costas superiores.
• Aplique o avesso do cós pelo direito das peças superiores e inferiores com pespontos duplos a 0, 7 cm das bordas.
• Junte frente e costas, direito sobre direito, com uma costura pelas bordas laterais.
• Aplique o avesso dos ombros das costas pelo direito dos ombros da frente com pespontos a 0,7 cm das bordas das costas.

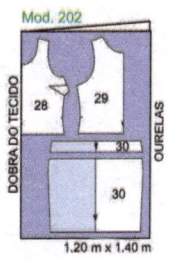

MOLDE 109

✂✂✂
VESTIDO
TAMANHO 44
PEÇAS: 4 a 8
LINHA DO MOLDE EM AZUL

FOLHA O

SUGESTÃO DE TECIDO: malha listrada. FORRO: malha lisa.
METRAGEM: Tecido – 1,20 m x 1,50 m. Forro – 0,80 m x 1,50 m. Molde para tecido com 50% de alongamento (veja em Dicas de Costura como calcular o alongamento).
AVIAMENTOS: linha para malha e agulha ponta bola.
COMO CORTAR: distribua as peças no tecido e no forro, observando as planilhas de corte. Vestido com 97 cm de comprimento.
PEÇAS: 4. PALA DA FRENTE. 6. PALA DAS COSTAS: corte as peças uma vez com o tecido e o forro dobrados na linha do centro. 5. FRENTE. 7. COSTAS: corte as peças uma vez com o tecido dobrado na linha do centro. 8. MANGA: corte duas vezes.

MONTAGEM:
• Costure o direito do forro pelo direito do decote das palas da frente e das costas. Vire as folgas das costuras sobre o avesso do forro e prenda com pespontos rentes.
• Junte frente e costas das palas com uma costura pelos ombros.
• Vire os forros para o avesso das palas. Chuleie as bordas inferiores e das cavas, unindo-as.
• Prenda as bordas inferiores das palas externas e de forro pelo direito das bordas superiores da frente e das costas.
• Junte frente e costas com uma costura pelas laterais.
• Embainhe as bordas das mangas para o avesso. Prenda as bainhas com pespontos.
• Monte as mangas nas cavas, traspassando as bordas laterais, de acordo com a numeração de montagem.
• Faça a bainha inferior.

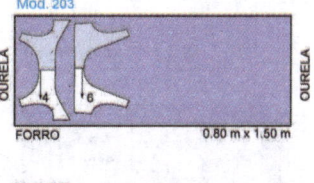

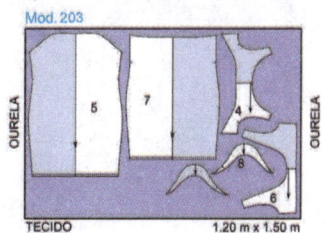

MOLDE 110

VESTIDO
TAMANHO 40
PEÇAS: 42 a 46
LINHA DO MOLDE EM AZUL

FOLHA O
SUGESTÃO DE TECIDO: linho misto stretch.
METRAGEM: 1,70 m x 1,40 m.
AVIAMENTOS: um zíper metálico de 50 cm; 20 cm x 0,5 cm de fita; três ferragens tipo canudo.
COMO CORTAR: copie os acabamentos. Distribua as peças e os acabamentos no tecido, observando a planilha de corte. Vestido com 90 cm de comprimento.
PEÇAS: 42. FRENTE CENTRAL: corte uma vez com o tecido dobrado na linha do centro. 43. FRENTE LATERAL. 44. COSTAS CENTRAIS. 45. COSTAS LATERAIS. 46. ACABAMENTO DAS COSTAS: corte as peças duas vezes.
MONTAGEM:
• Junte as peças centrais e laterais da frente e das costas com uma costura.
• Una os acabamentos da frente com outra costura.
• Feche as laterais das peças e dos acabamentos, separadamente, unindo frente e costas.
• Separe três fitas de 5 cm. Alinhave as fitas nos acabamentos em uma das bordas da abertura do centro a frente, de acordo com as marcações. Introduza as fitas nas ferragens. Alinhave as outras pontas das fitas na outra borda da abertura.
• Monte os acabamentos nas peças da frente, direito sobre direito, com uma costura contornando as bordas da abertura central.
• Em seguida, prenda os acabamentos no decote e cavas da frente. Vire os acabamentos para o avesso da frente. Mantenha o acabamento das costas no direito das peças das costas.
• Costure as bordas do decote das costas; dos ombros, prendendo os ombros da frente e as bordas das cavas das costas
• Junte as peças e os acabamentos das costas, direito sobre direito, com uma costura pelo centro das costas, prendendo as folgas do zíper. Revire os acabamentos para o avesso das costas.
• Faça a bainha inferior.

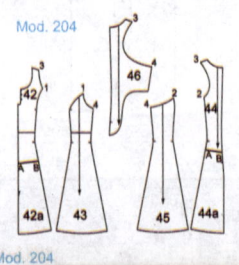

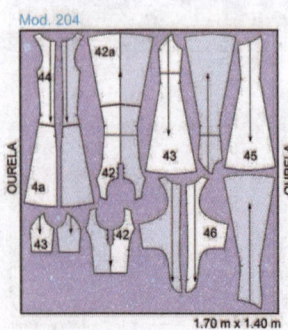

MOLDE 111

VESTIDO
TAMANHO 38
PEÇAS: 39 a 41
LINHA DO MOLDE EM VERDE

FOLHA O
SUGESTÃO DE TECIDO: viscose.
METRAGEM: 2,30 m x 1,50 m.
AVIAMENTOS: 50 cm x 0,5 cm de elástico.
COMO CORTAR: prolongue a peça 41 com as medidas das pontas das setas. Veja como fazer o aumento do molde a partir de uma curva no modelo 223. Distribua as peças no tecido, observando a planilha de corte. Vestido com 1,55 m de comprimento.
PEÇAS: 39. FRENTE SUPERIOR. 40. COSTAS SUPERIORES: corte as peças uma vez com o tecido dobrado na linha do centro. 41. FRENTE E COSTAS INFERIORES: corte duas vezes com o tecido dobrado na linha do centro. A. VIÉS DO DECOTE DA FRENTE: 32 cm x 3,5 cm, uma vez. B. VIÉS DO DECOTE DAS COSTAS: 26 cm x 3,5 cm, uma vez. C. VIÉS DA CAVA DA FRENTE E ALÇA: 83 cm x 3,5 cm, duas vezes. D. VIÉS DA CAVA DAS COSTAS E ALCINHA: 25 cm x 3,5 cm, duas vezes.
MONTAGEM:
• Costure o direito da borda da borda do viés pelo avesso do decote da frente e das costas. Dobre o viés ao meio para o direito do decote, embainhe a borda e prenda com pespontos, arrematando a primeira costura.
• Monte o viés nas cavas, conforme a montagem do viés do decote, deixando uma sobra de 70 cm para as alças da frente e 5 cm para as alcinhas das costas.
• Finalize a montagem do viés das cavas prosseguindo com os pespontos unindo as bordas nos trechos das alças.
• Junte frente e costas das peças superiores e inferiores, separadamente, com uma costura pelas laterais.
• Prenda as peças superiores nas inferiores.
• Vire as folgas da costura de união das peças superiores e inferiores sobre o avesso das peças inferiores e prenda com pespontos duplos, prendendo também o elástico sobre as folgas.
• Ao costurar sobre o elástico, estique-o para manter a elasticidade.
• Vire as pontas as pontas do viés das cavas das costas para o avesso e prenda com pespontos formando as alcinhas para a passagem das alças da frente.
• Faça a bainha inferior.

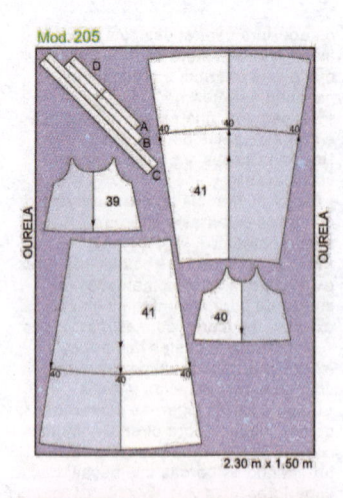

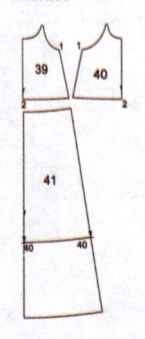

MOLDE 112

VESTIDO
TAMANHO 42
PEÇAS: 1 a 6
LINHA DO MOLDE EM VERDE

FOLHA P
SUGESTÃO DE TECIDO: cetim stretch. FORRO: liganete.
METRAGEM: Tecido – 2,00 m x 1,50 m. Forro – 1,20 m x 1,60 m. Molde para tecido com 30% de alongamento (veja em Dicas de Costura como calcular o alongamento).
AVIAMENTOS: 20 cm de entretela.
COMO CORTAR: distribua as peças no tecido e no forro, observando as planilhas de corte. Vestido com 1,54 m de comprimento.
PEÇAS: 1. FRENTE SUPERIOR. 2. COSTAS SUPERIORES: corte as peças uma vez com o tecido e o forro dobrados na linha do centro. 3. PALA DA FRENTE. 4. PALA DAS COSTAS: corte as peças duas vezes com o tecido e uma vez com a entretela dobrados na linha do centro. 5. FRENTE E COSTAS INFERIORES EXTERNA. 6. FRENTE E COSTAS INFERIORES INTERNAS: copie o passador marcado na peça externa. Corte a peça externa e o passador duas vezes com o tecido e a peça interna duas vezes com o forro dobrado na linha do centro. A. ALÇA: 1,30 m x 3,5 cm, uma vez.
MONTAGEM:
• Feche as pences.
• Junte frente e costas das peças superiores de tecido e de forro, separadamente, com uma costura pelas laterais.
• Junte tecido e forro superiores, direito sobre direito, com uma costura pelas bordas das cavas. Vire as folgas da costura sobre o avesso do forro e prenda com pespontos rentes. Revire o forro para o avesso do tecido.
• Feche os ombros das palas, unindo frente e costas das peças externas e internas, separadamente.
• Junte as partes externas e internas das palas, direito sobre direito, com uma costura pelas bordas do decote. Vire as folgas da costura sobre o avesso das partes internas e prenda com pespontos rentes.
• Em seguida, costure as bordas inferiores das palas, deixando livres os trechos de montagem nas peças da frente e das costas. Revire as palas, avesso sobre avesso.
• Costure o direito da borda da parte externa da pala pelo direito das bordas superiores da frente e das costas.
• Embainhe a borda da parte interna da pala sobre o avesso da costura de montagem, bata a ferro e prenda com alinhavos. Pesponte as bordas superiores da frente e das costas, rente à costura de montagem da pala, prendendo a borda embainhada.
• Abra as casas do passador marcadas na peça da frente inferior externa com pontos caseados.
• Feche as laterais inferiores das peças de tecido e de forro, separadamente, sem fechar as aberturas inferiores do tecido.
• Feche as laterais do passador, unindo frente e costas.
• Alinhave o passador pelo avesso das peças inferiores. Prenda a borda inferior do passador com pespontos pelo avesso do lugar marcado na frente inferior.
• Junte as peças superiores e inferiores com uma costura, prendendo o direito do forro inferior pelo avesso da costura. Revire o forro para o avesso das peças inferiores de tecido.
• Vinque a alça ao meio no comprimento, direito sobre direito. Una as bordas maiores com uma costura a 0,7 cm da borda vincada. Revire a alça e introduza no passador.
• Embainhe as bordas menores da alça para o avesso e prenda com pontos à mão.
• Vire as folgas das aberturas laterais para o avesso, embainhe as bordas e prenda com pespontos.
• Vire as bainhas inferiores para o avesso, embainhe as bordas e prenda com pespontos.
• Arremate a borda inferior do forro com overloque.

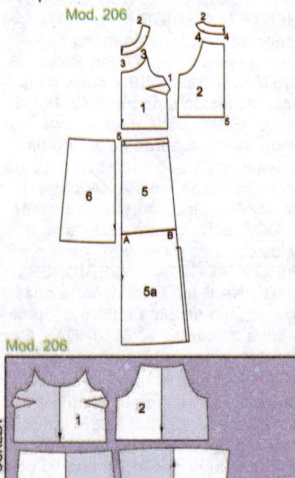

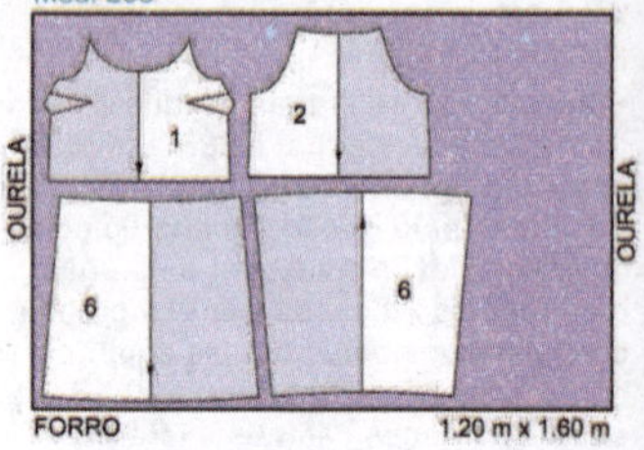

MOLDE 113

VESTIDO
TAMANHO 40
PEÇAS: 32 a 38
LINHA DO MOLDE EM VERMELHO

FOLHA C
SUGESTÃO DE TECIDO: lycra light.
METRAGEM: 2,60 m x 1,50 m. Molde para malha com 60% de alongamento na direção horizontal e 40% na direção vertical

(veja em Dicas de Costura como calcular o alongamento).
AVIAMENTOS: linha para malha e agulha ponta bola.
COMO CORTAR: distribua as peças no tecido, observando a planilha de corte. Vestido com 1,61 m de comprimento.
PEÇAS: 32. FRENTE SUPERIOR LATERAL: corte quatro vezes. 33. FRENTE SUPERIOR CENTRAL INTERNA. 34. FRENTE SUPERIOR CENTRAL EXTERNA: corte as peças uma vez com o tecido dobrado na linha do centro. 35. COSTAS SUPERIORES. 38. FRENTE E COSTAS INFERIORES: corte as peças duas vezes com o tecido dobrado na linha do centro. 36. CÓS: corte quatro vezes com o tecido dobrado na linha do centro. 37. ALÇA: corte duas vezes.
MONTAGEM:
• Vinque as pregas das bordas superiores e inferiores da frente externa, direito sobre direito, na direção das setas. Bata a ferro e prenda com alinhavos.
• Junte as peças laterais superiores, duas a duas, direito sobre direito, com uma costura pelas bordas das cavas. Vire as folgas sobre o avesso das peças internas e prenda com pespontos rentes. Revire as peças laterais, avesso sobre avesso.
• Junte as partes externa e interna da frente superior central com uma costura pelas bordas do decote. Vire as folgas da costura sobre o avesso da peça interna e prenda com pespontos rentes.
• Em seguida, una as peças centrais com outra costura pelas bordas internas, prendendo as peças laterais.
• Revire a frente superior central, avesso sobre avesso. Una as partes externa e interna da frente com pespontos na linha marcada. Una as bordas superiores e inferiores da frente com alinhavos.
• Junte as partes externas e internas superiores das costas, direito sobre direito, com uma costura contornando o decote e as cavas. Vire as folgas das costuras sobre o avesso das peças internas e prenda com pespontos rentes. Em seguida, una as peças pelas bordas do passador superior.
• Introduza as bordas laterais das costas entre as laterais da frente e costure. Revire as costas superiores, avesso sobre avesso.
• Feche as laterais do cós externo e interno, separadamente.
• Junte as partes externas e internas do cós, direito sobre direito, com uma costura pelas bordas superiores, prendendo as peças superiores. Revire o cós.
• Feche as laterais inferiores.
• Prenda as peças inferiores nas bordas do cós, distendendo o cós com quanto for necessário.
• Vinque as alças, direito sobre direito. Una as bordas com uma costura deixando livres as bordas de montagem e um pequeno trecho nas bordas maiores, próximo à borda de montagem nas peças da frente.
• Introduza as bordas superiores da frente entre as bordas das alças e costure. Revire as alças. Feche as aberturas.
• Vire os passadores superiores das costas para o avesso e prenda com pespontos, para introduzir as alças.
• Faça a bainha inferior.
Mod. 207

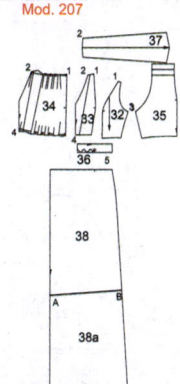

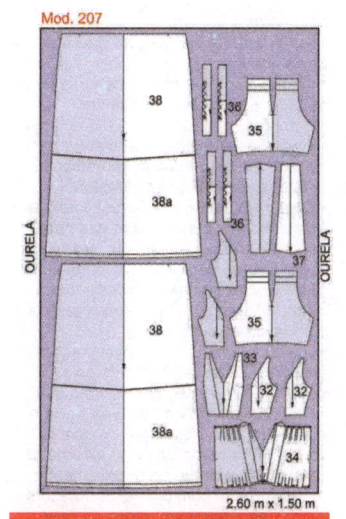

MOLDE 114

✂✂✂
VESTIDO
TAMANHO 44
PEÇAS: 7 a 11
LINHA DO MOLDE EM VERMELHO

FOLHA P
SUGESTÃO DE TECIDO: viscose (estampada e lisa)
METRAGEM: Estampada 1,50 m x 1,50 m. Lisa: 0,70 m x 1,50 m.
AVIAMENTOS: um zíper invisível de 35 cm; 30 cm de entretela.
COMO CORTAR: prolongue as peças 7 e 8 com as medidas das pontas das setas. Veja como fazer o aumento do molde a partir de uma curva no modelo 223. Distribua as peças no tecido, observando a planilha de corte. Vestido com 1,47 m de comprimento, aproximadamente.
PEÇAS: 7. FRENTE: corte uma vez com o tecido estampado dobrado na linha do centro. 8. COSTAS: corte duas vezes no tecido estampado. 9. PALA DA FRENTE: corte duas vezes com o tecido liso e a entretela dobrados na linha do centro. 10. PALA DA CAVA E ALÇA. 11. PALA DAS COSTAS: corte as peças quatro vezes no tecido liso e duas vezes na entretela. A. ARREMATE DO ZÍPER: 38 cm x 3 cm, duas vezes.
MONTAGEM:
• Costure as pences.
• Una as peças das costas com uma costura pelo centro, sem fechar a abertura superior.
• Prenda a entretela no avesso da parte externa das palas.
• Junte frente e costas das palas com uma costura pelas laterais, prendendo as peças externas e internas, separadamente.
• Una as partes externas e internas da pala da frente, direito sobre direito, com uma costura pelas bordas do decote. Bata a costura a ferro, virando as folgas sobre o avesso da peça interna e prenda com pespontos rentes.
• Costure o direito da borda da parte interna da pala pelo avesso do decote da frente. Embainhe a borda da parte externa da pala sobre o direito da costura de montagem, bata a ferro e prenda com pespontos rentes.
• Una as palas das cavas, alças e decote das costas, duas a duas, direito sobre direito, com uma costura pelas bordas laterais das alças. Revire as alças.
• Junte as partes externas e internas das palas, direito sobre direito, com uma costura pelas bordas do decote das costas, prendendo as pontas das alças, depois de fazer o ajuste na prova.
• Prossiga com a montagem unindo as peças pelas bordas das cavas da frente.
• Revire as palas. Costure o direito das bordas das partes internas das palas pelo avesso das bordas superiores das costas e das cavas da frente. Embainhe as bordas das partes externas das palas pelo direito das costuras de montagem, bata a ferro e prenda com pespontos rentes.
• Monte o zíper invisível na abertura central das costas, de acordo com Dicas de Costura. Faça o acabamento das bordas das folgas do zíper com a montagem das tiras dos arremates.
• Vire a bainha inferior para o avesso, embainhe as bordas e prenda com pespontos.
Mod. 208

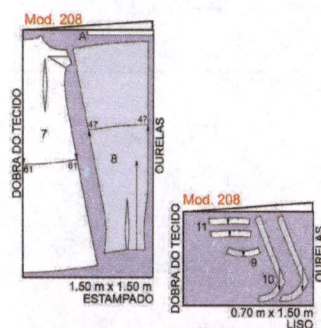

MOLDE 115

✂✂✂
VESTIDO
TAMANHO 48
PEÇAS: 10 a 18
LINHA DO MOLDE EM PRETO

FOLHA M
SUGESTÃO DE TECIDO: crepe stretch, tule bordado e tule stretch.
REFORÇO E FORRO: segunda pele bege e preto.
METRAGEM: Crepe – 1,40 m x 1,50 m. Tule bordado – 0,60 m x 1,40 m. Tule stretch 0,50 m x 1,40 m. Segunda pele – 0,60 m (reforço bege) e 0,50 m (forro preto) x 1,60 m. Molde para tecido com 50% de alongamento (veja em Dicas de Costura como calcular o alongamento).
AVIAMENTOS: um zíper invisível de 65 cm; linha para malha e agulha ponta bola; um par de colchetes.
COMO CORTAR: distribua as peças nos tecidos, no forro e no reforço, observando as planilhas de corte. Vestido com 1,10 m de comprimento.
PEÇAS: 10. PALA SUPERIOR DA FRENTE: corte uma vez com o tule bordado, o reforço e o forro dobrados na linha do centro. 11. FRENTE SUPERIOR CENTRAL. 12. FRENTE SUPERIOR LATERAL. 16. COSTAS CENTRAIS. 17. COSTAS LATERAIS: corte as peças duas vezes no crepe. 13. PALA LATERAL DA FRENTE: corte duas vezes no tule bordado e no reforço. 14. PALA DO OMBRO: corte quatro vezes. 15. FRENTE INFERIOR: corte uma vez com o tecido dobrado na linha do centro. 18. MANGA: corte duas vezes no tule stretch. A. ACABAMENTO DO DECOTE DAS COSTAS: 20 cm x 3 cm, duas vezes.
MONTAGEM:
• Prenda as peças de tule bordado com alinhavos pelo direito das bordas dos reforços.
• Faça as costuras do centro da frente superior e das costas centrais.
• Prenda as peças centrais da frente superior e das costas nas peças laterais. Vire as folgas das costuras sobre o avesso das peças laterais e prenda com pespontos a 0,7 cm.
• Junte tecido e forro da pala superior da frente, direito sobre direito, com uma costura pelas bordas do decote. Vire as folgas da costura sobre o avesso do forro e prenda com pespontos a 0,7 cm. Vire o forro para o avesso da pala.
• Costure a pala pelo direito das peças centrais e laterais superiores da frente. Pesponte, pelo direito, a 0,7 cm da costura, prendendo as folgas no avesso da frente central e lateral.
• Junte as peças superiores e inferiores da frente com uma costura. Vire as folgas da costura sobre o avesso da frente inferior e prenda com pespontos a 0,7 cm.
• Monte as palas laterais nas peças da frente. Pesponte a 0,7 cm das costuras de montagem.
• Embainhe uma das bordas menores das tiras dos acabamentos do decote das costas para o avesso. Costure uma das bordas dos acabamentos no direito do decote das costas.
• Faça a montagem do zíper invisível na abertura do centro das costas. Vire os acabamentos do decote para o avesso e prenda com pespontos.
• Una as palas dos ombros da frente, duas a duas, direito sobre direito. Costure as bordas do decote. Em seguida, introduza as bordas da frente e costas entre as peças das palas e costure. Revire as palas, avesso sobre avesso. Pesponte a 0,7 cm das bordas superiores e inferiores das palas.
• Junte frente e costas com uma costura pelas laterais.
• Feche as laterais das mangas.
• Monte as mangas nas cavas.
• Faça as bainhas.
• Pregue os colchetes, para o fechamento da abertura do decote.

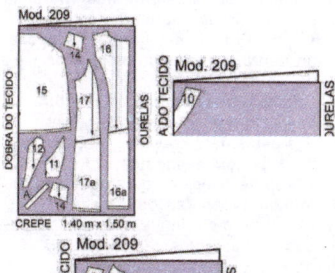

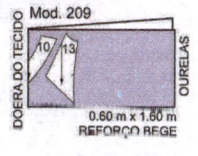

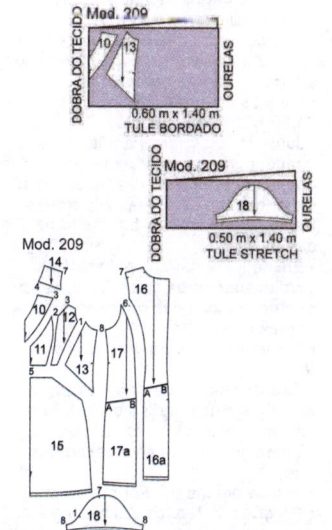

MOLDE 116

✂✂✂
VESTIDO
TAMANHO 54
PEÇAS: 10 a 15
LINHA DO MOLDE EM VERMELHO

FOLHA N
SUGESTÃO DE TECIDO: crepe de malha e renda. FORRO: malha poliéster.
METRAGEM: Crepe – 1,80 m x 1,60 m. Renda – 0,70 m x 1,40 m. Forro – 1,00 m x 1,50 m. Molde para tecido com 90% de alongamento na direção horizontal e 40% na direção vertical (veja em Dicas de Costura como calcular o alongamento).
AVIAMENTOS: um botão de 1 cm; linha para malha e agulha ponta bola.
COMO CORTAR: distribua as peças no tecido, observando a planilha de corte. Vestido com 1,55 m de comprimento.
PEÇAS: 10. FRENTE MAIOR. 12. FRENTE MENOR ESQUERDA: corte as peças uma vez no tecido. 11. FRENTE LATERAL: corte duas vezes na renda e no tecido. 13. COSTAS: corte duas vezes no tecido e no forro, sendo forro somente até a linha marcada. 14. PALA SUPERIOR: corte duas vezes na renda. 15. FRENTE INTERNA: corte uma vez com o forro dobrado na linha do centro.
A. ACABAMENTO DO DECOTE DA PALA: 55 cm x 3 cm, duas vezes no forro. B. ALÇA: 5 cm x 3,5 cm, uma vez no tecido.
MONTAGEM:
• Una as peças maiores e menor da frente esquerda com uma costura, se fechar a abertura inferior.
• Alinhave a renda da frente lateral pelo direito do reforço de tecido.
• Prenda as peças laterais nas peças da frente, coincidindo os úmeros 1 e 2 de montagem.
• Embainhe as bordas da abertura do cento das costas e das cavas das palas para o avesso. Prenda as bainhas com pespontos.
• Prepare a alcinha conforme alça de rolo em Dicas de Costura.
• Costure o direito de uma das bordas dos acabamentos pelo direito do decote. Vire o acabamento para o avesso, embainhe a borda e prenda com pespontos, prendendo também as pontas da alcinha na borda do lado esquerdo do decote.
• Franza a frente das palas o suficiente para a montagem nas bordas superiores da frente.
• Una as peças das costas com uma costura pelo centro, prendendo tecido e forro, separadamente.
• Faça as costuras laterais do tecido e do forro, separadamente.
• Junte tecido e forro, direito sobre direito, com uma costura pelas bordas do decote da frente. Prossiga com a montagem pelas bordas superiores da frente, prendendo as bordas franzidas das palas.
• Em seguida, una as peças pelas bordas superiores das costas, prendendo as palas de renda e pelas bordas das cavas.
• Revire o forro para o avesso do tecido.
• Vire a bainha inferior e, em seguida as bainhas das bordas da abertura da frente esquerda para o avesso. Prenda as bainhas com pespontos duplos.
• Faça a bainha inferior do forro.
• Pregue o botão, para o fechamento da abertura.

Mod. 210

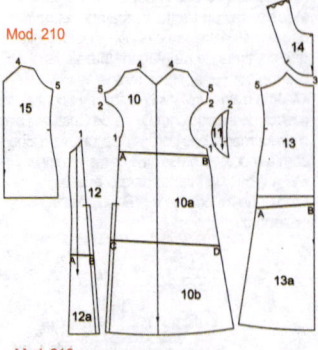

Mod. 210 — CREPE DE MALHA — 1,80 m x 1,60 m

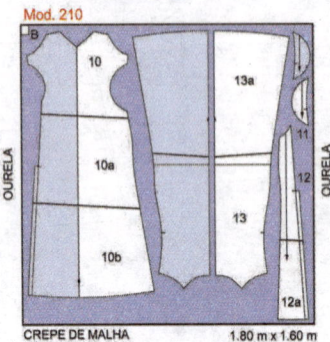

Mod. 210 — DOBRA DO TECIDO — FORRO 1,00 m x 1,50 m

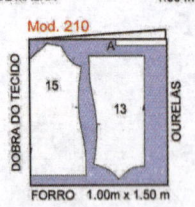

Mod. 210 — DOBRA DO TECIDO — RENDA 0,70 m x 1,40 m

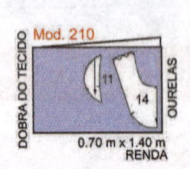

MOLDE 117

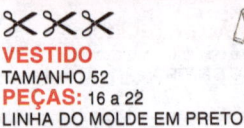

✂✂✂
VESTIDO
TAMANHO 52
PEÇAS: 16 a 22
LINHA DO MOLDE EM PRETO

FOLHA N
SUGESTÃO DE TECIDO: cetim poliéster.
METRAGEM: 2,60 m x 1,50 m.
AVIAMENTOS: doze botões de 1,2 cm; 30 cm de entretela.
COMO CORTAR: distribua as peças no tecido, observando a planilha de corte. Vestido com 96 cm de comprimento.
PEÇAS: 16. FRENTE. 21. MANGA: corte as peças duas vezes. 17. CARCELA. 22. ALÇA: corte as peças duas vezes no tecido e na entretela. 18. COSTAS. 19. PALA (FRENTE E COSTAS): corte as peças uma vez com o tecido dobrado na linha do centro. 20. GOLA: corte duas vezes com o tecido e uma vez com a entretela dobrados na linha do centro.
MONTAGEM:
• Prenda a entretela no avesso das peças.
• Franza as bordas superiores da frente o suficiente para a montagem na pala.
• Costure a pala pelo direito das bordas superiores da frente e das costas. Bata as costuras a ferro, virando as folgas sobre o avesso da pala e prenda com pespontos a 0,7 cm.
• Junte frente e costas com uma costura pelas laterais.
• Vinque a bainha inferior para o avesso, embainhe a borda e prenda com pespontos.
• Vinque as carcelas, direito sobre direito. Una as bordas inferiores com uma costura. Revire as carcelas.
• Costure o direito das bordas internas das carcela sobre o avesso das peças da frente. Vinque as carcela, avesso sobre avesso. Embainhe as bordas das partes externas das carcelas sobre o direito da frente, bata a ferro e prenda com pespontos rentes.
• Una as peças da gola, direito sobre direito. Costure as bordas da gola, deixando livre o decote. Revire a gola.
• Prenda o direito da borda da parte interna da gola no avesso do decote. Embainhe a borda da parte externa da gola sobre o direito do decote, bata o ferro e prenda com alinhavos. Pesponte, pelo direito, rente às bordas da gola, prendendo a borda embainhada no decote.
• Vinque as alças, direito sobre direito, e una as bordas maiores com uma costura. Revire as alças. Centralize a costura. Feche as bordas inferiores. Revire as alças. Pesponte rente às bordas maiores vincadas e rentes à costura da borda inferior.
• Alinhave as bordas abertas das alças pelo direito dos lugares marcados nas bordas das mangas.
• Feche as laterais das mangas. Monte as mangas nas cavas.
• Vire as bainhas das mangas para o avesso, embainhe as bordas e prenda com pespontos.
• Abra as casas e pregue os botões.

Mod. 211

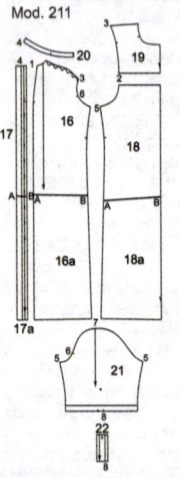

Mod. 211 — 2,60 m x 1,50 m

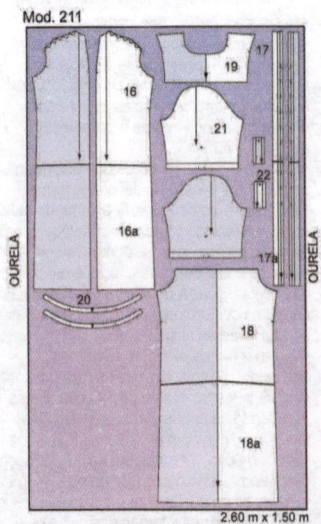

MOLDE 118

✂✂✂
VESTIDO
TAMANHO 50
PEÇAS: 19 a 23
LINHA DO MOLDE EM VERMELHO

FOLHA M
SUGESTÃO DE TECIDO: crepe e renda. FORRO: helanca.
METRAGEM: Crepe – 1,20 m x 1,50 m. Renda: 1,20 m x 1,40 m. Forro – 1,10 m x 1,60 m. Molde para forro com 60% de alongamento (veja em Dicas de Costura como calcular o alongamento).
AVIAMENTOS: um zíper invisível de 55 cm;
COMO CORTAR: distribua as peças no crepe, na renda e no forro, observando as planilhas de corte. Vestido com 98 cm de comprimento.
PEÇAS: 19. FRENTE: corte uma vez com a renda dobrada na linha do centro. Elimine o trecho superior na linha marcada. Corte o trecho inferior uma vez com o crepe e o forro dobrados na linha do centro, para a parte central. 20. FRENTE LATERAL. 22. COSTAS LATERAIS: corte as peças duas vezes no crepe e no forro. 21. COSTAS CENTRAIS: corte duas vezes na renda. Elimine o trecho superior na linha marcada. Corte o trecho inferior duas vezes no crepe e no forro. 23. MANGA: corte duas vezes na renda. A. ACABAMENTO DO DECOTE: 80 cm x 3 cm, uma vez.
MONTAGEM:
• Junte frente e costas das peças de crepe e de forro, separadamente, com uma costura pelas laterais.
• Para completar as peças centrais externas, alinhave o crepe das peças centrais da frente e das costas nas bordas laterais das peças centrais de renda.
• Prenda as peças centrais nas peças laterais da frente e das costas externas e de forro, separadamente.
• Chuleie as bordas superiores das peças, unindo-as
• Aplique as bordas superiores das peças centrais de crepe e de forro com pespontos pelo avesso dos lugares indicados na renda.
• Faça a costura central das costas das peças de crepe e de forro, separadamente, sem fechar a abertura superior.
• Feche os ombros, unindo frente e costas.
• Feche as laterais das mangas. Monte as mangas nas cavas.
• Monte o zíper invisível na abertura do centro das costas
• Costure o acabamento pelo direito do decote. Vire o acabamento para o avesso do decote, embainhe a borda e prenda com pespontos.
• Faça as bainhas.

Mod. 212

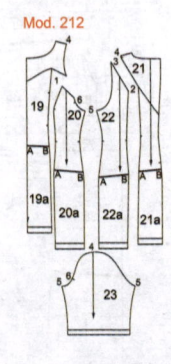

alcinhas, de acordo as marcações da bitola.
• Prepare a tira das alcinhas em rolotê. Separe a tira em quatro partes iguais. Alinhave as pontas das alcinhas nos lugares indicados pelo direito da borda do lado direito da abertura.
• Vinque o acabamento da abertura ao meio no comprimento, avesso sobre avesso. Costure as bordas do acabamento pelo direito das bordas da abertura central da frente, prendendo as alcinhas.
• Vire o acabamento para o avesso do lado direito da abertura e prenda com pespontos, formando um traspasse sobre a borda do lado esquerdo da abertura.
• Junte frente e costas com uma costura pelos ombros.
• Embainhe as bordas menores do viés do decote para o avesso. Bata a ferro. Costure o direito do viés pelo avesso do decote. Vinque o viés ao meio para o direito do decote, embainhe a borda e prenda com pespontos, arrematando a primeira costura.
• Costure os acabamentos pelo direito das bordas das aberturas das mangas. Bata a costura a ferro, virando as folgas sobre o avesso dos acabamentos e prenda com pespontos rentes.
• Junte frente e costas com uma costura pelas laterais, a partir das bordas dos acabamentos. Vire os acabamentos para o avesso, embainhe as bordas e prenda com pespontos.
• Aplique uma tira de elástico de 69 cm (tam. 48), 77 cm (tam. 52) e 89 cm (tam. 56) com pespontos pelo avesso do lugar marcado na frente e nas costas. Ao costurar sobre o elástico, estique-o para manter a elasticidade.

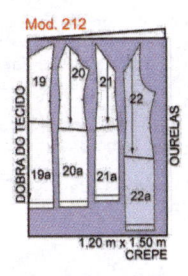

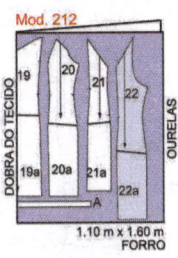

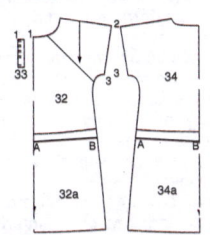

LINHA DO MOLDE EM VERMELHO
FOLHA M
SUGESTÃO DE TECIDO: helanca e couro sintético.
METRAGEM: Helanca – 1,20 m x 1,60 m Couro – 0,50 m x 1,50 m. Molde para malha com 50% de alongamento na direção horizontal e 40% na direção vertical (veja em Dicas de Costura como calcular o alongamento).
AVIAMENTOS: um zíper invisível de 60 cm; linha para malha e agulha ponta bola.
COMO CORTAR: distribua as peças na malha e no couro, observando as planilhas de corte. Vestido com 94 cm de comprimento.
PEÇAS: 24. FRENTE: copie o acabamento. Corte a peça e o acabamento uma vez com a malha dobrada na linha do centro. 25. COSTAS: copie o acabamento. Corte a peça e o acabamento duas vezes na malha. 26. LATERAL (FRENTE E COSTAS). 27. MANGA: corte as peças duas vezes no couro. A. ACABAMENTO DA CAVA: 55 cm x 3 cm, duas vezes.
MONTAGEM:
• Feche as pences.
• Junte frente e costas das peças e dos acabamentos, separadamente, com uma costura pelos ombros.
• Una as peças das costas com uma costura pelo centro, sem fechar a abertura superior.
• Junte frente e costas com uma costura pelas laterais, deixando livres as bordas de montagem das peças laterais de couro. Vire as folgas das costuras sobe o avesso das costas e prenda com pespontos a 0,7 cm.
• Aplique o avesso das peças laterais de couro sobre o direito das bordas das peças da frente e das costas com pespontos a 0,7 cm das bordas do couro.
• Costure o direito dos acabamentos pelo direito do decote. Vire as folgas da costura sobre o avesso dos acabamentos e prenda com pespontos rentes.
• Faça a montagem do zíper invisível na abertura do centro das costas, de acordo com Dicas de Costura. Prenda o direito das bordas dos acabamentos pelo avesso das folgas do zíper. Revire os acabamentos para o avesso e decote e prenda as bordas com pespontos.
• Vire as bainhas das mangas para o avesso e prenda com pespontos.
• Costure as mangas pelo direito das cavas.
• Costure o direito dos acabamentos pelo direito do trecho inferior das cavas. Revire os acabamentos para o avesso, embainhe as bordas e prenda com pespontos.
• Faça a bainha inferior.

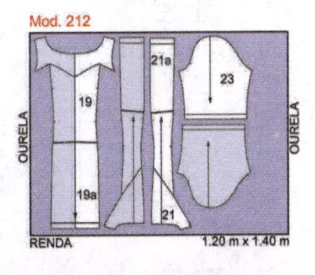

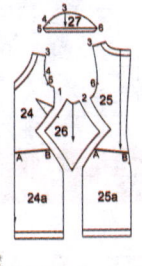

MOLDE 119
VESTIDO
TAMANHO 48/52/56
PEÇAS: 32 a 34
LINHA DO MOLDE EM AZUL
TAM. 48
TAM. 52
TAM. 56
FOLHA N
SUGESTÃO DE TECIDO: seda.
METRAGEM: 2,30 m (tam. 48) e 2,40 m (tam. 52/56) x 1,40 m.
AVIAMENTOS: cinco botões de 1,2 cm; 70 cm (tam. 48), 80 cm (tam. 52) e 90 cm (tam. 56) x 1 cm de elástico.
COMO CORTAR: distribua as peças no tecido, observando a planilha de corte. Vestido com 54 cm de comprimento, a partir da cintura.
PEÇAS: 32. FRENTE: separe a peça na linha indicada na borda superior. Corte a parte maior uma vez, formando uma peça inteira. Corte o trecho lateral superior duas vezes. 33. BITOLA: copie e reserve o molde. 34. COSTAS: corte uma vez com o tecido dobrado na linha do centro. A. ACABAMENTO DA MANGA: 47 cm (tam. 48), 51 cm (tam. 52) e 55 cm (tam. 56) x 3,5 cm, duas vezes. B. VIÉS DA FRENTE: 39 cm x 4 cm, duas vezes. C. ACABAMENTO DA ABERTURA: 55 cm x 4 cm, uma vez. D. ALÇA DA ABERTURA: 18 cm x 3 cm, uma vez. E. VIÉS DO DECOTE: 80 cm x 4 cm, uma vez.
MONTAGEM:
• Vinque as tiras do viés da frente ao meio no comprimento, avesso sobre avesso.
• Una os trechos menores e maior da frente com uma costura, prendendo as bordas do viés. Vire as folgas das costuras sobre o avesso das peças superiores menores e prenda com pespontos rentes.
• Faça a abertura central da frente e marque os lugares de montagem das

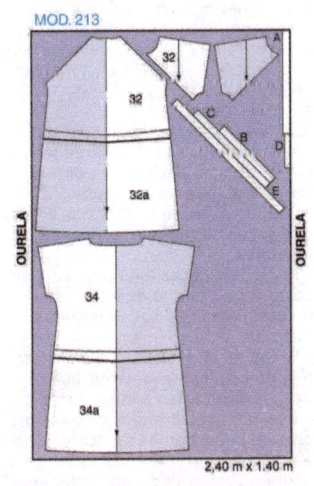

MOLDE 120
VESTIDO
TAMANHO 48
PEÇAS: 24 a 27

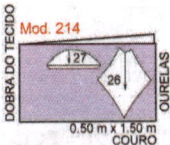

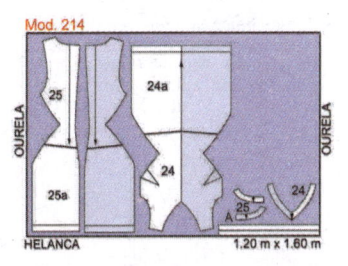

MOLDE 121
VESTIDO 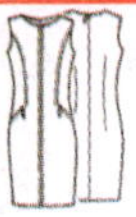
TAMANHO 38
PEÇAS: 29 a 31
LINHA DO MOLDE EM VERDE

FOLHA N
SUGESTÃO DE TECIDO: sarja stretch. FORRO: liganete.
METRAGEM: Tecido – 1,20 m x 1,40 m. Forro – 1,10 m x 1,60 m.
AVIAMENTOS: um zíper invisível de 50 cm e dois de 15 cm.
COMO CORTAR: copie o fundo do bolso. Corte o fundo do bolso no tecido e no forro. Distribua as peças no tecido e no forro, observando a planilha de corte. Vestido com 92 cm de comprimento.
PEÇAS: 29. FRENTE: corte duas vezes no tecido. Corte uma vez com o forro dobrado na linha do centro. 30. FRENTE LATERAL SUPERIOR. 31. COSTAS: corte duas vezes no tecido e no forro.
MONTAGEM:
• Prenda as peças laterais na frente central com uma costura a partir da cava.
• Em seguida, costure as bordas inferiores das peças laterais na frente central, prendendo as folgas do zíper n trecho marcado.
• Prenda o direito do fundo do bolso de forro pelo avesso da folga inferior do zíper presa na borda inferior da abertura.
• Vire as folgas da costura de união das peças centrais e laterais sobre o avesso da frente central e prenda com pespontos a 0,7 cm.
• Costure o direito do fundo do bolso de tecido pelo avesso da folga do zíper presa na borda superior da abertura.
• Uns os fundos dos bolsos de tecido e forro, direito sobre direito. Costure contornando as bordas dos fundos.
• Una as peças da frente externa com uma costura pelo centro. Bata a costura a ferro, abrindo as folgas e prenda com pespontos a 0,7 cm.
• Feche as pences das costas. Una as peças das costas com uma costura pelo centro, sem fechar a abertura superior.
• Junte frente e costas do tecido e do forro, separadamente, com uma costura pelos ombros e, com outra costura, pelas laterais.
• Junte as peças de tecido e de forro, direito sobre direito. Costure as bordas do decote. Bata a costura a ferro, virando as folgas sobre o avesso do forro. Prenda as folgas com pespontos rentes.
• Junte tecido e forro pelas bordas das cavas. Revire as peças.
• Faça a montagem do zíper invisível na abertura central das costas externas, de acordo com Dicas de Costura. Prenda o direito das bordas do forro pelo avesso das folgas do zíper.

- Vire as bainhas inferiores para o avesso. Prenda a bainha do tecido com pontos invisíveis. Prenda a bainha do forro com pespontos.

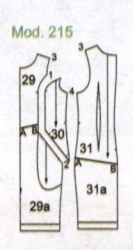

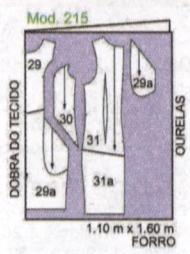

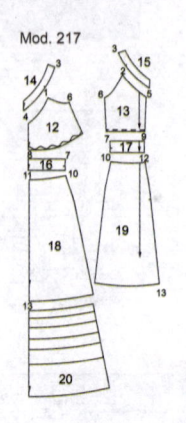

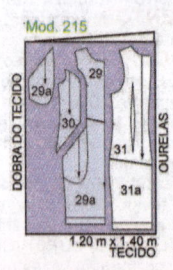

MOLDE 122

✂✂✂
VESTIDO
TAMANHO 40/44/48 FOLHA M
TAMANHO 38/42/46 FOLHA N
PEÇAS: 1 a 6
LINHA DO MOLDE EM VERDE
TAM. 38/40
TAM. 42/44
TAM. 46/48
SUGESTÃO DE TECIDO: chifon. O molde foi calculado para forro com 30% de alongamento.
METRAGEM: 1,30 m (todos os tamanhos) x 1,50 m.
AVIAMENTOS: um zíper invisível de 35 cm; 1,20 m (todos os tamanhos) x 1,60 m de segunda pele para forro.
COMO CORTAR: copie o fundo menor do bolso. Corte o fundo menor duas vezes no tecido. Copie as peças no tecido e no forro, de acordo com o tamanho escolhido. Distribua as peças no tecido e no forro, observando as planilhas de corte. Vestido com 46 cm de comprimento, a partir da saia.
PEÇAS: 1. FRENTE SUPERIOR: corte uma vez com o tecido e o forro dobrados na linha do centro. 2. COSTAS SUPERIORES. 5. COSTAS INFERIORES: corte as peças duas vezes no tecido e no forro. 3. FRENTE INFERIOR EXTERNA. 6. FRENTE INFERIOR INTERNA: corte uma vez com o tecido (externa) e o forro (interna) dobrados na linha do centro. 4. FUNDO MAIOR DO BOLSO: corte duas vezes no tecido.
MONTAGEM:
• Feche as pences.
• Junte frente e costas superiores com uma costura pelos ombros e pelas laterais, prendendo o tecido e o forro, separadamente.
• Junte tecido e forro superiores, direito sobre direito, com uma costura pelas bordas do decote da frente e das costas. Vire as folgas da costura sobre o avesso do forro e prenda com pespontos rentes.
• Em seguida, una as peças pelas bordas das cavas. Revire as peças.
• Costure o direito do fundo menor do bolso pelo direito da borda da abertura da frente inferior externas. Bata a costura a ferro, virando as folgas sobre o avesso do fundo menor e prenda com pespontos rentes. Revire o fundo menor para o avesso da frente. Bata a ferro.
• Una os fundos menores e maiores do bolso, direito sobre direito, com uma costura contornando as bordas.
• Faça a costura central das costas inferiores, sem fechar a abertura superior.
• Junte frente e costas inferiores com uma costura pelas laterais, sempre prendendo tecido e forro, separadamente.
• Junte as peças superiores e inferiores com uma costura.
• Faça a montagem do zíper invisível na abertura do centro das costas, de acordo com Dicas de Costura. Costure o direito das bordas do forro pelo avesso das folgas do zíper.
• Pelo avesso, una as folgas das costuras de união das peças superiores e inferiores de tecido e forro com outra costura. Torne a revirar o forro para o avesso do tecido.
• Faça as bainhas inferiores, sendo a bainha inferior do tecido na colarete.

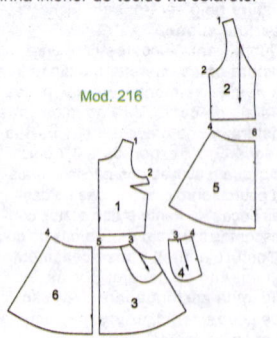

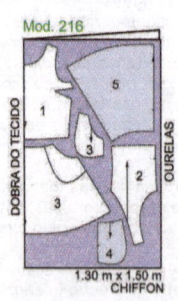

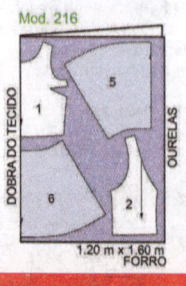

MOLDE 123

✂✂✂
VESTIDO
TAMANHO 40
PEÇAS: 12 a 20
LINHA DO MOLDE EM PRETO

FOLHA P
SUGESTÃO DE TECIDO: crepe.
FORRO: segunda pele.
METRAGEM: Tecido – 1,70 m (preto) e 0,80 m (cinza) x 1,50 m. Forro – 1,20 m x 1,60 m.
AVIAMENTOS: um zíper invisível de 45 cm; 20 cm de entretela.
COMO CORTAR: distribua as peças nos tecidos e no forro, observando as planilhas de corte. Vestido com 1,55 m de comprimento.
PEÇAS: 12. FRENTE SUPERIOR. 18. FRENTE INFERIOR: corte as peças uma vez com o tecido e o forro dobrados na linha do centro. 13. COSTAS SUPERIORES. 19. COSTAS INFERIORES: corte as peças duas vezes no tecido e no forro. 14. PALA DA FRENTE: corte duas vezes com o tecido e a entretela dobrados na linha do centro. 15. PALA DAS COSTAS: corte quatro vezes no tecido e na entretela. 16. CÓS DA FRENTE: corte uma vez com o tecido, o forro e a entretela dobrados na linha do centro. 17. CÓS DAS COSTAS: corte duas vezes no tecido, no forro e na entretela. 20. TRECHO INFERIOR (FRENTE E COSTAS): separe a peça nas linhas marcadas. Para a frente, corte cada parte uma vez com o tecido dobrado na linha do centro, de acordo com o modelo. Para as costas, corte cada parte duas vezes, de acordo com o modelo.
MONTAGEM:
• Prenda a entretela no avesso das peças.
• Franza as bordas inferiores da frente superior de tecido e de forro, separadamente, até 42 cm.
• Embeba as bordas das peças superiores das costas o suficiente para a montagem do cós.
• Feche as laterais das peças superiores externas, internas e do cós, separadamente.
• Costure o cós nas peças superiores da frente, externa e interna, separadamente.
• Junte tecido e forro superiores, direito sobre direito, com uma costura pelas bordas das cavas. Vire as folgas sobre o avesso do forro e prenda com pespontos rentes.
• Revire as peças superiores, avesso sobre avesso.
• Faça as costuras do centro das costas de todas as peças inferiores, sem fechar a abertura para a montagem do zíper na peça maior.
• Junte frente e costas inferiores com uma costura pelas laterais, prendendo as peças externas e internas, separadamente.
• Faça as costuras de união dos trechos inferiores menores de tecido, formando uma peça inteira para a frente e outra para as costas.
• Costure o trecho inferior nas bordas das peças da frente e das costas inferiores.
• Prenda as peças inferiores com uma costura pelo direito da borda inferior do cós, unindo as peças externas e internas, separadamente.
• Feche os ombros das palas externas e internas, separadamente. Junte as partes externas e internas das palas, direito sobre direito, com uma costura pelas bordas do decote.. Bata a costura a ferro, virando as folgas sobre o avesso das peças internas e prenda com pespontos rentes.
• Em seguida, costura as bordas inferiores das palas somente nos trechos das alças. Revire as palas, avesso sobre avesso.
• Costure o direito das bordas das palas pelo direito das bordas superiores da frente e das costas, prendendo as peças externas e internas, separadamente.
• Faça a montagem do zíper invisível na abertura do centro das costas externas. Costure o direito das bordas das peças internas pelo avesso das folgas do zíper.
• Revire as peças. Pesponte, pelo direito, rente às bordas inferiores das palas.
• Faça as bainhas inferiores.

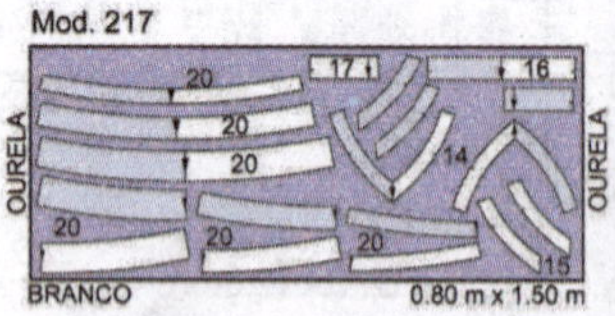

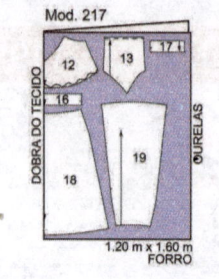

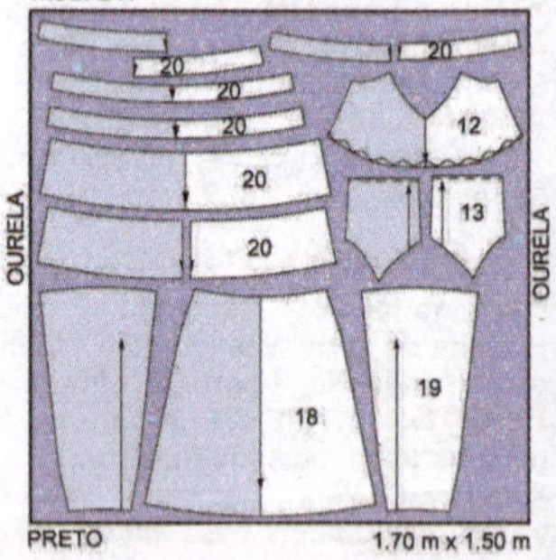

MOLDE 124

✂✂✂
VESTIDO
TAMANHO 38
PEÇAS: 9 a 18
LINHA DO MOLDE EM VERMELHO

FOLHA O
SUGESTÃO DE TECIDO: viscose.
FORRO: segunda pele.
METRAGEM: Tecido – 1,60 m x 1,50 m. Forro – 0,60 m x 1,60 m.
AVIAMENTOS: seis botões de 1,4 cm; 20 cm de entretela; 70 cm x 1 cm de elástico.
COMO CORTAR: distribua as peças no tecido, observando a planilha de corte. Vestido com 93 cm de comprimento.

PEÇAS: 9. FRENTE SUPERIOR LATERAL. 10. FRENTE SUPERIOR CENTRAL. 16. MANGA: corte as peças duas vezes. 11 CARCELA DO ABOTOAMENTO. 18. ABA: corte as peças duas vezes no tecido e na entretela. 12. COSTAS SUPERIORES: corte uma vez com o tecido dobrado na linha do centro. 13. PALA DAS COSTAS: corte duas vezes com o tecido dobrado na linha do centro. 14. COLARINHO. 15. PÉ DE COLARINHO: corte as peças duas vezes com o tecido e uma vez com a entretela dobrados na linha do centro. 17. FRENTE E COSTAS INFERIORES: copie o fundo do bolso. Corte o fundo do bolso quatro vezes. Para as peças internas: corte duas vezes com o forro dobrado na linha do centro. Para as peças externas: separe o molde na linha marcada. Corte o trecho central duas vezes com o tecido dobrado na linha do centro. Corte o trecho lateral quatro vezes. A. PRESILHA: 5 cm x 4 cm, duas vezes.

MONTAGEM:
• Para fazer as nervuras, vinque as peças superiores centrais da frente nas linhas marcadas, avesso sobre avesso. Bata a ferro. Pesponte, pelo direito, rente às linhas vincadas.
• Prenda as peças centrais pelo direito das peças laterais. Bata a costura a ferro virando as folgas sobre o avesso das peças laterais e prenda com pespontos duplos.
• Costure o direito das carcelas pelo avesso das peças da frente. Vinque as carcelas, avesso sobre avesso. Pesponte rente às bordas vincadas. Embainhe as bordas externas das carcelas sobre o direito das costuras de montagem, bata a ferro e prenda com pespontos rentes.
• Franza a borda superior das costas o suficiente para a montagem na pala.
• Junte as peças da pala, direito sobre direito, com uma costura pelas bordas inferiores, prendendo a borda superior das costas. Revire as palas, avesso sobre avesso. Faça pespontos duplos sobre a pala.
• Costure a frente nos ombros das costas, prendendo a parte externa da pala pelo direito e a borda da parte interna pelo avesso da frente, revirando as palas, avesso sobre avesso.
• Faça a montagem do colarinho simples no decote, de acordo com Dicas de Costura.
• Monte as mangas nas cavas.
• Junte frente e costas superiores com uma costura pelas laterais, a partir das bordas inferiores das mangas.
• Vinque as abas, direito sobre direito. Una as bordas inferiores com uma costura. Revire as abas. Faça pespontos duplos nas bordas vincadas e costuradas das abas.
• Prenda as abas com alinhavos pelo direito das bordas das aberturas dos bolsos.
• Costure o direito dos fundos dos bolsos pelo direito das bordas das aberturas marcadas na frente central, arrematando as folgas das abas.
• Prenda o outro fundo do bolso na frente lateral.
• Junte as peças centrais e laterais inferiores da frente com uma costura, deixando livres as aberturas dos bolsos da frente. Faça pespontos duplos sobre as costuras, prendendo as folgas sobre o avesso das peças centrais.
• Una os fundos dos bolsos, direito sobre direito, com uma costura contornando as bordas.
• Junte frente e costas inferiores com uma costura pelas laterais, prendendo as peças externas e internas, separadamente.

• Faça o traspasse do abotoamento da frente. Alinhave as bordas inferiores traspassadas.
• Junte as peças superiores e inferiores externas com uma costura. Monte o forro inferior nas peças, prendendo o direito do forro sobre o avesso das peças superiores.
• Aplique uma tira de elástico de 65 cm com uma costura sobre as folgas, esticando o elástico o quanto for necessário.
• Revire o forro para o avesso das peças inferiores.
• Prepare as duas presilhas e prenda nos lugares indicados nas laterais superiores.
• Faça as bainhas.
• Abra as casas e pregue os botões.

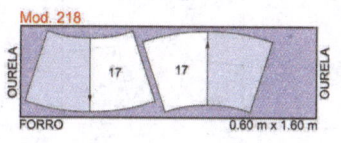

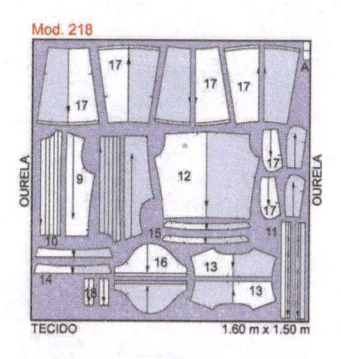

Mod. 218

Mod. 218 FORRO 0.60 m x 1.60 m

Mod. 218 TECIDO 1.60 m x 1.50 m

MOLDE 125

✂✂✂
VESTIDO
TAMANHO 40
PEÇAS: 19 a 25
LINHA DO MOLDE EM PRETO

FOLHA O
SUGESTÃO DE TECIDO: renda. FORRO: malha.
METRAGEM: Tecido – 1,40 m x 1,40 m. Forro – 1,30 m x 1,50 m. Molde para forro com 50% de alongamento (veja em Dicas de Costura como calcular o alongamento).
COMO CORTAR: distribua as peças no tecido e no forro, observando as planilhas de corte. Vestido com 90 cm de comprimento.
PEÇAS: 19. FRENTE SUPERIOR: separe peça na linha marcada. Corte a pala uma vez com a renda dobrada na linha do centro. Corte o trecho inferior uma vez com a renda e o forro dobrados na linha do centro. 20. COSTAS

SUPERIORES: separe a peça na linha marcada. Corte o trecho superior uma vez com a renda e o forro dobrados na linha do centro. Corte o cós inferior uma vez com a renda dobrada pelo centro. 21. PALA DAS COSTAS .23. CÓS DA FRENTE: corte cada peça uma vez com a renda dobrada na linha do centro. 22. MANGA: corte duas vezes na renda. 24. FRENTE E COSTAS INFERIORES: corte duas vezes com o tecido e o forro dobrados na linha do centro. 25. BABADO INFERIOR: separe a peça na linha marcada. Corte o trecho superior duas vezes com a renda dobrada na linha do centro. Corte o trecho inferior duas vezes com a renda e o forro dobrados na linha do centro. A. ACABAMENTO DO DECOTE: 58 cm x 3 cm, uma vez no forro. B. ACABAMENTO DAS CAVAS: 25 cm x 3 cm, duas vezes no forro.

MONTAGEM:
• Feche as pences.
• Feche um dos ombros das palas, unindo frente e costas.
• Vinque a tira do acabamento do decote ao meio no comprimento, avesso sobre avesso. Costure as bordas do acabamento pelo direito do decote. Vire as folgas sobre o acabamento e prenda com pespontos rentes.
• Feche o outro ombro. Vire o acabamento para o avesso do decote e prenda com pespontos.
• Junte tecido e forro da frente e das costas superiores, direito sobre direito, com uma costura pelas bordas superiores, prendendo as palas da frente e das costas. Com outra costura, una tecido e forro pelas bordas inferiores superiores, prendendo as bordas superiores do cós.
• Da mesma maneira, junte tecido e forro inferiores, direito sobre direito, com uma costura pelas bordas superiores, prendendo as bordas inferiores do cós.
• Vire as folgas das costuras sobre o avesso do forro e prenda com pespontos rentes. Revire o forro para o avesso da renda superior e inferior. Chuleie as bordas laterais superiores e inferiores, unindo-as.
• Alinhave o forro pelo avesso do trecho inferior do babado.
• Faça as costuras de união dos dois trechos dos babados da frente e das costas.
• Prenda os babados nas bordas inferiores da frente e das costas.
• Junte frente e costas com uma costura pelas laterais.
• Embeba as bordas superiores das mangas no trecho marcado. Vire as bainhas inferiores das mangas para o avesso. Prenda as mangas pelo direito das cavas.
• Arremate o trecho inferior das cavas, prendendo as tiras dos acabamentos, de acordo com a montagem do acabamento no decote.
• Arremate a borda inferior do babado com overloque.

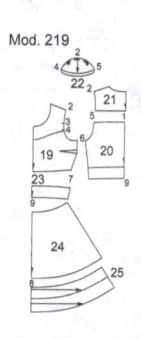

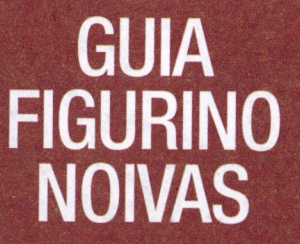

Mod. 219

GUIA FIGURINO NOIVAS

Ideias surpreendentes para ter o casamento dos seus sonhos

GUIA DE NOIVAS FIGURINO

FINAL FELIZ!

DO CONVITE À LEMBRANCINHA, SEM CONTAR AS OPÇÕES DE VESTIDOS MARAVILHOSOS, CONFIRA AS MELHORES DICAS EM UMA SÓ PUBLICAÇÃO

Já nas bancas!

On line EDITORA

www.revistaonline.com.br

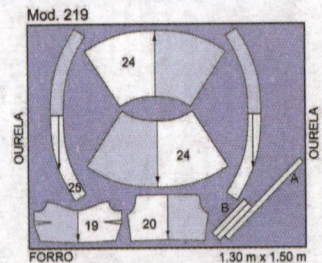

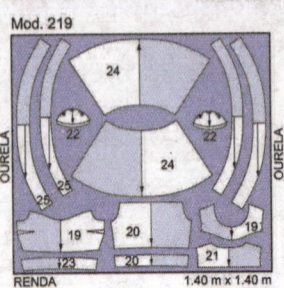

MOLDE 126

✂✂✂
VESTIDO
TAMANHO 44
PEÇAS: 26 a 31
LINHA DO MOLDE EM PRETO

FOLHA O
SUGESTÃO DE TECIDO: musselina. FORRO: liganete.
METRAGEM: Tecido – 1,70 m x 1,50 m. Forro – 0,60 m x 1,60 m.
AVIAMENTOS: 80 m x 1 cm de elástico; 100 m x 8 cm de renda de náilon.
COMO CORTAR: copie o acabamento e corte-o no tecido. Distribua as peças no tecido e no forro, observando as planilhas de corte. Vestido com 87 cm de comprimento.
PEÇAS: 26. FRENTE SUPERIOR. 27. COSTAS SUPERIORES: corte as peças uma vez com o tecido dobrado na linha do centro. 28. MANGA. 30. BABADO DA MANGA: corte as peças duas vezes. 29. RENDA DA MANGA: corte duas vezes. 31. FRENTE E COSTAS INFERIORES: corte duas vezes com o tecido e o forro dobrados na linha do centro. A. ALÇA: 1,80 m x 3,5 cm, uma vez.
MONTAGEM:
• Aplique as rendas com pespontos nas bordas inferiores das mangas e dos babados.
• Monte as mangas nas cavas da frente e das costas.
• Junte frente e costas superiores com uma costura pelas laterais, a partir das bordas inferiores das mangas.
• Costure o direito do acabamento pelo direito da abertura da frente, bata a costura sobre o avesso do acabamento e prenda com pespontos rentes. Revire o acabamento para o avesso.
• Vinque o passador do decote para o avesso. Pesponte rente à borda vincada. Prenda a borda do passador no avesso do decote.
• Junte frente e costas das peças inferiores de tecido e de forro, separadamente, com uma costura pelas laterais.
• Chuleie o forro pelo avesso da borda superior da frente e das costas inferiores de tecido.
• Junte as peças superiores e inferiores com uma costura.
• Aplique uma tira de elástico com pespontos sobre o avesso da costura de união das peças superiores e inferiores.
• Faça uma bainha fina presa com pespontos nas bordas externas.
• Prepare a alça de rolo, de acordo com Dicas de Costura. Introduza a alça no passador do decote.

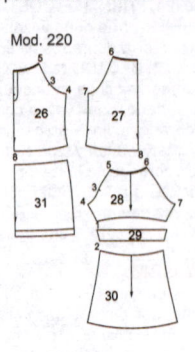

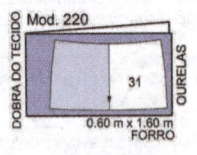

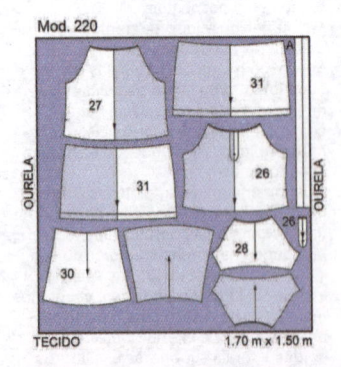

MOLDE 127

✂✂✂
VESTIDO
TAMANHO 42
PEÇAS: 21 a 25
LINHA DO MOLDE EM AZUL

FOLHA P
SUGESTÃO DE TECIDO: renda. FORRO: malha.
METRAGEM: Tecido – 1,30 m x 1,40 m. Forro – 1,30 m x 1,50 m. Molde para malha com 50% de alongamento (veja em Dicas de Costura como calcular o alongamento).
AVIAMENTOS: linha para malha e agulha ponta bola; 70 cm x 1 cm de elástico para alça; um fecho de engate para alça.
COMO CORTAR: distribua as peças no tecido e no forro, observando as planilhas de corte. Vestido com 99 cm de comprimento.
PEÇAS: 21. FRENTE: corte uma vez com o tecido e o forro dobrados na linha do centro. 22. COSTAS: corte duas vezes na renda e no forro. 23. MANGA EXTERNA DA FRENTE. 24. MANGA EXTERNA DAS COSTAS: corte as peças duas vezes na renda. 25. MANGA INTERNA: corte duas vezes no forro.
MONTAGEM:
• Feche as pences.
• Una as peças das costas com uma costura pelo centro, prendendo o tecido e o forro, separadamente.
• Junte frente e costas das peças externas e internas, separadamente, com uma costura pelos ombros e, co outra costura, pelas laterais.
• Junte as peças externas e internas, direito sobre direito, com uma costura pelas bordas do decote. Vire as folgas da costura sobre o avesso do forro e prenda com pespontos rentes. Revire as peças, avessosobre avesso. Chuleie as bordas das cavas, unindo-as.
• Vinque as pregas das mangas externas, direito sobre direito, na direção das setas, deixando A sobre B. Bata as pregas a ferro e prenda as bordas com alinhavos.
• Una as mangas externas com uma costura pelas bordas superiores e inferiores.
• Junte tecido e forro das mangas, direito sobre direito, com uma costura pelas bordas inferiores. Revire o forro para o avesso da renda e una as bordas das cavas com alinhavos.
• Monte as mangas nas cavas.
• Faça as bainhas inferiores.
• Separe uma tira de elástico de 65 cm. Prenda o fecho nas pontas do elástico.

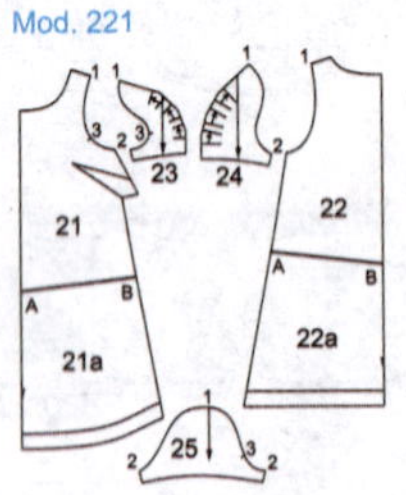

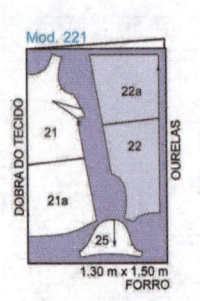

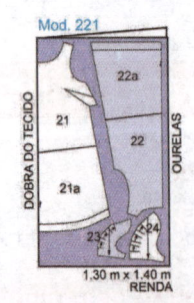

MOLDE 128

✂✂✂
VESTIDO
TAMANHO 40
PEÇAS: 39 a 43
LINHA DO MOLDE EM AZUL

FOLHA M
SUGESTÃO DE TECIDO: algodão misto. FORRO: segunda pele.
METRAGEM: Tecido – 2,60 m x 1,50 m. Forro – 0,50 m x 1,60 m.
AVIAMENTOS: cinco botões de 1 cm; 80 cm x 2 cm de elástico; 30 cm de elástico roliço.
COMO CORTAR: prolongue as peças 42 e 43 com as medidas das pontas das setas. Veja como fazer o aumento do molde a partir de uma curva no modelo 223. Distribua as peças no tecido e no forro, observando as planilhas de corte. Vestido com 1,52 m de comprimento.
PEÇAS: 39. FRENTE SUPERIOR: corte duas vezes no tecido e no forro. 40. COSTAS SUPERIORES: corte uma vez com o tecido e o forro dobrados na linha do centro. 41. BABADO DA GOLA: corte duas vezes no tecido .42. FRENTE INFERIOR. 43. COSTAS INFERIORES: corte as peças uma vez com o tecido dobrado na linha do centro.
MONTAGEM:
• Junte frente e costas superiores com uma costura pelos ombros e, com outra costura, pelas laterais.
• Una as peças do babado com uma costura pelo centro das costas.
• Faça uma bainha fina presa com pespontos nas bordas da abertura do centro da frente e inferior do babado.
• Embeba ou franza o babado, caso seja necessário para a montagem. Alinhave o avesso do babado pelo direito das peças da abertura do centro da frente e do decote das peças externas.
• Para as alças do abotoamento, separe quatro tiras de elástico de 5 cm.
• Junte as peças superiores de tecido e de forro, direito sobre direito, com uma costura pelas bordas do decote e da abertura do abotoamento, prendendo as pontas das alcinhas nos lugares marcados na borda do lado direito da abertura.
• Em seguida, una as peças de tecido e de forro, direito sobre direito, com uma costura pelas bordas das cavas.
• Vire as folgas da costura sobre o avesso do forro e prenda com pespontos rentes.
• Revire o forro para o avesso do tecido. Pesponte a 0,7 cm do decote e da abertura do centro da frente.
• Junte frente e costas inferiores com uma costura pelas laterais.
• Prenda as peças inferiores pelo direito do lugar indicado nas peças superiores. Vire as folgas da costura sobre o avesso das peças inferiores e prenda as bordas com pespontos rentes, formando um passador. Deixe uma abertura, para introduzir o elástico. Introduza uma tira de elástico de 75 cm no passador. Una as pontas do elástico com uma costura. Feche a abertura.
• Faça uma bainha fina presa com pespontos na borda inferior.
• Pregue os botões, para o fechamento do abotoamento.

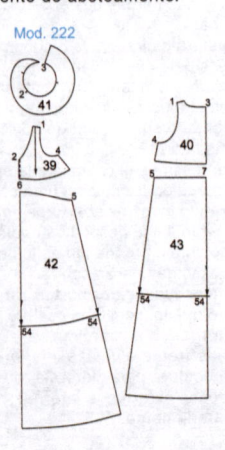

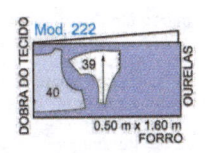

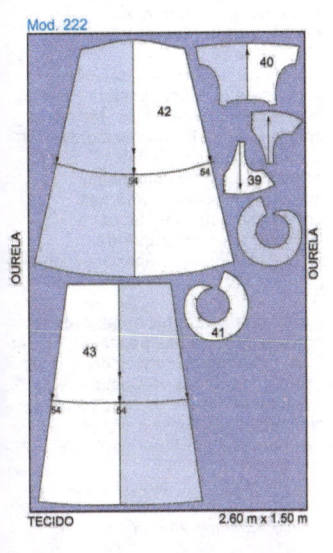

desenhar a curva da barra (seta 3).
PEÇAS: 23. FRENTE SUPERIOR.
24. COSTAS SUPERIORES: corte as peças uma vez com o tecido e o forro dobrados na linha do centro. 25. PONTAS DO LAÇO. 26. FRENTE INFERIOR INTERNA: corte as peças uma vez com o tecido dobrado na linha do centro. 27. SOBRESSAIA DA FRENTE: corte duas vezes no tecido e no forro. 28. SOBRESSAIA DAS COSTAS E COSTAS INFERIORES INTERNA: corte duas vezes com o tecido e uma vez com o forro dobrados na linha do centro, sendo uma das peças de tecido (sobressaia) e a peça de forro, menor 4 cm no comprimento. A. LAÇO: 42 cm x 13 cm, uma vez. B. NÓ: 9 cm x 6 cm, uma vez.

MONTAGEM:
• Vinque as pregas da frente superior, direito sobre direito, na direção das setas. Bata as pregas a ferro e prenda com alinhavos nas bordas das peças.
• Junte frente e costas superiores com uma costura pelos ombros e, com outra costura, pelas laterais, deixando livre a abertura superior esquerda.
• Junte tecido e forro, direito sobre direito, pelas bordas do decote. Bata a costura a ferro sobre o avesso do forro e prenda com pesponto rentes.
• Em seguida, una as peças pelas bordas das cavas. Revire o forro para o avesso do tecido.
• Feche as pences das costas.
• Junte frente e costas inferiores de tecido e de forro, separadamente, com uma costura pelas laterais, sem fechar a abertura superior esquerda.
• Faça uma bainha de lenço nas bordas inferiores do forro e das peças de tecido.
• Prenda o forro nas bordas dos acabamentos dos traspasses da sobressaia.
• Vire o forro para o avesso da sobressaia, vincando os acabamentos dos traspasses da frente nas linhas marcadas. Bata a ferro. Una tecido e forro com alinhavos pelas bordas superiores.
• Alinhave as bordas das peças da sobressaia pelo direito das bordas das peças inferiores.
• Costure as bordas das peças inferiores pelo direito do tecido superior, prendendo o direito da borda do forro superior no avesso. Torne a revirar tecido e forro superiores, avesso sobre avesso.
• Faça a montagem do zíper invisível na abertura lateral esquerda, conforme Dicas de Costura.
• Una as bordas menores do laço com uma costura, direito sobre direito. Deixe uma abertura. Vire o laço, avesso sobre avesso. Centralize a costura. Feche as bordas maiores do laço. Revire o laço, avesso sobre avesso.
• Vinque a peça das pontas, direito sobre direito na linha marcada. Una as bordas da peças com uma costura, deixando uma abertura. Revire a peça. Embainhe as bordas da abertura e prenda com pontos à mão.
• Vinque a tira do nó ao meio no comprimento, direito sobre direito. Una as bordas maiores com uma costura. Revire a tira.
• Para completar o laço, envolva o centro do laço e da peça das pontas com a tira do nó. Una as bordas menores do nó com pontos à mão.
• Aplique o laço com pontos à mão no centro da frente.

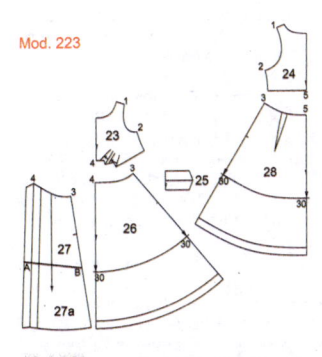

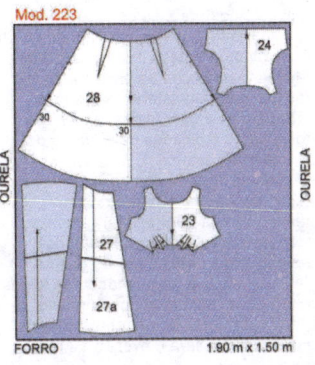

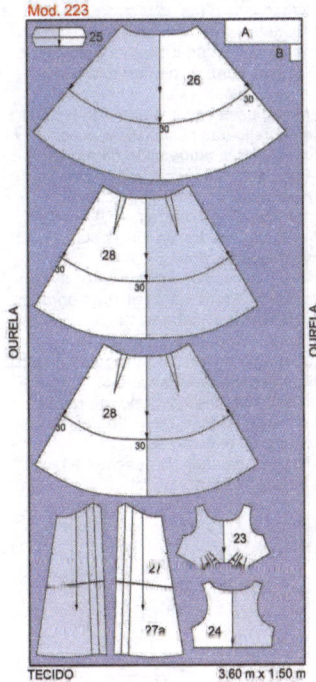

explicações do modelo 223. Distribua as peças nos diferentes tecidos, observando as planilhas de corte. Vestido com 1,53 m de comprimento.
PEÇAS: 31. FRENTE SUPERIOR CENTRAL: corte duas vezes com o tecido estampado dobrado na linha indicada. 32. FRENTE SUPERIOR LATERAL. 33. COSTAS SUPERIORES: corte as peças quatro vezes no tecido liso. 34. CÓS (FRENTE E COSTAS): para a frente, corte duas vezes com o tecido liso e uma vez com a entretela dobrados na linha do centro. Para as costas, corte a mesma peça quatro vezes no tecido liso e duas vezes na entretela. 35. FRENTE E COSTAS INFERIORES INTERNAS E COSTAS EXTERNAS: para a frente interna, corte uma vez com o tecido liso dobrado pelo centro. Para as costas externas e internas, corte duas vezes no estampado e no liso. 36. FRENTE INFERIOR EXTERNA: corte duas vezes no tecido estampado. 37. BABADO INFERIOR: corte quatro vezes. 38. SOBRESSAIA: corte duas vezes no estampado.

MONTAGEM:
• Junte frente e costas das peças superiores externas e internas, separadamente, com uma costura pelos ombros e, com outra costura, pelas laterais.
• Vinque as peças centrais nas linhas marcadas, avesso sobre avesso. Franza as bordas das peças o suficiente para a montagem nos lugares indicados na frente e nas costas.
• Una as peças superiores externas e internas, direito sobre direito, com uma costura pelas bordas do decote, prendendo as peças centrais. Revire as peças.
• Prenda a entretela no avesso das peças internas do cós. Junte frente e costas do cós com uma costura pelas laterais, prendendo as peças externas e internas, separadamente.
• Junte as partes externa e interna do cós, direito sobre direito, com uma costura pelas bordas superiores, prendendo as peças superiores. Revire o cós, avesso sobre avesso.
• Para fazer as pregas inferiores da frente, vinque as peças externas nas linhas marcadas, avesso sobre avesso. Pesponte, pelo direito, seguindo as linhas inicias, formando as pregas. Bata as pregas a ferro, na direção das bordas inferiores das peças.
• Una as peças inferiores da frente e das costas, separadamente, com uma costura pelo centro, deixando livro a abertura superior das costas
• Junte frente e costas do babado inferior com uma costura pelas laterais. Em seguida, faça a costura central das costas do babado.
• Faça uma bainha de lenço nas bordas da abertura da frente e na borda inferior do babado.
• Franza a borda superior do babado o suficiente para a montagem nas bordas inferiores das peças externas.
• Costure o babado pelo direito das peças inferiores externas, coincidindo a numeração de montagem.
• Faça a costura central das costas da sobressaia, deixando livre a abertura superior.
• Faça uma bainha de lenço nas bordas da sobressaia, menos na borda superior.
• Una as saias de tecido e de forro com alinhavos pelas bordas superiores. Em seguida, alinhave o avesso da sobressaia pelo direito da borda superior da saia externa, de acordo com a numeração de montagem.
• Franza as bordas superiores das peças inferiores o até alcançar a mesma.

MOLDE 129

VESTIDO
TAMANHO 40
PEÇAS: 23 a 28
LINHA DO MOLDE EM VERMELHO

FOLHA N
SUGESTÃO DE TECIDO: cetim.
FORRO: crepe georgete.
METRAGEM: Tecido – 3,60 m x 1,50 m. Forro – 1,90 m x 1,50 m.
AVIAMENTOS: um zíper invisível de 30 cm.
COMO CORTAR: prolongue as peças 26 e 28 com as medidas das pontas das setas. Distribua as peças no tecido e no forro, observando as planilhas de corte. Vestido com 1,05 m de comprimento. Confira as suas medidas de busto de acordo com as medidas da tabela. O modelo tem um bom caimento em gestante com até 1,10 m de cintura.
Aumento do molde a partir de uma curva.

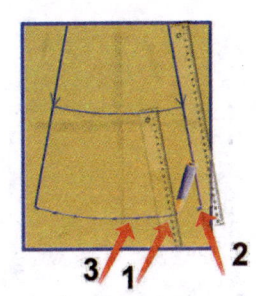

Prolongue as linhas laterais do molde com o auxílio de uma régua até alcançar as medidas indicadas junto à seta. Para traçar a borda inferior, marque o molde colocando a fita métrica ou a régua em ângulo reto à linha curvar marcada. Quanto maior for o número de marcações feitas (setas 1 e 2), melhor será para

MOLDE 130

VESTIDO
TAMANHO 44
PEÇAS: 31 a 38
LINHA DO MOLDE EM PRETO

FOLHA M
SUGESTÃO DE TECIDO: musseline de seda (estampado) e crepe de seda (liso).
METRAGEM: 2,50 m (estampado) e 1,20 m (liso) x 1,40 m.
AVIAMENTOS: um zíper invisível de 50 cm; 10 cm de entretela.
COMO CORTAR: prolongue a peça 38 com as medidas das pontas das setas, de acordo com as

medida do cós.
• Costure as bordas inferiores do cós pelo direito das peças inferiores.
• Monte o zíper nas bordas da abertura do centro das costas, de acordo com Dicas de Costura.
• Faça a bainha inferior do forro.

Copie os acabamentos. Distribua as peças no tecido e no forro, observando as planilhas de corte. Corte os acabamentos também na entretela. Vestido com 1,56 m de comprimento.
PEÇAS: 1. FRENTE SUPERIOR. 2. COSTAS SUPERIORES: corte as peças duas vezes. 3. FRENTE E COSTAS INFERIORES: para a frente, corte uma vez com o tecido e o forro dobrados na linha do centro. Para as costas, corte duas vezes no tecido e no forro. A. ALÇA: 85 cm x 3 cm, duas vezes.
MONTAGEM:
• Feche as pences das peças superiores da frente.
• Una as peças superiores da frente com uma costura pelo centro.
• Junte frente e costas com uma costura pelos ombros e pelas bordas superiores das mangas. Feche as partes internas das mangas e as laterais superiores.
• Prepare as alças. Alinhave as alças nos lugares indicados pelo direito do decote das costas.
• Feche os ombros dos acabamentos. Faça uma bainha fina presa com pespontos nas bordas internas dos acabamentos. Costure o direito dos acabamentos pelo direito do decote. Bata a costura a ferro, virando as folgas sobre o avesso dos acabamentos e prenda com pespontos rentes. Vire os acabamentos para o avesso. Bata a ferro.
• Prendendo o tecido e o forro, separadamente, una as costas inferiores com uma costura pelo centro. Feche as laterais inferiores, unindo frente e costas.
• Monte as peças inferiores de tecido pelo direito das peças superiores, coincidindo a numeração de montagem.
• Faça a montagem do zíper invisível na abertura do centro das costas, conforme Dicas de Costura. Prenda o direito das bordas do forro pelo avesso das folgas do zíper.
• Vire o avesso do forro sobre o avesso do tecido. Prenda o direito das bordas inferiores dos acabamentos das costas superiores no direito das bordas superiores do forro. Em seguida, finalize a montagem, prendendo o direito do restante da borda superior do forro pelo avesso da costura de união das peças superiores e inferiores.
• Faça as bainhas das peças de tecido e da borda inferior do forro.
• Introduza as pontas das alças nos terminais. Dê um nó em cada ponta de alça.

costura unindo um dos ombros.
• Vinque o viés do decote ao meio no comprimento, avesso sobre avesso. Costure as bordas do acabamento sobre o direito do decote.
• Prenda as bordas do acabamento sobre o direito do decote. Feche o outro ombro.
• Vire o viés para o avesso do decote e prenda com pespontos.
• Prenda as bordas do viés pelo direito das cavas.
• Junte frente e costas das peças superiores com uma costura pela lateral direita. Vire o viés das cavas para o avesso. Prenda as bordas vincadas com pespontos.
• Feche as laterais das peças inferiores externas e internas, separadamente, sem fechar a abertura superior esquerda.
• Prenda o forro inferior com alinhavos pelo avesso da borda superior da renda inferior.
• Arremate as bordas superiores da renda e do forro das peças inferiores com a montagem do viés de rolo, de acordo com Dicas de Costura.
• Aplique o avesso da renda superior com alinhavos sobre o direito das bordas superiores das peças inferiores.
• Monte o zíper invisível na abertura lateral esquerda.
• Faça a bainha inferior do forro.

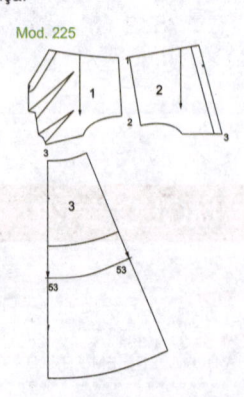

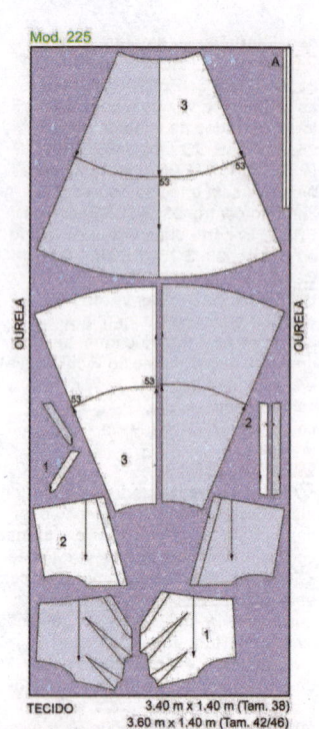

MOLDE 132

✂✂✂
VESTIDO
TAMANHO 42
PEÇAS: 44 a 48
LINHA DO MOLDE EM PRETO

FOLHA M
SUGESTÃO DE TECIDO: renda guipure. FORRO: tafetá.
METRAGEM: Tecido – 2,20 m x 1,20 m. Forro – 1,00 m x 1,50 m.
AVIAMENTOS: um zíper invisível de 35 cm.
COMO CORTAR: distribua as peças no tecido e no forro, observando a planilha de corte. Vestido com 1,57 m de comprimento.
PEÇAS: 44. FRENTE SUPERIOR EXTERNA. 45. COSTAS SUPERIORES EXTERNA: corte as peças uma vez na renda, revirando o molde na linha do centro. 46. FRENTE SUPERIOR CENTRAL INTERNA: corte duas vezes com o forro dobrado na linha do centro. 47. FRENTE SUPERIOR LATERAL INTERNA: corte quatro vezes no forro. 48. FRENTE E COSTAS INFERIORES: corte duas vezes na renda, revirando o molde na linha do centro. Corte duas vezes com o forro dobrado na linha do centro. A. VIÉS DO DECOTE: 65 cm x 3 cm, uma vez no forro. B. VIÉS DAS CAVAS: 55 cm x 3 cm, duas vezes no forro. C. VIÉS DA CINTURA: 86 cm x 3 cm, uma vez no forro.
MONTAGEM:
• Feche as pences.
• Una as peças centrais e laterais da frente interna com uma costura, prendendo as duas camadas de forro, separadamente.
• Junte as duas camadas do forro superior, direito sobre direito. Una as bordas superiores e inferiores com uma costura. Revire as peças.
• Aplique as bordas superiores e inferiores do forro com pespontos pelo avesso dos lugares indicados na frente superior externa.
• Junte frente e costas com uma

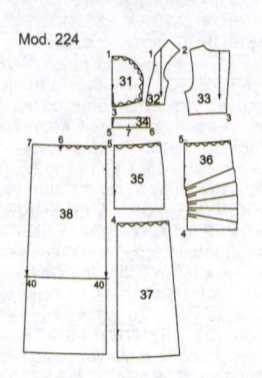

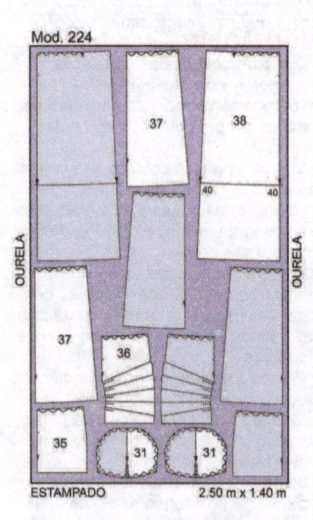

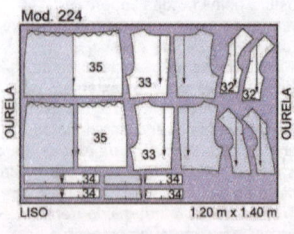

MOLDE 131

✂✂✂
VESTIDO
TAMANHO 38/42/46
PEÇAS: 1 a 3
LINHA DO MOLDE EM VERDE
TAM. 38 – – –
TAM. 42 ———
TAM. 46 –·–·–
FOLHA O
SUGESTÃO DE TECIDO: modal.
FORRO: liganete.
METRAGEM: Tecido – 3,40 m (tam. 38) e 3,60 m (tam. 42/46) x 1,40 m. Forro – 0,80 m (tam. 38/42/46) x 1,60 m.
AVIAMENTOS: um zíper invisível de 20 cm; 10 cm de entretela; dois terminais para alças.
COMO CORTAR: prolongue a peça 3 com as medidas das pontas das setas, conforme as explicações do modelo 223. Copie as peças, de acordo com o tamanho escolhido.

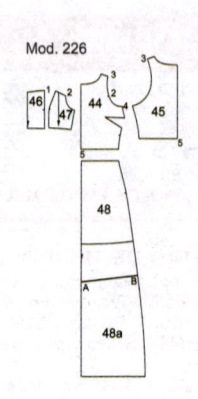

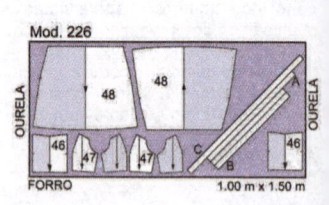

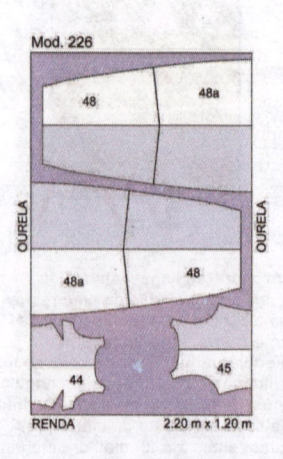

MOLDE 133

✂✂✂✂
VESTIDO
TAMANHO 40
PEÇAS: 34 a 38
LINHA DO MOLDE EM VERMELHO

FOLHA P
SUGESTÃO DE TECIDO: tule de seda. FORRO: jérsei.
METRAGEM: Tecido – 1,20 m x 1,40 m. Forro – 1,50 m x 1,50 m. Molde para tecido com 30% de alongamento (veja em Dicas de Costura como calcular o alongamento).
AVIAMENTOS: Um zíper invisível de 40 cm; um par de bojos; linha para malha e agulha ponta bola.
COMO CORTAR: copie o reforço da frente. Distribua as peças no tecido e no forro, observando as planilhas de corte. Vestido com 95 cm de comprimento.
PEÇAS: 34. FRENTE EXTERNA: corte uma vez com o tecido dobrado na linha do centro. **35. PALA DA FRENTE. 37. PALA DAS COSTAS:** corte as peças quatro vezes no tecido. **36. COSTAS:** corte duas vezes no tecido e no forro. **38. FRENTE INTERNA:** corte uma vez com o forro dobrado na linha do centro. **A. ACABAMENTO DO DECOTE:** 88 cm x 3 cm uma vez no forro. **B. ACABAMENTO DAS CAVAS:** 42 cm x 3 cm, duas vezes no forro.
MONTAGEM:
• Feche as pences do reforço da frente. Vire a bainha inferior do acabamento para o avesso e prenda com pespontos.
• Una as palas, duas a duas, com alinhavos pelas bordas.
• Una o forro da frente e o reforço, direito sobre direito, com uma costura pelas bordas superiores, prendendo as palas da frente. Vire o forro sobre o avesso do reforço.
• Feche as pences do busto, prendendo tecido e forro com a mesma costura.
• Vire o reforço para o avesso da frente. Pesponte rente à costura de montagem da pala.
• Costure as palas das costas nas bordas do forro das costas. Arremate as costura, prendendo uma tira de acabamento de tule.
• Prenda o reforço e as peças internas de forro com alinhavos no avesso das bordas superiores e laterais da frente e das costas externas, sem alcançar ainda as bordas inferiores das peças com a costura.
• Junte frente e costas com uma costura pelos ombros, prendendo as bordas das peças externas e internas com a mesma costura.
• Feche as pences das costas, prendendo tecido e forro com a mesma costura.
• Faça a costura do centro das costas das peças externas e internas, separadamente, deixando livre a abertura superior.
• Junte frente e costas com uma costura pelas laterais, prendendo tecido e o forro, separadamente, onde for possível, para fazer as bainhas inferiores.
• Feche as bordas menores dos acabamentos das cavas com uma costura, direito sobre direito. Vinque as tiras dos acabamentos do decote e das cavas ao meio no comprimento, avesso sobre avesso. Costure as bordas dos acabamentos pelo direito do decote e das cavas.
• Faça a montagem do zíper invisível na abertura central das costas.
• Vire os acabamentos para o avesso e prenda com pontos à mão.
• Faça uma bainha de lenço na borda inferior do tule. Vire a bainha inferior do forro para o avesso e prenda com pespontos duplos.
• Prenda os bojos com alguns pontos à mão pelo avesso do acabamento da frente.

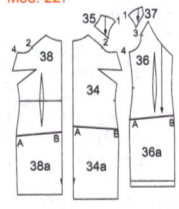

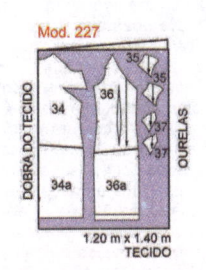

Mod. 227

Mod. 227

Mod. 227

MOLDE 134

✂✂✂
VESTIDO
TAMANHO 38
PEÇAS: 47 a 51
LINHA DO MOLDE EM PRETO

FOLHA O
SUGESTÃO DE TECIDO: organza. FORRO: crepe. Obs.: originalmente, o modelo foi feito depois de cortadas as peças no tecido, fechadas as pences e depois de feitas as costuras laterais. Aqui, para simplificar, dispensamos o bordado.
METRAGEM: Tecido – 1,40 m x 1,40 m. Forro – 1,20 m x 1,40 m.
AVIAMENTOS: um zíper invisível de 40 cm; três botões forrados de 1 cm; 1,80 cm x 0,5 cm de galão; 30 cm de entretela.
COMO CORTAR: distribua as peças no tecido e no forro, observando as planilhas de corte. Vestido com 90 cm de comprimento.
PEÇAS: 47. FRENTE SUPERIOR EXTERNA. 48. COSTAS SUPERIORES: corte as peças uma vez com o tecido dobrado na linha do centro. **49. FRENTE SUPERIOR INTERNA:** corte duas vezes com o tecido e a entretela dobrados na linha do centro. **50. GOLA:** corte duas vezes com o tecido e a entretela dobrados na linha do centro. **51. FRENTE E COSTAS INFERIORES:** corte duas vezes com o tecido e o forro dobrados na linha do centro. **A. VIÉS DA ABERTURA DAS COSTAS:** 38 cm x 2,5 cm, uma vez. **B. VIÉS LATERAL DIREITO:** 25 cm x 2,5 cm, uma vez. **C. ALCINHAS:** 5 cm x 2,5 cm, duas vezes. **D. VIÉS DO ZÍPER:** 85 cm x 2,5 cm, duas vezes no forro.
MONTAGEM:
• Prenda a entretela no avesso das peças da gola e no avesso das peças superiores de forro.
• Feche as pences.
• Una as peças superiores internas da frente, direito sobre direito. Una as bordas superiores com uma costura. Revire as peças.
• Embainhe a borda lateral direita da frente interna para o avesso. Arremate a borda lateral direita da frente interna prendendo uma tira de viés.
• Junte frente e costas das peças superiores externas, avesso sobre avesso. Costure as bordas dalateral direita. Revire as peças, direito sobre direito. Torne a costurar a lateral direita, escondendo as bordas das folgas.
• Prenda lateral direita das peças internas com uma costura sobre as folgas da costura de união da lateral direita das peças externas.
• Prenda as peças internas da frente com alinhavos pelo avesso da borda lateral esquerda e da borda inferior da frente externa.
• Prenda o avesso das bordas das cavas pelo avesso de uma das bordas do galão. Vire o avesso do galão para o direito das cavas e prenda com pespontos rentes à borda.
• Arremate as bordas da abertura do centro das costas com a montagem do viés de rolo, de acordo com Dicas de Costura. Vinque a peça das costas, direito sobre direito, unindo as bordas da abertura. Faça uma costura inclinada no final da abertura sobre o viés, para acentuar o bico.
• Una as peças da gola, direito sobre direito. Una as bordas inferiores da gola com uma costura, prendendo a gola pelo direito e pelo avesso do decote, deixando livres as bordas do centro das costas. Revire a gola, avesso sobre avesso.
• Aplique uma tira do galão com pespontos pelo direito do decote.
• Arremate as bordas superiores da gola com pontos de festonê.
• Vire as bordas do centro das costas da gola para o direito. Prenda com alinhavos.
• Prepare as duas alcinhas de rolo. Alinhave as pontas das alcinhas pelo direito dos lugares indicados na borda do lado esquerdo do centro das costas da gola.
• Separe duas tiras de galão com as mesmas medidas do centro das costas da gola. Embainhe as bordas menores dos galões para o avesso. Aplique os galões pelo direito das bordas do centro das costas da gola.
• Junte frente e costas das peças inferiores de tecido e de forro, separadamente, com uma costura pelas laterais. Na lateral esquerda, inicie a costura a partir da marcação do final da abertura.
• Una as peças inferiores de tecido e de forro, direito sobre direito. Introduza as bordas das peças superiores entre as peças e costure. Revire o forro para o avesso do tecido.
• Aplique uma tira do galão sobre a costura de união das peças superiores e inferiores.
• Arremate as bordas das folgas do zíper, prendendo uma tira de viés de rolo.
• Monte o zíper invisível na abertura lateral esquerda.
• Faça uma bainha de lenço nas bordas inferiores das peças. Caso prefira, arremate a borda inferior do tecido com pontos de festonê.
• Pregue os botões para o fechamento da abertura do centro das costas da gola.

MOLDES INCRÍVEIS PARA VOCÊ ARRASAR EM QUALQUER CELEBRAÇÃO!

GUIA ModaMoldes Especial FESTAS

128 MOLDES ESPECIAIS PARA FICAR LINDA EM QUALQUER FESTA

O QUE VESTIR EM CASAMENTOS, BATIZADOS, FORMATURAS E TANTAS OUTRAS FESTAS? AS MELHORES OPÇÕES ESTÃO AQUI, PRONTAS PARA VOCÊ COSTURAR!

Já nas bancas!

On line EDITORA
www.revistaonline.com.br

Mod. 228

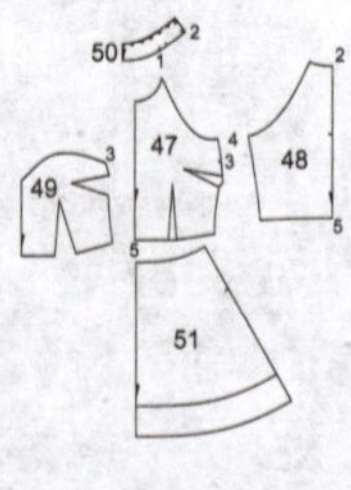

Mod. 228

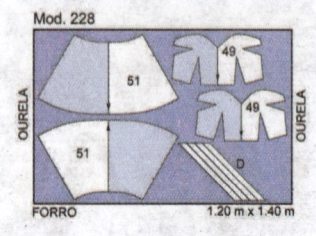

Mod. 228

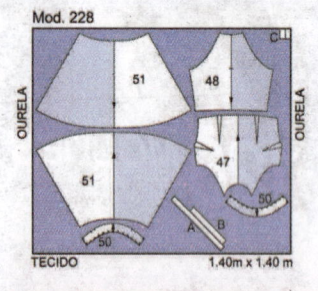

MOLDE 135

✂✂✂
VESTIDO
TAMANHO 38/42/46 FOLHA M
TAMANHO 36/40/44 FOLHA N
PEÇAS: 7 a 9
LINHA DO MOLDE EM AZUL
TAM. 36/38 ━━━━━
TAM. 40/42 ━ ━ ━ ━
TAM. 44/46 ━ ━ ━ ━
SUGESTÃO DE TECIDO: crepe.
FORRO: segunda pele.
METRAGEM: Tecido – 1,90 m (tam. 36) e 2,00 m (tam. 38/40/42/44/46) x 1,50 m. Forro – 0,80 m (tam. 36, 38/40/42/44/46) x 1,60 m.
AVIAMENTOS: um zíper invisível de 30 cm (tam. 36/38/40) e 35 cm (tam. 42/44/46); 1,30 m de viés; terminais para alça.
COMO CORTAR: distribua as peças no tecido e no forro, observando as planilhas de corte. Nas mangas, faça o corte, deixando a linha guia sobre o mesmo tipo de desenho do tecido. Vestido com 50 cm de comprimento, a partir da cintura.
PEÇAS: 7. FRENTE. corte uma vez com o tecido dobrado na linha do centro. Separe a peça na linha marcada. Corte o trecho superior no tecido e o trecho inferior no forro, sempre com o tecido ou forro dobrados na linha do centro. 8. COSTAS: duas vezes. Separe a peça na linha marcada. Corte o trecho superior duas vezes no tecido e o trecho inferior duas vezes no forro. 9. MANGA: corte duas vezes no tecido. A. ALCINHA: 10 cm x 2,5 cm, uma vez.
MONTAGEM:
• Feche as pences.
• Prepare a tira das alcinhas de acordo com a explicação de alça de rolo em Dicas de Costura. Separe a tira em duas partes iguais.
• Faça a costura central das costas externas e internas, separadamente.
• Junte frente e costas das peças externas, dos acabamentos e do forro, separadamente, com uma costura pelos ombros e laterais.
• Prenda o forro nas bordas inferiores dos acabamentos.
• Costure o direito das peças internas pelo direito da abertura do centro da frente e do decote, prendendo as pontas das alcinhas nos lugares marcados.
• Bata a costura a ferro, virando as folgas sobre o avesso dos acabamentos e prenda com pespontos rentes. Revire as peças, avesso sobre avesso.
• Feche as laterais das mangas.
• Monte as mangas nas cavas.
• Faça a montagem do zíper invisível na abertura lateral esquerda do tecido, conforme Dicas de Costura. Prenda o direito das bordas do forro pelo avesso das folgas do zíper. Revire forro para o avesso do tecido.
• Faça uma bainha fina nas bordas inferiores e das mangas.
• Prepare a alça de acordo com as explicações de alça de rolo. Introduza a alça nas alcinhas.
• Arremate as pontas das alças com os terminais.

Mod. 229

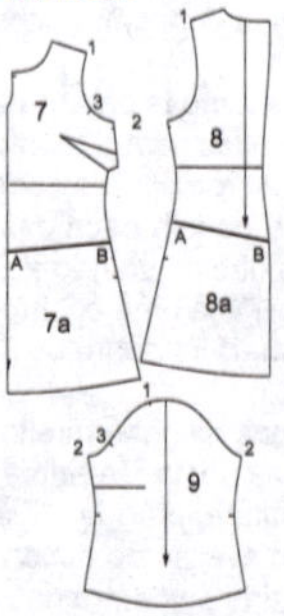

Mod. 229

Mod. 229

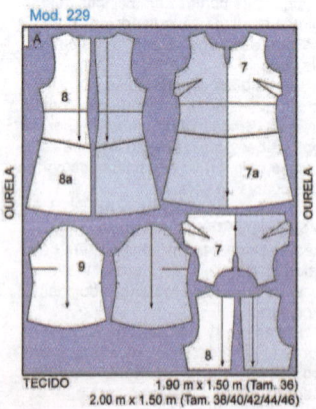

MOLDE 136

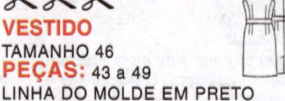

✂✂✂
VESTIDO
TAMANHO 46
PEÇAS: 43 a 49
LINHA DO MOLDE EM PRETO
• • • • • • • • • • • • • • • •
FOLHA N
SUGESTÃO DE TECIDO: seda (pois) e microfibra (lisa). FORRO: cetim.
METRAGEM: Seda – 0,70 m x 1,40 m. Microfibra – 1,00 m x 1,50 m. Forro – 1,30 m x 1,50 m.
AVIAMENTOS: um zíper invisível de 65 cm; 10 cm de entretela.
COMO CORTAR: distribua as peças nos diferentes tecidos e no forro, observando as planilhas de corte. Vestido com 1,05 m de comprimento.
PEÇAS: 43. FRENTE SUPERIOR CENTRAL. 48. FRENTE INFERIOR: corte as peças com o tecido e o forro dobrados na linha do centro. 44. FRENTE SUPERIOR LATERAL. 45. COSTAS SUPERIORES. 49. COSTAS INFERIORES: corte as peças duas vezes no tecido e no forro. 46. CÓS DA FRENTE: corte uma vez com o tecido, o forro e duas vezes com a entretela dobrada na linha do centro. 47. CÓS DAS COSTAS: corte duas vezes no tecido, no forro e na entretela.
MONTAGEM:
• Feche as pences.
• Prenda a entretela no avesso das peças do cós.
• Unindo o tecido e o forro, separadamente, prenda as peças laterais na frente superior central.
• Junte frente e costas superiores com uma costura pelos ombros e pelas laterais.
• Faça a costura central inferior, entre as marcações das aberturas.
• Junte frente e costas inferiores com uma costura pelas laterais.
• Junte tecido e forro, direito sobre direito, com uma costura pelas bordas do decote. Bata a costura a ferro, virando as folgas sobre o avesso do forro e prenda com pespontos rentes.
• Em seguida, una as peças pelas bordas das cavas. Revire o forro para o avesso do tecido.
• Junte frente e costas do cós com uma costura pelas laterais. Prenda o cós nas bordas das peças superiores e inferiores, unindo as peças de tecido e de forro, separadamente.
• Faça o arremate da fenda com traspasse de acordo com as explicações de Dicas de costuras.
• Faça a montagem do zíper invisível na abertura do centro das costas, de acordo com Dicas de Costura. Costure o direito das bordas do forro pelo avesso das folgas do zíper. Revire o forro para o avesso do tecido.
• Embainhe as bordas da abertura inferior das costas e a bainha inferior do forro para o avesso. Prenda as bainhas com pespontos.

Mod. 230

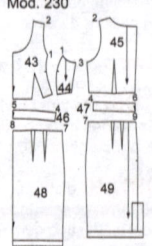

Mod. 230

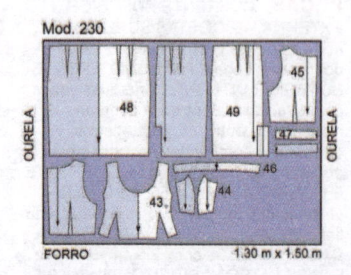

Mod. 230

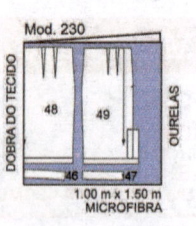

Mod. 230

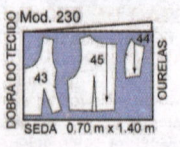

MOLDE 137

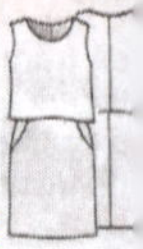

✂✂✂
VESTIDO
TAMANHO 40
PEÇAS: 26 a 33
LINHA DO MOLDE EM VERDE
• • • • • • • • • • • • • • • •
FOLHA P
SUGESTÃO DE TECIDO: crepe.
FORRO: microfibra.
METRAGEM: Tecido – 1,50 m (crepe) e 0,70 m (musseline) x 1,50 m. Forro - 0,80 m x 1,50 m.
AVIAMENTOS: um zíper invisível de 35 cm; 30 cm de entretela.
COMO CORTAR: distribua as peças nos tecidos e no forro, observando as planilhas de corte. Vestido com 88 cm de comprimento.
PEÇAS: 26. FRENTE SUPERIOR: corte duas vezes com o crepe e a entretela do dobrados na linha do centro. 27. COSTAS SUPERIORES: corte as peças quatro vezes no crepe e na entretela. 28. FRENTE SUPERIOR EXTERNA: corte uma vez com a musselina dobrada na linha do centro. 29. COSTAS SUPERIORES EXTERNA: corte duas vezes na musselina. 30. FRENTE INFERIOR EXTERNA. 33. FRENTE INFERIOR INTERNA: corte uma vez com o crepe (externa) e o forro (interna) dobrados na linha do centro. 31. FUNDO DO BOLSO: copie o fundo menor na linha marcada. Corte o fundo menor duas vezes no forro e o fundo maior duas vezes no crepe. 32. COSTAS INFERIORES: corte duas vezes no crepe e no forro.
MONTAGEM:
• Prenda a entretela no avesso das peças superiores.
• Feche as pences.
• Unindo as duas camadas das peças superiores de tecido entretelado, separadamente, faça a costura superior central das costas. Junte frente e costas com uma costura pelos ombros e laterais. Na lateral esquerda, deixe livre a abertura para a montagem do zíper.
• Una as costas externas com uma costura pelo centro.
• Feche os ombros e as laterais das peças externas. Faça uma bainha de lenço nas bordas inferiores das peças externas.
• Prenda o avesso das peças externas com alinhavos pelo direito das bordas do decote e cavas da camada externa de tecido entretelado. Reserve a outra camada entretelada para a parte interna o modelo.
• Junte as peças externas e internas, direito sobre direito, com uma costura pelas bordas do decote. Bata a costura a ferro, virando as folgas sobre o avesso das peças internas e prenda com pespontos rentes. Com

outra costura, una as peças pelas bordas das cavas. Revire as peças, avesso sobre avesso.
• Costure o direito do fundo menor do bolso pelo direito das bordas das aberturas. Vire as folgas das costuras sobre o avesso do fundo do bolso e prenda com pespontos a 0,5 cm.
• Una os fundos interno e externo dos bolsos, direito sobre direito. Costure as bordas com uma costura.
• Unindo tecido e de forro, separadamente, faça a costura central das costas inferiores.
• Junte frente e costas inferiores com uma costura pelas laterais, sem fechar a abertura superior esquerda. Para revirar as peças, deixe outra abertura no forro.
• Una tecido e forro inferior com uma costura pelas bordas inferiores. Prenda as peças superiores nas peças inferiores, unindo as partes externas e internas, separadamente.
• Faça a montagem do zíper invisível na abertura lateral esquerda externa, de acordo com Dicas de Costura. Costure o direito das bordas das peças internas pelo avesso das folgas do zíper. Revire as peças, vincando a bainha inferior do tecido. Feche a abertura lateral do forro.

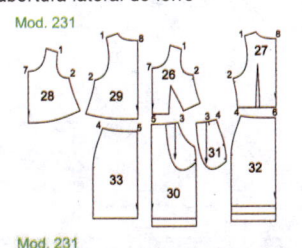

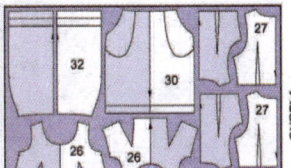

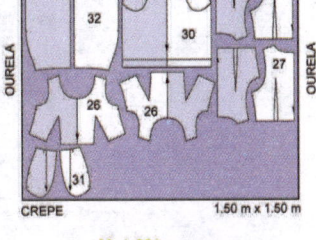

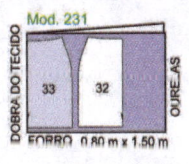

PEÇAS: 50. FRENTE SUPERIOR. 51. COSTAS SUPERIORES. 58. COSTAS INFERIORES: corte cada peça uma vez, formando peças inteiras. 52. MANGA. 53. CÓS DA FRENTE. 54. CÓS DAS COSTAS: corte as peças duas vezes com o tecido dobrado na linha do centro. 55. FRENTE INFERIOR. 56. FUNDO MAIOR DO BOLSO. 57. FUNDO MENOR DO BOLSO: corte as peças duas vezes. A. VIÉS DO DECOTE (FRENTE E COSTAS): 35 cm x 3,5 cm, uma vez. B. VIÉS DAS CAVAS E ALÇAS: 70 cm x 3,5 cm, duas vezes.

MONTAGEM:
• Vinque as pregas das peças superiores e inferiores, direito sobre direito, na direção das setas, deixando A sobre B. Bata as pregas a ferro e prenda com alinhavos nas bordas das peças.
• Junte frente e costas superiores com uma costura pelos ombros e, com costura, pelas laterais.
• Arremate o decote da frente e das costas com a montagem do viés de rolo, de acordo com Dicas de Costura.
• Em seguida, arremate as bordas das aberturas superiores com o viés de rolo, a partir do decote das costas, deixando livres as bordas das alças.
• Embainhe as bordas das alças para o avesso e prenda com os mesmos pespontos de montagem nas bordas das aberturas.
• Prenda as pontas das alças no avesso do decote das costas, depois de fazer o ajuste que for necessário na prova.
• Feche as laterais das mangas. Monte as mangas nas cavas.
• Costure o direito do fundo menor do bolso pelo direito das bordas das aberturas da frente. Bata a costura a ferro, virando as folgas sobre o avesso do fundo menor do bolso e prenda com pespontos rentes. Revire o fundo menor para o avesso da frente. Bata a ferro.
• Una os fundos menor e maior do bolso, direito sobre direito, com uma costura contornando as bordas.
• Una as peças inferiores da frente com uma costura pelo centro, sem fechar a abertura inferior.
• Junte frente e costas inferiores com uma costura pelas laterais.
• Feche as laterais do cós, unindo as partes externas e internas, separadamente.
• Junte as peças do cós, avesso sobre avesso. Una as bordas superiores e inferiores do cós das costas com alinhavos.
• Introduza uma tira de elástico de 45 cm no cós das costas. Prenda as bordas menores do elástico nas folgas das costuras laterais.
• Costure as bordas das partes externas e internas do cós nas peças superiores e inferiores.
• Faça uma bainha fina presa com pespontos nas bordas das mangas, nas bordas da abertura inferior da frente e na borda inferior do modelo.

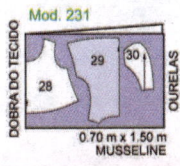

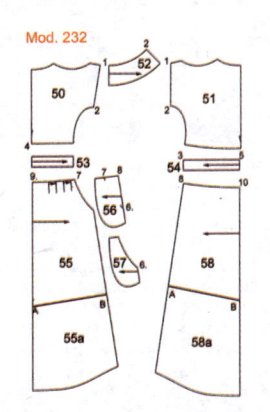

MOLDE 138

✄✄✄
VESTIDO
TAMANHO 48
PEÇAS: 50 a 58
LINHA DO MOLDE EM VERMELHO

FOLHA P
SUGESTÃO DE TECIDO: viscose
METRAGEM: 2,70 m x 1,50 m.
AVIAMENTOS: 50 cm x 5,5 cm de elástico.
COMO CORTAR: distribua as peças no tecido, observando a planilha de corte. Vestido com 1,10 m de comprimento.

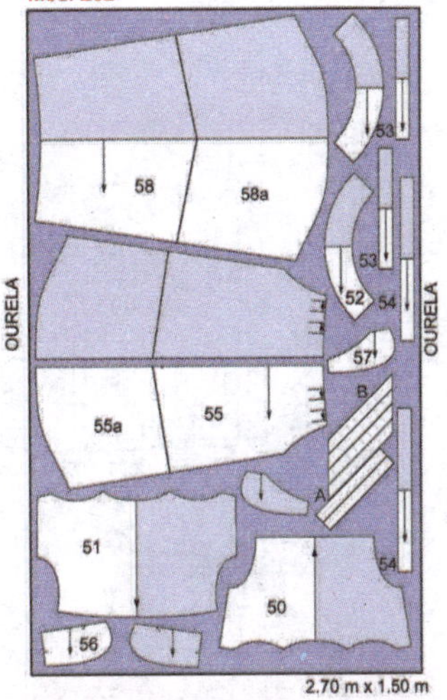

MOLDE 139

✄✄✄
VESTIDO
TAMANHO 42
PEÇAS: 46 a 49
LINHA DO MOLDE EM AZUL

FOLHA P
SUGESTÃO DE TECIDO: crepe.
FORRO: musseline.
METRAGEM: Tecido – 1,70 m x 1,50 m. Forro – 1,60 m x 1,50 m.
AVIAMENTOS: um zíper invisível de 30 cm.
COMO CORTAR: distribua as peças no tecido e no forro, observando as planilhas de corte. Vestido com 1,05 m de comprimento.
PEÇAS: 46. FRENTE SUPERIOR: corte as peças duas vezes com o tecido dobrado na linha do centro. 47. COSTA SUPERIOR LATERAL. 48. COSTAS SUPERIORES CENTRAL: corte as peças quatro vezes. 49. FRENTE E COSTAS INFERIORES: corte duas vezes com o tecido e o forro dobrados na linha do centro. A. ALÇA: 45 cm x 3 cm, duas vezes.

MONTAGEM:
• Borde a frente superior externa, de acordo com os desenhos.
• Feche as pences.
• Junte as peças centrais das costas, duas a duas, direito sobre direito, com uma costura pelas bordas superiores. Bata a costura a ferro, virando as folgas sobre o avesso das peças internas e prenda com pespontos rentes. Revire as peças, avesso sobre avesso.
• Faça o traspasse das peças das costas, coincidindo a linha do centro. Alinhave as bordas inferiores traspassadas.
• Prepare as alças, conforme as explicações de alças de rolo em Dicas de Costura.
• Junte frente e costas com uma costura pelos ombros e, com outra costura, pela lateral direita, unindo as peças externas e internas, separadamente.
• Una as peças externas e internas, direito sobre direito, pelas bordas do decote. Em seguida, una as peças pelas bordas da abertura das costas, prendendo as alças no decote e as bordas das peças centrais, de acordo com a numeração de montagem.
• Finalmente, una as peças superiores externas e internas pelas bordas das cavas. Vire as peças, avesso sobre avesso.
• Junte frente e costas inferiores com uma costura pelas laterais, prendendo as peças de tecido e de forro, separadamente. Na lateral esquerda, inicie a costura a partir da marcação do final da abertura.
• Junte as peças superiores e inferiores com uma costura, prendendo as peças externas e internas, separadamente onde for possível próximo ao centro das costas.
• Faça a montagem do zíper invisível na abertura lateral esquerda das peças externas, de acordo com Dicas de Costura. Costure o direito das bordas das peças internas pelo avesso das folgas do zíper. Revire as peças.
• Faça as bainhas inferiores.

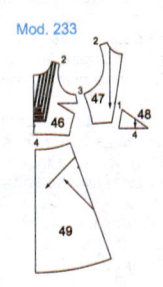

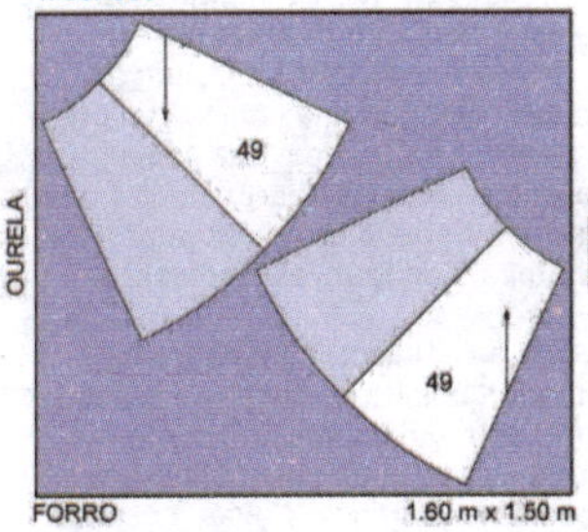

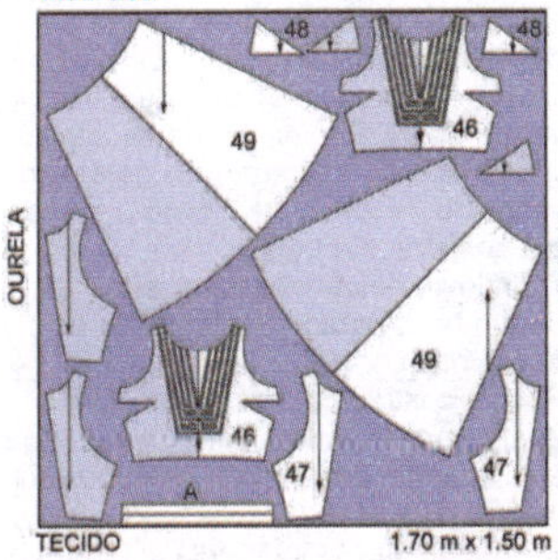

MOLDE 140

✄✄✄
VESTIDO
TAMANHO 46
PEÇAS: 39 a 45
LINHA DO MOLDE EM PRETO

FOLHA P
SUGESTÃO DE TECIDO: malha (dois tons) e seda. FORRO: segunda pele.
METRAGEM: Tecido – 0,70 m (tom claro) e 1,20 m (tom escuro) x 1,50 m. Forro – 1,20 m x 1,60 m. Molde para tecido com 50% de alongamento (veja em Dicas de Costura como calcular o alongamento).
AVIAMENTOS: um zíper invisível de 40 cm; linha para malha e agulha ponta bola.
COMO CORTAR: distribua as

peças nos diferentes tons de malha, na seda e no forro, observando as planilhas de corte. Vestido com 98 cm de comprimento.
PEÇAS: 39. FRENTE SUPERIOR. 40. PALA DA CAVA E OMBRO DA FRENTE. 41. COSTAS SUPERIORES. 44. FRENTE INFERIOR LATERAL. 45. COSTAS INFERIORES: separe as costas superiores na linha marcada. Corte todas as peças duas vezes no tecido e no forro. 42. GOLA-FAIXA: corte duas vezes na seda. 43. FRENTE INFERIOR CENTRAL: corte uma vez com o tecido e o forro dobrados na linha do centro.
MONTAGEM:
• Feche os ombros e a lateral direita, unindo as peças externas e internas, separadamente.
• Junte as peças externas e internas das palas, direito sobre direito, com uma costura pelas bordas das cavas. Vire as folgas das costuras sobre o avesso do forro e prenda com pespontos rentes.
• Em seguida, una as peças, direito sobre direito, pelas bordas das aberturas superiores da frente.
• Revire as palas, avesso sobre avesso.
• Una as peças externas e de forro, direito sobre direito, pelas bordas da abertura do decote da frente. Revire o trecho superior da frente, avesso sobre avesso.
• Introduza as bordas internas das palas entre as bordas das peças da frente e das costas. Costure as bordas, prendendo as palas nas peças superiores da frente e das costas, deixando livres as aberturas da frente. Revire a frente e as costas superiores externas e de forro, avesso sobre avesso.
• Faça a costura central da frente superior, unindo as peças externas e de forro, separadamente.
• Una as peças da gola com uma costura pelo centro. Vinque a gola, direito sobre direito. Una as bordas externas com uma costura, deixando livres as bordas do decote. Revire a gola, avesso sobre avesso.
• Costure o direito da borda da parte externa da gola no direito do decote. Embainhe a borda interna da gola pelo avesso do decote, bata a ferro e prenda com pespontos rentes.
• Unindo as peças inferiores externas e internas, separadamente, feche as pences das costas.
• Faça a costura central das costas.
• Junte frente e costas com uma costura pelas laterais, deixando livre a abertura superior esquerda.
• Prenda as peças inferiores externas nas bordas das peças superiores, distendendo o tecido inferior da frente o quanto for necessário para fazer a costura. Em seguida, costure o direito da borda do forro pelo avesso da costura de união das peças, distendendo o forro o quanto for necessário. Revire o forro sobre o avesso das peças inferiores externas.
• Faça a montagem do zíper invisível na abertura lateral esquerda.
• Faça as bainhas inferiores.

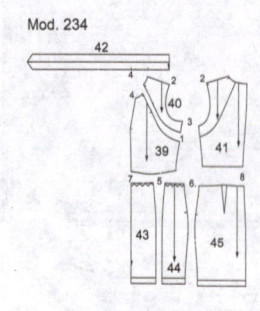

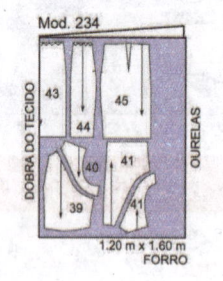

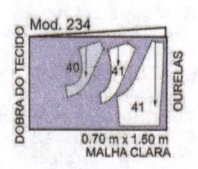

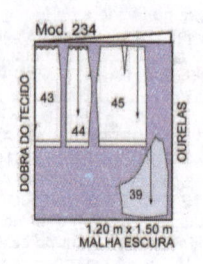

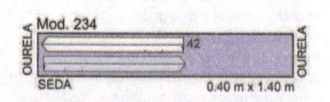

Mod. 234

FOLHA P
SUGESTÃO DE TECIDO: cetim de seda.
METRAGEM: 3,20 m x 1,40 m.
AVIAMENTOS: 60 cm x 1 cm de elástico.
COMO CORTAR: prolongue as peça 61 com as medidas das pontas das setas. Distribua as peças no tecido, observando a planilha de corte. Vestido com 1,64 m de comprimento.
PEÇAS: 59. FRENTE SUPERIOR. 61. FRENTE E COSTAS INFERIORES: corte duas vezes com o tecido dobrado na linha do centro. 60. COSTAS SUPERIORES: corte duas vezes. A. VIÉS DAS CAVAS DAS COSTAS E SUPERIOR DAS COSTAS: 40 cm x 3 cm, duas vezes. B. ALÇA DO OMBRO: 16 cm x 3 cm, quatro vezes. C. ALÇA DAS COSTAS: 20 cm x 3 cm, uma vez.
MONTAGEM:
• Vinque as pregas superiores da frente e das costas, direito sobre direito, na direção das setas. Bata as pregas a ferro e prenda com alinhavos.
• Prepare as alças como alça de rolo, de acordo com Dicas de Costura.
• Faça uma bainha de lenço nas bordas da abertura das costas superiores.
• Prenda a alça das costas pelo avesso dos lugares indicados nas bordas da abertura das costas.
• Para o arremate das bordas superiores e das cavas das costas, costure o direito do viés pelo direito das bordas das peças das costas, prendendo as alças nos lugares indicados nas bordas superiores, Vire o viés para o avesso, embainhe a borda e prenda com pespontos.
• Junte as peças superiores da frente, direito sobre direito, com uma costura pelas bordas superiores, prendendo as alças dos ombros nos lugares indicados, depois de ajustar na prova. Em seguida, una as peças pelas bordas das cavas da frente.
• Introduza as peças laterais das costas entre as laterais da frente e costure. Revire a frente, avesso sobre avesso.
• Feche as laterais inferiores, unindo frente e costas.
• Junte as peças superiores e inferiores com uma costura feita pelo direito das peças inferiores.
• Una as bordas menores do elástico com uma costura. Aplique o elástico com uma costura sobre as folgas da costura de união das peças superiores. Faça outra costura, pelo avesso Torne a costurar as peças pelo avesso das peças inferiores, embutindo o elástico.
• Caso não deseje embutir as bordas das folgas, apenas una as peças superiores e inferiores com uma costura e aplique o elástico sobre as folgas.
• Faça uma bainha de lenço na borda inferior.

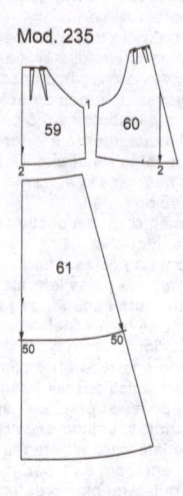

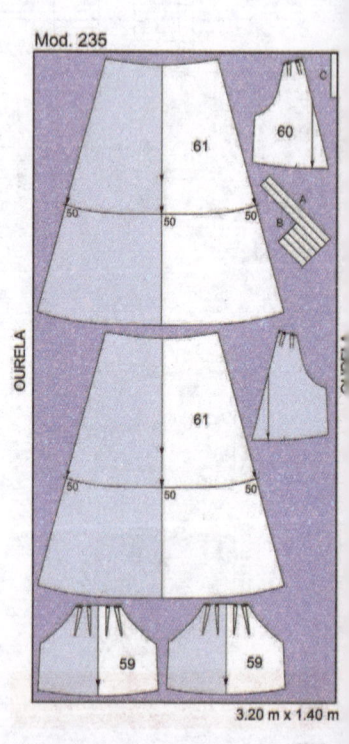

Mod. 234 — 1.20 m x 1.60 m — FORRO

Mod. 234 — 0.70 m x 1.50 m — MALHA CLARA

Mod. 234 — 1.20 m x 1.50 m — MALHA ESCURA

Mod. 234 — 0.40 m x 1.40 m — SEDA

MOLDE 141
✂✂✂
VESTIDO
TAMANHO 44
PEÇAS: 59 a 61
LINHA DO MOLDE EM PRETO

Mod. 235

Mod. 235 — 3.20 m x 1.40 m